外国映画
私の愛した
十三人の名匠

奥井 元生
Motoo Okui

文芸社

挨拶にかえて

小著は私が生涯、人生の師と仰いだ映画監督（名匠）に捧げるオマージュ（尊敬と感謝の言葉）の第二弾であります。前作『私の愛した日本映画・四人の名匠』（上下二巻、二〇一七年）に次ぐ、今度は外国映画の名匠（十三名）を偲《しの》んだ一書であります。

ところで、一介の素人の映画ファンが何故それほどに映画監督（名匠）にこだわり、追想の書を著《あらわ》すのか？　このいささか奇異に思われる私自身の趣味、性癖《せいへき》に関して、若干の私事を以下に述べさせていただきます。

一、子供の頃から私の周囲には、親しく胸襟《きょうきん》を開いて接してもらえる「大人《おとな》」が、母親を除いて一人もいませんでした。父親や祖父母、親戚のおじさんやおばさんはもちろん、兄や姉まで全く不在で、年上の大人とはとにかく縁がありませんでした。

この子供心の孤独や寂寥《せきりょう》、つまり大人への渇望や飢餓の思いが私を映画という世界に接近させ、結局は映画監督（名匠）こそが私の生涯のただ一人の親しい大人となる運命を強いた、と言って過言ではありません。

つまり映画は私にとって、現実世界では縁のなかった未知の大人を知り、学ぶ唯一の世界（世間）で、一種学校のようなものでした。幼い子供の常として、当初私はスクリーンに登場する俳優諸氏に大人の実像を求め憧れました。

当時は時代劇が全盛期で、一例を挙げれば強く正しい、そして何より優しい大人「鞍馬《くらま》天狗《てんぐ》」（演じたのはアラカンさんこと嵐寛寿郎《あらしかんじゅうろう》氏）に実の父親を夢みて激しく慕い憧れたことを忘れません。しかし長ずるにつれて私の求める大人の人間像は、俳優《スター》の演じるそのようなスーパーマンではなく、その映画で監督が描き出す善悪さまざまな人間像の中にこそあることを発見しました。

この私の発見は決して見当外れでないことを、後に私は学びました。高校時代に出会った私にとって最初の名匠、故・増村保造氏（元大映の映画監督でヒット作品を連発された名匠、映画の理論家としても高名）の以下のような一文に出会ったからです。

「映画の演出とは、自分の体をさらけ出すようなもので、自分の過去、現在、環境、性格などといったものがはっきりと作品の中に出てきます。演出はストーリーを、ドラマを描くものではなくて、自分自身を描くもののようです。どんな作品を見ても、そこに演出者の人間を見ることができる。だから作品を鑑賞するということは、演出家の人間性を評価することにほかならない。逆に言えば、演出家の人間を感じないような作品は、作品としてあまり上等なものと言えないでしょう」（参考文献⑧、傍点は奥井）。

俳優ではなく、演出する監督の人間性の中にこそ、私が子供の頃から飢えたように希求してきた「大人の人間像」が実は秘められている。この増村氏の結論こそ、以後私が映画を見るに際し、常に意識した座右の銘となったのです。映画の魅力は監督の魅力に尽きる。何故なら、子供の頃からの私の悲願、大人の実像や大人の理想を知りたい、その要望に応えてくれるものは、その監督が描く大人の姿に他ならないことを知ったからです。

そんなわけで、名匠は私にとってこの世でただ一人の、大人の人間像を教え、体現してくれる先輩、恩師でありました。

二、私事の二つ目。小著はフランス映画から始めています。格別の理由はなく、これも私の偶然の私事に拠《よ》ります。
フランス映画の往年の名作『舞踏会の手帖』（ジュリアン・デュヴィヴィエ監督）を近年ＤＶＤで再鑑賞した時、突然私の心に閃《ひらめ》くものがありました。そうか、こういう生き方もある！　この映画の若き未亡人の生き方に触発されて、私は実はこの小著の執筆、出版を決意したのです。人間、誰にも若き日の青春時代の思い出、すなわち「舞踏会の手帖」はある。私も彼女に倣ってその「手帖」の旅を試みてみよう。これが老齢の私がそれまで断念していた外国映画の名匠を偲ぶ旅を決断した一番の動機でした。

そんなわけでこの作品『舞踏会の手帖』の紹介から始めたい。つまりフランス映画を先頭に取り上げた、これが理由でありました。他の理由はありません。

三、最後に私事と言うより、小著に託した私のお願いについて一言。

小著の一番の目的は、ここに紹介した十三人の名匠の代表作二十二本を、読者の皆様が一度見てみよう！　昔見たがもう一度見直してみよう！　とその気になっていただけたら私は最高に嬉しい、その一点にあります。

そのため私は自分の感動の悦《よろこ》び、つまり主観を優先して、内容的には映画の最大の魅力——物語《ストーリー》の面白さと名シーンの紹介——に重点を置きました。作品の持つ客観的な知識や情報については専門家諸氏の労作（巻末参考文献）に譲り、必要な範囲で参考にさせてもらいました。ちなみに言えば、小著で紹介した作品はすべて今日市販のＤＶＤで鑑賞可能なものばかりです。

末筆ながら、日本における映画紹介の大御所（とくに外国映画に造詣の深い）、故淀川長治氏の労作には胸を借りる思いで随分お世話になりました。氏の日本の映画ファンへの苦言（＝遺言）「映画を頭で見たら、つまらないね。もっと感覚的に見てほしい」（参考文献①）ともども、浅学の私には大きな激励でありました。ここに一言謝意を表させていただきます。

目次

第二章　イタリア映画——四人の名匠　119

第三章　アメリカ映画——五人の名匠　191

写真協力　公益財団法人川喜多記念映画文化財団（●印）

第一章　フランス映画——四人の名匠

① ジュリアン・デュヴィヴィエ監督（一八九六〜一九六七年）

『舞踏会の手帖』（一九三七年）

主人公クリスティーヌの生き方に鼓舞されて、小著が誕生

小著はフランス映画の名匠紹介から始めたい。その理由については先にも触れたが、一言繰り返す。

外国映画の名匠や名作を紹介するなら、このデュヴィヴィエ監督から始めたいと、私はかねがね心に秘めていた。それは氏の往年の名作、この『舞踏会の手帖』が私の大好きな作品であったことにもよるが、実はそれ以上にこの作品の主人公クリスティーヌ（若き未亡人）の生き方に、一種運命的とでも表したい大きな勇気と激励を得たことによる。その詳細は後の物語紹介の中で改めて触れる。ここでは、表題にも書いたようにそのクリスティーヌの生き方に触発されて、私が決意、挑戦した私自身の「舞踏会の手帖」が、実はこの小著の誕生であった、その一事を記すに留めたい。

●クリスティーヌ（マリー・ベル）

彼女は二十年前の自分の若き日の青春を取り戻したいと、その「手帖」に名のあったかつての恋人（八名）を次々と訪ねて行った。その結果はさて措《お》き、私もかつて若き日に心を奪われた外国映画の名匠やその代表作を、今一度偲んでみたいと、彼女と同じような青春回想の旅を試みた。それがこの悲願の小著の誕生となった。

そんなわけで小著は、まず何よりもそのきっかけとなった『舞踏会の手帖』の名匠デュヴィヴィエ監督から始めることにした。フランス映画を最初に取り上げたのも氏がたまたまフランス映画の名匠であったからで、格別その他の理由はない。フランス映画がとくに優秀で他の国のそれらが劣る、などという偏見は微塵もないのである。『舞踏会の手帖』との縁がすべてであった。念のため。

運命にもてあそばれる人間の悲劇を描く

　さて、デュヴィヴィエ氏という（日本人にはいささか発音しづらい）この監督は、私の知るフランス映画最古の名匠である（日本風に言えば明治二十九年の生まれ）。そんな遠い昔の、しかも外国の名匠を私は若い頃（二十代）から知り、ファンとなっていた。当時全盛の名画館で、氏のとびっ切りの傑作（＝代表作）を二本見ていたからだ。この『舞踏会の手帖』と次項で紹介予定の『望郷』である。

　その時の衝撃と感動は半世紀後の今、ＤＶＤで再見しても少しも色褪《あ》せていない。氏は人間がこの世を生きて行かねばならぬ、その運命の非情に注目される。表題に書いた運命に翻弄《ほんろう》される人間の悲劇である。この点こそ私が氏の作品に惹《ひ》かれる一番の理由であった。

　自殺する者、精神に異常をきたす者、犯罪者に転落する者など、すべて運命に負けた哀しく無惨な人間の姿を、氏は赤裸々に描き出す。

　その典型が、クリスティーヌが「舞踏会の手帖」を頼りに訪れた、かつての恋人たちの姿であった。早速、物語の紹介に移る。

二十年前の恋人たちを歴訪する、美貌の未亡人クリスティーヌの旅

この映画は八つの短編（挿話《エピソード》）からなるオムニバス映画である。八つとは？　イタリア北部のコモ湖畔の広大な邸宅に住む一人の若くて美しい未亡人クリスティーヌ（女優はマリー・ベル。敬称略、以下同様）が、かつての恋人たち八名を訪《たず》ねて行く物語だからである。

　そのきっかけは一人暮らしの孤独と無聊《ぶりょう》にあった。彼女は先年、年老いた夫を亡くし、今や子供も身寄りも友達もいない全くの一人暮らし。同居するのは亡き夫の秘書が執事として仕える一人のみ。要するに孤独で退屈していた。

　ある日、身の回りの持ち物を整理していた彼女は、古くなった昔の自分の手帖を発見した。そこには二十年前、彼女が十六歳の時に初めて舞踏会にデビューした際、一緒に踊った相手の男たちの懐かしい名前が書き連ねてあった。あの人たちは今どうしているのかしら？　一度会ってみたい！　これがこの映画の物語の発端、彼女の旅物語の始まりであった。そこには年老いた夫との早すぎた結婚生活が必ずしも幸福ではなかった彼女の、不満や後悔もあったようだ。

「あの男《ひと》たちはみんな私の美しさをたたえ、優しく振る舞ってくれた。中には激しく愛を

求める人もいた。私が訪れたらきっと歓迎してくれるはず、ひょっとすると愛がまた復活するかも……」

そんな途方もない、甘い期待や夢が心の底にあったとしてもおかしくない。

私はクリスティーヌの、そんな少女趣味のような無謀で非常識な旅の決意を、笑いたくない年齢となった。孤独の淋しさと、何もすることがない空しさは人生の敵だ。たとえ世間の非難をあびようとも、自分がかつて一番輝いたその青春を取り戻して、生きている証《あかし》を自らの手でつかみたい。これは人間の正当な欲求だ。結果を恐れず、その無謀に挑戦する彼女の勇気と若さに私はエールを送りたいと思った。

これが冒頭で書いたクリスティーヌの生き方に鼓舞、激励されて、小著の執筆を思い立った理由であった。そんな生き方もあったのだ！　私も老いを理由に安逸をむさぼっていてはボケるばかりだ。私は彼女に痛棒を喰らわされた思いであった。

男たちのあまりの変わりように絶句し、逃げ出すクリスティーヌ

これがこの映画の描くエピソードの主流だ。最初に訪れた男ジョルジュは、彼女に激しく恋しながら、十数年前に死んでいた。クリスティーヌの早すぎる結婚を知り、絶望の果ての自殺であった。

●クリスティーヌとピエール（ルイ・ジューヴェ）

応対に出た彼の母親（フランソワーズ・ロゼー）は、息子の早すぎる死を悲しむあまり、なんと精神に異常をきたしていた。彼女は相手が息子の恋い焦《こ》がれていた女性であることが理解できない。それどころか奇怪なことを言う。

「今晩、舞踏会がありますから私の息子と踊ってやってください」

ゾッとするクリスティーヌに、彼女は引き出しからパーティーの招待状を出して見せる。なんと息子の昔の死亡通知ではないか。女中の忠告もあって、クリスティーヌは逃げるようにしてその家を出た。

この何とも不気味で恐ろしい母親を演じたフランソワーズ・ロゼー氏は、往年のフランス映画の名女優らしい。道理でその演技には周囲を圧する風格があった。

二番目に訪れた男ピエール（ルイ・ジューヴェ）は、さらに奇怪で不気味だった。彼はかつてヴェルレーヌの詩を愛し、クリスティーヌにもよく口ずさんで教えてくれた。その伊達男も今や怪しげなキャバレーを経営する中年男だ。それでも彼女のことは覚えていたらしく、かつての懐かしい詩の一節を口にする、その程度の愛想はした。

しかしその時、彼女の目の前で異変が起きた。突然踏み込んできた二人の刑事が、有無を言わせずピエールを逮捕し連行して行った。呆然《ぼうぜん》自失するクリスティーヌ。実はこの男はかつて弁護士を志したがしくじり、今や裏社会を生きるギャングのボスに堕落していたのだ。クリスティーヌはここでも居場所がなく、即刻退散した。

男たちの異常な変わりように、彼女が身の危険を感じて逃げ出した例としては、ティエリー（ピエール・ブランシャール）を忘れることができない。六番目に訪れたこの男は医者だったが、アフリカで患者の毒が眼に入り、片目を失明、ベトナムでは喘息《ぜんそく》を患《わずら》い、発作の持病に喘《あえ》いでいた。

まともな医者の道を絶たれた彼は、工場の場末で、得体の知れぬ女と同棲し、ひっそりともぐりの医師（堕胎医）として生きていた。訪れたクリスティーヌを堕胎のためこっそり訪れた女と勘違いするほど彼は錯乱していたが、それでも思い出すと、片方だけの黒の眼帯を外し、醜くなった素顔をさらして自嘲した。それだけでも彼女はショックだった。

が、彼はやがて同棲する女と口論となり、クリスティーヌの前で公然と喧嘩を始めた。引き出しから拳銃《ピストル》を持ち出すと、それで女を追い回し発砲するではないか。女は逃げたが、クリスティーヌも命からがら脱出した。

以上三人のエピソードは、この映画が描く男たちの敗残者の姿ばかりで、クリスティーヌの期待を裏切り、幻滅させるものばかりであった。

正常な男たちの対応は、彼女が余計な訪問者であったことを思い知らせる

二つのエピソードが秀逸だ。まず三番目に訪れた男アラン（アリー・ボール）は、クリスティーヌの訪問の無知と能天気を静かに戒めた。若き日、ピアニスト志望の音楽青年だったアランは、今や神父となって教会の子供たちの音楽指導（聖歌隊）を天職とする、きわめて真面目で真っ当な男だった。彼は教会の一隅に待機するクリスティーヌの前に現れると、ニコリともせず聖職者らしく、静かに淡々と必要なことだけ手短に話した。

かつて私はあなたを激しく恋した。しかしあなたは、私が作曲した自信作を全く聞いてくれず、周囲とのおしゃべりに夢中だった。そのショックで私は一時絶望のあまり死を思ったこともあった。しかしもういい、すべて終わったことだ。

これだけ言うとアランは、また静かに子供たちの待つ聖歌隊に戻って行った。この間、クリスティーヌに返す言葉は一言もなかった。彼女がこの旅で初めて味わった苦言と苦杯のホロ苦さであった。悄然《しょうぜん》と教会を立ち去る彼女の後ろ姿に、苦労を知らない女の浅はかさと愚かさがにじむ。

対照的にアラン神父の清々《すがすが》しいほどの毅然とした男の分別と高潔が光る。考えても見よ、

二十年も昔に自分を無視し振った女が、そのことを忘れ、今ノコノコと顔を出す。その厚顔無恥はアラン神父ならずとも不快、腹立たしかったはずだ。

しかしそれにも懲りず、クリスティーヌの旅はこの後も続く。しかしそれらはおしなべて、表題に書いたように彼女が「余計な訪問者」であったことを思い知らされるものばかりだった。当然であろう。みんな誰しも生きて行かねばならぬ仕事や生活があるのだ。たとえば……。

四番目の男エリックは山岳ガイドの仕事を優先し、彼女を歓迎するがやがて離れて行く。五番目のフランソフは田舎の町長におさまり、ちょうど女中との結婚式の日でその準備に大わらわ。二十年も昔の女と思い出話をする暇などない。

そんな中で七人目に訪れた美容師フェビアン（フェルナンデル）の話は、クリスティーヌの甘い期待に止《とど》めを刺すものとして象徴的で、実に秀逸だ。

彼は四人の子供をもつ平凡な家庭の主人に納まっている。このフェビアンだけが幸福といえばいえる生活を送っていた。この親切で人の好い主人は、せっかくのクリスティーヌの訪問に気を利かせて、日曜の舞踏会場《ダンスホール》に彼女を誘い、一緒に踊ってくれた。男の愉《たの》しそうな表情と対照的に、彼女のそれはまさに死人のように青ざめていた。二十年前のあの華やかできらびやかな舞踏会とは似ても似つかぬ貧相でわびしいものだった。シラケきった彼女が、それでも相手の善意に耐え、踊り続ける。その失望と落胆の表情こそ、この映画の主題を暗示していて、私はここで映画は終わるのか、ラストシーンかと思った。

失意と幻滅の旅に、主人公の救済を暗示するラストのエピソード

私の予測は間違っていた。デュヴィヴィエ監督の演出は優しい。七人の男との何の成果もなかった空しい旅を終えて、クリスティーヌは悄然と帰宅した。ところが執事の男が待っていたとばかり朗報を伝えた。彼女が一番会いたかったジェラールの住所が分かったという。なんとこの館の近く、湖の対岸に住むという。彼女は小躍りせんばかりに早速訪ねて行った。

しかし当人はいなかった。だがジェラールによく似た青年がいて、父は一週間前に死んだと、ポツリと告げた。なんと！　先のジョルジュについで二人目の恋人の死だ。それでも彼女は気を取り直して訊《き》いた。すると相手の青年は自分はジェラールの息子のジャックだと名乗った。

ここで映画は突然急転する。まぶしいほどの明るいシーンに何事？　と観客は戸惑う。よく見ると先のジャックが、舞踏会にデビューする準備に大わらわのシーンだ。その彼の傍《そば》に付き添い、かいがいしく準備を手伝う一人の女性の姿があった。なんとあのクリスティーヌではないか！　満面に笑みを浮かべ、幸福《しあわせ》そうにジャックを見つめるクリスティー

ヌの、その充ちたりた満足気な表情。

そうか、そういうことだったのかと、私たち観客は、初めてこの一変したラストシーンの意義を理解する。デュヴィヴィエ監督は、八人の恋人すべてに夢かなわなかったクリスティーヌの失意に、最後に救済を暗示された、と私は思った。大好きだった亡きジェラールにそっくりの息子ジャックに、彼女は女性らしい庇護の手をさしのべたのだ。

おそらく彼を養子に迎え面倒を見るのであろうか。夫もいない、子供も友人もいないこの孤独な未亡人は、今やっと新しい生き甲斐を見出したようだ。このジャックをジェラールだと思って、束の間愛していこう。

女性の母性本能をたくみに生かしたデュヴィヴィエ監督の温かいラストシーンだと私は感心した。これで「舞踏会の手帖」に端を発した彼女の空しかった旅は報われる。彼女だけではない。この映画を見た私たち観客も救われる。そこには私が映画に求めて止まない安堵とカタルシス（心の浄化）があったことが嬉しい。

最後に。私の大好きなこのフランス映画の名作は、専門家の評価も高く、一九三七年・ヴェネツィア映画祭の最優秀外国映画賞に輝いた。日本においても一九三八年度・キネマ旬報ベストテンの第一位を占めたことを付記する。

『望郷』（原題「ペペ・ル・モコ」、一九三七年）

若き日のジャン・ギャバン氏に魅せられる

デュヴィヴィエ監督の代表作をもう一本紹介したい。先の『舞踏会の手帖』と並んで、私が愛する氏の双璧の傑作『望郷』である。

この作品の魅力は、主人公の悪党ペペ・ル・モコ（通称ペペ）を演じた若い日のジャン・ギャバン氏（一九〇四〜七六年）のその精悍さに尽きる。周知のようにギャバン氏は往年のフランス映画を代表する人気男優《スター》の一人である。しかし私たちの世代が映画館で見た氏の魅力は、戦後の作品が多かったせいか、ほとんどが老《ふ》け役のそれであった。『現金《げんなま》に手を出すな』（五三年）、『ヘッドライト』（五六年）など。

もちろん、それらのギャングのボスやトラックの運転手を演じる氏を悪いというのではない。初老の男がただよわす年輪による風格や哀愁は絶品であり、「渋味のある名優」は氏のトレードマークになった。

しかしこの『望郷』の氏は全く違った。この時、氏は三十代の初期。若さの絶頂期の氏には精気や活力がみちみちていた。私はそれまで知らなかった氏の、その元気あふれる精悍さに眼を瞠《みは》る思いで注目した。実に新鮮だった。

ほんの一例を挙げる。あの強面《こわもて》の氏が相好を崩して笑い、実に愉しそうに一人で歌い、踊り、ハシャぎまわる。こんなシーン、私はそれまで見たことがなかった。ムッツリして寡黙で無愛想、これがそれまでの氏のイメージだった。それが一変して、この感情の自由で正直な表出。私はここに氏の若さによる純情と稚気を見たと、正直愉しく、嬉しくなった。

●ペペ（ジャン・ギャバン）とギャビー（ミレーユ・バラン）

もちろんそこには、ギャバン氏の個性を知りつくし、これを愛した名匠デュヴィヴィエ監督の演出のうまさがあった。ちなみに言えばこの名匠には、ギャバン氏とコンビを組んだ作品が珍しくないらしい。私は後にＤＶＤでそれらの一本『地の果てを行く』（三四年）を見た。この『望郷』ほどの傑作だとは思わなかった。が、心に残る小品だったと忘れない。

カスバに逃げ込んだ前科者と、これを追う刑事の執念

物語に移る。この映画の舞台は、戦前の北アフリカのアルジェリアの首都アルジェ（当時はフランスの植民地）。この港町の丘の上にあるカスバと呼ばれる、よそ者の侵入を許さず、ここに逃げ込めばまず警察に捕まる心配はないという、一種犯罪者の巣窟のような特殊な一画があった。

映画はこのカスバに逃げこんだ一人の悪党（ギャング）と、彼の逮捕に執念を燃やす一人の刑事との対決の物語を描く。悪党とはこの映画の主人公ぺぺ・ル・モコ、通称ぺぺ（ジャン・ギャバン）。彼はパリ警視庁から指名手配された凶悪犯で、二年前にこのカスバに逃げ込み、今や地元のアルジェ警察もお手上げの厄介な前科者だ。

一方刑事とは、その警察の中でぺぺ逮捕を諦めることなく一人気を吐くスリマン刑事（リュカ・グリドウ）だ。彼はこれまでアルジェ警察がぺぺに何度も逃げられたその襲撃の失敗（銃撃戦もあった）から、ぺぺをカスバの外におびき出さない限り逮捕は難しいと反省し、密かに我慢強くその好機を待つ男だ。

映画は冒頭、その犯罪者のたまり場、カスバの外観を空から俯瞰するように、あるいは内部の構造を通行人が見学するような視点で映し出す。これが巧《うま》く参考になる。迷路のよ

うに入り組んだ石段の坂道、扉の奥にはバザール（市場）にひしめく人々の群れと活気。注目はどの住居の屋上にもあるテラスで、これを越えれば簡単に隣家のテラスに移動でき、恰好の逃げ道となる。なるほど追われるものには逃げやすい、追う者にとってはすぐ見失いそうな複雑に入り組んだカスバの構造である。

そのカスバには肌の色もさまざまな人々が居住し往来する。その人種のるつぼのような人々の混雑の中を、スリマン刑事は連日静かに現れ巡回する。興味深いのは、彼はしばしばぺぺとも顔を合わせ立ち話する余裕すら見せることだ。犯人と刑事が白昼平然と対話する？　一見異様に映るこのシーンこそ、実はこの映画の二人の関係を暗示する。ぺぺはスリマンを少しも恐れていない。スリマンが自分の逮捕を狙っていることを、彼は百も承知だ。しかし、このカスバの中でスリマンにはそれができないこともぺぺは見抜いている。今や彼の周囲には多くの子分や協力者が存在し、何かがあれば彼らが黙っていない。その自信と余裕がぺぺをカスバの「王様」のようにのさばらせている。

スリマンはそれが悔しく腹立たしい。しかしこれまでの失敗からじっと我慢する。彼を今は泳がせておいて目だけは離さない。そのため毎日巡回に現れる。目的はただ一つ、彼をカスバの外へ誘い出すそのチャンスをひたすら待つこと、これであった。

パリ観光団の中の美女に恋するペペ

スリマン刑事の待つ好機《チャンス》は意外に早く訪れた。その日彼はパリからやって来た観光団一行のカスバ見物に同行した。カスバの不穏と危険から彼らを護衛する、これも彼の職務の一つであった。

ところが思いもせぬ光景を目撃した。観光団の中の絶世の美女ギャビー（ミレーユ・バラン）に、なんとペペが一目惚れして夢中になってしまったのだ（25頁写真）。これを見たスリマン刑事の頭に一瞬閃《ひらめ》くものがあった。ここから彼のかねてよりの目的実現のための策動が始まる。

ところでスリマンが目撃した二人の出会いのそのシーン、私はこの映画一番の美しい、心に残るシーンとして忘れることができない。そこでスリマン刑事の話は一時中断して、一言その感動を綴《つづ》らせていただく。

その美しいパリ女ギャビーは、観光団の仲間とその時、休息、談笑していた。その店にたまたまペペがふらりと入って来た。二人は偶然目が合った。その時、二人は互いにまばたきもせず相手を直視して動かない。ペペはつっ立ったまま、ギャビーは椅子に座ったまま、二人は数秒間、みじろぎもせずじっと相手を見つめる。

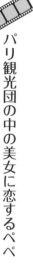

その美貌のバラン氏の素顔と、若くて精悍なギャバン氏の素顔をカメラがじっと動かずアップ（大写し）に映し出す。それだけのシーンであるが、私は二人を美しいと見惚《と》れてしまった。その数秒間の真剣でひたむきな二人の視線に、恋に落ちる男女の運命が見事に暗示されていて、私は心震えた。映画は映像の芸術だ。一つの映像で、文学なら何百字もの説明を要する男女の気持ち——ここでは惹かれ合う二人の恋する心——をワンシーンで描いて見せる。この映画の特典を、デュヴィヴィエ監督はこのシーンで見事に活用されたと私は感心した。

この後映画は、好感を持った二人がパリの思い出話に愉しそうに意気投合し、やがてひそかに逢瀬を重ねて相手から離れられなくなる恋の炎上を描く。しかしそれらは不要に思えるほど、先の見つめ合いのシーンはすべてを象徴していた。繰り返すがバラン氏とギャバン氏の魅力が一番美しく輝いた名シーンであったと思う。

スリマン刑事の奸計《かんけい》（＝罠）が仕掛けられた——女と男の嫉妬心をあおる

スリマン刑事の策動が始まった。ペペがパリの女ギャビーに夢中になってくれたお蔭で彼の野望（ペペ逮捕）実現の道がひらけた。

彼はまずペペの情婦イネス（リーヌ・ノロ）に接近し、ペペがパリ女ギャビーを愛し、お前を見捨てると彼女の嫉妬心に火をつけた。オレに協力すればパリ女など即刻追い返してやる、そんな甘言も忘れなかった。実際イネスは後に、その口車に乗せられてペペを裏切る失態を犯して後悔する（後述）。

一方でスリマンは、ギャビーと同行して来た彼女の連れ合いの男（夫ではない、パトロンか？）にも接近し、愛人（ギャビー）がペペに熱をあげている、早く帰国しないと寝取られるぞと、ここでも男の嫉妬心をあおった。この初老の男は、若いギャビーを失うことに動転し、スリマンの忠告に素直に従い、早速帰国のための船の手配にかかった。

ところが肝心のギャビーが承知しない。彼女は実は初老の連れ合いとの退屈な日々にうんざりしていた。カスバで出会った若くて頼もしそうなペペの方にはるかに心惹かれていた。連れ合いのしつこい説得に反発し、ついに荷物を持つとホテルの部屋をとび出して行った。このギャビーの行動だけはスリマンの誤算で、彼は慌《あわ》てた。しかし狡猾な彼はギャビーを見つけると、あいつは警察に追われる前科者で、つい先刻《さっき》別の刑事に撃たれて死んだ、もうあの男はいないと平然と嘘を言った。

ところがこの見えすいた嘘に、軽薄な女ギャビーは単純に乗せられてしまった。ペペがいないのであればこんなアルジェに一人いてもつまらない。彼女は、連れ合いの手配した早めの船で帰国することに渋々同意した。彼女にとってペペは所詮旅先で出会った一時の火遊《アバンチュール》びの相手でしかなかった。

しかしペペは違った。彼は真剣だった。明日また必ず来ると約束したギャビーの言葉を信じて疑わなかった。ところが彼女はいつまで待っても現れない。この男にしては珍しい、丹誠こめた準備（部屋、飲み物、料理など）の一切が無駄になった。意気消沈したペペに周囲の知人たちが顔を見合わせて同情した。彼らはつい先ほどまでのペペの異常な上機嫌、はしゃぎようを知っていたからだ。

その時のはしゃぎようこそ、実は冒頭で紹介したジャン・ギャバン氏の若さの象徴のシーン。氏が実に嬉しそうに上機嫌になって一人で歌い出し、一人で踊りまわるシーンであった。おそらくこの悪党が生涯で初めて知った恋する歓びではなかったか。

しかしペペは、やがてギャビーの身に起こった異変を知ることになる。なんと次の船でギャビーは帰国するという。……？　どういうことだ。信じられない彼は動転し、逆上した。これには何かある！　何としてでもギャビーを引き止めねば。今ならまだ間に合う。ここに来て彼は犯罪者の警戒を忘れた。ギャビーを忘れられない、恋する男の暴走が始まった。

スリマンの罠にはまったペペの最期
——後世の語り草になるラストの名シーン

ペペは、イネスの必死の制止をふり切り、ついに絶対に下りてはならぬカスバの石段を駆け下りて行く。下の街にはスリマンの手配したアルジェ警察の包囲網が待ち受ける。危ない！　嫉妬に狂ったイネスが必死に追いかける。彼女も正気を失い、たまらずスリマンにぺぺの行く先を密告したのはこの時だった。

街に出たぺぺは幸い包囲網に見つからず港に直行した。船はまだ出航していない。間に合った。船へのブリッジを駆け上り、甲板を必死に捜すぺぺ。と、船室の中にパトロン一行から離れて、悄然とうなだれるギャビーの姿が見えた。いた！　思わず窓をたたき、窓の外から声をかけようと焦るぺぺ。その時だった。窓の外に大写しになったぺぺのギャバン氏が、なんと静かに両手を上げたではないか。

このぺぺのギブアップのシーン。絶妙にうまいと思った。実は彼の両脇は拳銃を手にした刑事たちで固められていたのだ。こうしてカスバの外に出たぺぺは、見事にスリマン刑事の罠にはまり捕まってしまった。この後ぺぺは手錠をかけられ、スリマン刑事に連行されて港を離れて行く。しかし未練があった。彼はふとまだ停泊中の船の方を見上げた。すると先ほど船室の中にいたあのギャビーが、今甲板《デッキ》に出て遠くを眺めているではないか。

ここからである。この映画のあまりにも有名なラストシーンが始まる。船上のギャビーを遠くに発見して彼の心にひそかな決断と覚悟が生じた。同行するスリマンに、彼女を見送らせてほしいと最後の頼みを口にした。相手ももはや大丈夫と安心したのか、武士の情でこれを黙認した。

手錠をかけられたペペが、波止場の鉄柵につかまって、声の届きそうにない遠方のギャビーをじっと見つめる。そして絶叫した。ギャビー‼　この映画一番のペペの全身を振りしぼった大きな声の絶叫であった。それは、オレはお前を愛している！　という生涯でただ一人めぐり合った理想の女性ギャビーへの愛の告白と永別の挨拶であった。と私には映る。

しかし不運なことにその声は相手に届かなかった。その時、頭上の船の煙突が非情に吠えたからだ。出航を告げるその汽笛の轟音《ごうおん》に、ギャビーが思わず耳をふさいで甲板から消えたのだ。ペペの愛と別れの絶叫は、かくて無惨に吹き消されてしまった。その直後であった。

ペペの大写しの顔の眼がみるみる力を失い、焦点が定まらなくなった。彼は隠し持っていたナイフで自らの手首の動脈を切断し、命を絶ったのだ。ギャビーのいなくなった人生にペペは何の未練もなかった。悪党らしく瞬時にこの世に別れを告げた、潔い、覚悟の最期（自殺）であった。

その波止場の石畳にくずれ落ちたペペの遺体に、「許してください」と泣き伏す情婦イネスの姿があった。解説者の誰も触れない、このイネスの悲しい姿に私は注目した。イネスは我を忘れてスリマンに密告しペペを裏切った。その自分の軽率、短慮を謝罪したと私は当初理解した。しかしこの映画を見直すうちに、どうもそれだけではないらしいと気づいた。

彼女は、愛するぺぺがまさか自殺までしてしまうとは思いもしなかった。そこまでギャビーのことを思いつめていたのなら、私は身を退《ひ》いてもよかった。そんな後悔をも暗示させる「許してください」であった。デュヴィヴィエ監督はそんな女性の愛の深さ、神秘をも暗示されていて、さすがに炯眼《けいがん》だと私は脱帽した。

さて映画のエンドマークＦＩＮは、そんな波止場の悲劇など知る由もない、ギャビーの乗った船が静かに港を遠ざかり、消えて行くその遠景シーンに重なるように浮かび上がる。ここで映画は終わる。私たち観客は席を立てず、しばしその感動の余韻に酔わされる。

専門家も絶賛するこのラストシーン。例えば淀川長治氏は、その最後を以下のように結ばれる。

「あの美しくも哀れなラストシーンは忘れられません。見事なラストシーンでした。ギャバンが最高でした」（参考文献①）

② マルセル・カルネ監督（一九〇六～九六年）

『天井桟敷《さじき》の人々』（一九四五年）

フランス文化の伝統と底力に目を啓《ひら》かれる

カルネ監督は、先のデュヴィヴィエ監督と並び、私が尊敬するフランス映画最古の名匠である。

私が氏の高名を知ったのは、やはり若い時（二十代）、名画館で見た氏のとびっ切りの傑作、この『天井桟敷の人々』の衝撃と感動による。この三時間半の大作（第一部と第二部）を初めて見た時、私は思わず唸《うな》ってしまった。こんな凄い映画が世界にあったのかと。以来カルネ監督は私にとって、フランスの文化や芸術の持つ、偉大な伝統の紹介者として忘れることができない存在となった。

一例を挙げれば、氏はこの大作でパントマイム（無言劇）役者の青年と美しい娼婦の悲しい恋を描かれる。その際、日本人には全く未知のパントマイム演劇の面白さや愉しさを存分に紹介される。フランスではこのパントマイム劇の魅力がとっくの昔から根づき、人々の人気を博していたらしい。これなど私たちの知らないフランス文化の偉大で奥床しい伝統の深さの象徴だと思った。

話は変わるが、カルネ監督の作品はこの「天井桟敷」ほどの傑作ではないにせよ、他にも秀作が少なくない。『嘆きのテレーズ』（五二年）や戦前の『北ホテル』（三八年）などDVDで見たが忘れられない。紙数の制約もあり、小著では私の大好きな女優さん、シモーヌ・シニョレ氏が主演する前者『嘆きのテレーズ』のみを後に紹介したい。

ドイツ軍占領下のパリで戦時中、三年三カ月もかけて作られた

このフランス映画の最高傑作は、一九四六年ヴェネツィア映画祭で優秀映画賞を受賞した。当然のことながら、この不朽の名作を絶賛しない専門家はいない。それらの絶賛文の中で私が目を啓《ひら》かれた一事が、表題に書いたカルネ監督の執念のような壮挙の立派さである。氏は強大なドイツ軍占領下のパリで、いろいろ不自由や制約が予想される中、悠々三年三カ月もかけてこの大作（三時間半）を完成された。

その偉大な壮挙を猪俣勝人氏は「芸術家のレジスタンスとしてこれ以上の方法はあるまい」（参考文献④）、双葉十三郎氏は「ドイツ軍に占領されたフランスが求めてやまぬ人間

精神の自由を謳う」（参考文献⑥）と、それぞれ讃嘆されている。それらの指摘に私は大いに啓蒙を受けた。

ところで興味深く思ったのは、この作品の物語はあくまで先にも書いたように、純情で女には初心《うぶ》なパントマイム青年バチストと、男には手だれの娼婦ガランスとの痛ましい悲恋物語である。この当時の戦争とは全く無縁の非時局的な物語の、そのどこに「芸術家のレジスタンス」や「人間精神の自由を謳う」要因が秘められているのか？　この点をさぐることが、以後の私の物語紹介の眼目となる。

年上の美しい娼婦に心を奪われた純情なパントマイム青年の恋

舞台は十九世紀半ばのパリ。多くの大道芸人や見せ物小屋が立ち並び、見物人でごったがえす通称〝犯罪大通り〟（作品第一部のタイトル）。それらの一軒に、大きな樽の水の中につかり、上半身の裸体を見せる妖艶な女芸人ガランス（アルレッティ）がいた。ちなみに「これほど美しい女優はいない」とほめちぎる専門家（淀川長治氏）もあるほど、アルレッティ氏演じる娼婦ガランスは魅惑に富む。この娼婦がふとした縁から、若きパントマイム役者バチスト（ジャン・ルイ・バロー）と出会った。この冒頭の出会いのシーンが秀逸に巧く、観客は一度に魅了される。

●バチスト（ジャン・ルイ・バロー）とガランス（アルレッティ）

その日ガランスは、とある芝居小屋の前の群衆の中で、突然隣の男から難癖《なんくせ》をつけられた。お前がオレの懐中時計を盗んだと、スリの汚名を着せられたのだ。身に覚えのない彼女は必死に否定、抗議したが、男は耳を貸さない。群衆に囲まれた彼女は身動きもできず困惑した。

その時、客の呼び込みをする正面の高い台の上から、一部始終を目撃していた青年バチストが立ち上がって、得意のパントマイムで、犯人は別にいて、そのスリはすでに逃げ去ってもういないことを巧みに演じて見せた。この映画でバチストが初めて即興で披露したパントマイムの妙技に、居合わせた群衆は思わず見とれて狂喜した。うまい！　おかしい！　そして犯人が逃げ去ってもういないことを十分に理解した。

実は群衆だけではない、私自身、初めて見るパントマイムのその軽妙な演技に度胆を抜かれてしまった。演劇（＝芝居）は言葉、つまりセリフですべてを表現するもの、そんな固定観念が私にはあった。見事に打ち砕かれた。セリフなどなくても、体の動きや目の表情だけですべてを十分表現できる。そんな演劇、つまりパントマイム（無言劇）の世界がこの世にはあったのだ。世界は広い！　私は目を啓《ひら》かれた。

さて、バチストのパントマイムの巧さに、群衆は事の真相を理解して四散して行った。お蔭でガランスの濡れ衣は晴れ、彼女は助かった。そのガランスが正面の台の上のバチストに近づき、嫣然《えんぜん》とほほ笑んで礼を言い、手にしていた赤い花を投げ渡すと人混みの中へ消えて行った。バチストはその赤い花を手にしたまま呆然とガランスの去った方角を眺めていた。この瞬間こそ、バチストが娼婦ガランスに魅了されて生涯忘れられなくなる運命の始まりだった。

楽屋に戻ると、座長の娘ナタリー（マリア・カザレス）が、その花どうしたのと目敏《めざと》く見つけて問い質《ただ》した。彼女は一座の中でただ一人バチストに思いを寄せる女性で、彼の一挙手一投足が常に気になる。しかしガランスに陶然となった彼は、彼女のくれたその赤い花を後生大事に持ち続けるだけで、何も応えられない。相手の名前すら知らないその女性のことで彼は胸がいっぱいだったのだ。

偶然再会した二人は意気投合して、互いに好意を抱く

ところで女芸人ガランスは娼婦でもあった。彼女に言い寄る、あるいは彼女を独占した

がる男たちは跡を絶たなかった。そんなガランスにとって先のパントマイム役者など物の数ではなかった。ところが何という偶然、その若者がまた彼女の前に姿を現したのだ。

その夜、彼女は自分に付きまとい手放そうとせぬ悪党ラスネール（マルセル・エラン）の相手をして酒場にいた。この男は表の稼業は代書屋だが、裏では手下をかかえ、警察の眼を盗んで窃盗、殺人、何でもやってのける凶悪な悪党だった。評判の美女ガランスを傍に侍らせて彼は今、得意満面であった。

ところが退屈するガランスの眼は、見慣れぬ老人に連れられて酒場に入って来たバチストを素早くとらえた。ただちに席を立ち、先日の恩人に、また例の嫣然たる微笑を浮かべて近づいて行った。バチストは夢かと思った。あの赤い花をくれた麗人とこんな所で再会できるとは。彼は素直に嬉しさと感激を隠さない。かくて二人は意気投合し踊り始めた。

ラスネールは当然面白くない。部下に目くばせしてこの邪魔者を追い出しにかかった。バチストはいきなり背後からパンチを食らって、呆気なく窓ガラスをつき破って屋外へたたき出された。悲鳴をあげるガランス。

ところがそのバチストが平然と戻って来た。そして今度は相手の二度目のパンチを難なくかわし、逆に相手にパンチを見舞い、窓の外にほうり投げた。この痛快な反撃に酒場はヤンヤの喝采だ。一見ひ弱そうに見えるパントマイム役者の体の動きは、日頃の鍛練で実は敏捷で軽快、縦横無尽に柔軟なのだ。町のチンピラ風情《ふぜい》の喧嘩など物ともせぬしたたかな役者根性があった。ガランスは親切で優しいこの青年の意外な芯の強さに、さらに好感を持った。

その夜二人は一緒に帰りながら、初めて話し合った。バチストはガランスに再会できた悦びや、相手の問う今の役者修業中の現状などを包み隠さず正直に話した。ガランスはそれを聞いて彼の純粋で誠実そうな人柄に惹かれた。この人は私につきまとう好色で俗悪な男たちとは違う。娼婦に身を落としたとはいえ、彼女が密かにこい願う人間の純粋な美しさ、真《まこと》があった。ガランスが純真な青年バチストに初めて恋心を抱いた一瞬であった。

しかし純粋な相手は女性には純情すぎて初心《うぶ》な青年であった。せっかく相手のアパートまで同行して行ったのに、バチストは彼女に愛を求める勇気はなく、彼女は失望した。ちなみにその時空しく引き揚げるガランスに、同じアパートに住む役者のルメートル（ピエール・ブラッスール）が、こちらは女あしらいに慣れた好色漢で抜け目なく誘った。娼婦ガランスは、バチストのことは諦めてその夜この男と同衾《どうきん》した。バチストの知らないこの一事に、初心な青年と男に手だれの娼婦ガランスとの愛の溝、亀裂が暗示されていた。

地位も金もあるモントレー伯爵の囲い者となるガランス

しかしこの後バチストのガランスへの愛は一気に加速した。先のルメートルと彼女の一件などまるで気づかぬこの純情な青年は、ガランスが訳あって失業すると、なんと彼女を自分の一座に呼んで一緒に仕事ができるように計らってやった。どこまでも恋するガランスに親切で優しいバチストの献身ぶりだ。彼自身も幸せで満足であったはずだ。ガランスの苦境を救い、しかも同じ舞台の上で彼女と一緒に仕事ができる。彼にとっては天にも昇る至福の一時であった。

ところでガランスはパントマイムはできない。するとバチストは彼女を舞台の背景の「女神像」に出演させる配慮を忘れない。ところがこのせっかくの思いやりが裏目に出た。ガランスの女神像の美しさに一目惚れした観客のモントレー伯爵（ルイ・サルー）が、ガランスのためなら何でもすると豪語して、見るからに豪華な花束を持参して楽屋に現れた。

この高慢でキザな伯爵をガランスは一見して嫌悪、無視した。しかし彼女の身に警察の追及の手が迫ると彼女は脅《おび》えた。例の悪漢ラスネールとの旧知の関係から、身に覚えのない彼の悪事の嫌疑がかかったのだ。娼婦を疑う警察の目は容赦がない。仕方なしに彼女は伯爵からあずかっていた彼の名刺を示して何とか難を逃れた。庇護者のいない無力な娼婦として、生きるための精一杯の知恵であった。

しかしこうなれば、彼女は、あれほど嫌っていた伯爵を頼るしかない。なんと彼の高慢な要請を渋々受け容れると、彼の思い者として一緒に国外に逃亡、パリから身を隠してしまった。すべてバチストの知らない間の出来事であった。こうしてバチストのガランスへの愛や献身はすべて無視されてしまった。

ここでこの映画の第一部「犯罪大通り」は終わる。休憩をはさんで第二部「白い男」に移る。結局、純情なパントマイム役者の恋は、相手の娼婦のしたたかな生き方の前に歯が立たず、一蹴されてしまったのだ。

当代一の人気役者に成長したバチストの演技力と、これに熱狂する観衆

さて、第二部（副題は「白い男」）の内容はガラッと一変する。第一部より五年の歳月が過ぎた同じパリの〝犯罪大通り〟が舞台。しかしガランスは不在。バチストとの恋物語はしばらくお休みとなる。

変わって映画は、五年の歳月で成長、円熟したバチスト——顔を白塗りに化粧した「白い男」——の、そのパントマイム演技の素晴らしさを、劇中劇として紹介しつつ存分に描く。バチストを演じるジャン・ルイ・バロー氏のそのパントマイムの巧さは絶品で、まさに神業を思わせる至芸だ。このバロー氏の至芸を見ただけでも、この映画を見た価値はあったと私は確信した（次頁の写真）。

ちなみに映画は、バチストの盟友でもあったもう一人の役者ルメートル（ピエール・ブラッスール）の舞台も紹介する。彼は一時バチストの一座に身を寄せたが、得意とするシ

●パントマイムを演ずるバチスト

エークスピアのセリフ劇（「オセロ」）を朗々と演じるため、バチストの一座から離れて別の劇場で独立し、それなりの人気を博していた。そういう意味では、第二部はこの二人の役者の名演技を紹介する劇中劇の面白さから始まったといえる。

ところで映画はそれらの二人の役者の舞台を紹介する一方で、それらに感動し、熱狂、興奮する観客の反応を見逃さない。とくにバチストの妙技に狂喜、興奮する「天井桟敷の人々」の異常な熱狂ぶりには正直びっくりした。私事になるが若い頃、私はこの映画の題名（『天井桟敷の人々』）の意味するところが分からなかった。半世紀後の今は理解できる。

「天井桟敷」という日本ではあまり馴染みのないこの用語は、辞典によれば「劇場で、後方最上階に設けた低料金の席」らしい。どうやら金のない庶民でも手軽に芝居が愉しめる、一般大衆の集《つど》う場所のようだ。道理で彼らの舞台に対する反応は実に遠慮がなく正直だ。日本なら行儀が悪いとたしなめられそうな賑《にぎ》やかさ、騒々しさだ。現に映画の中でも階下の席（上等で高いらしい）の観客が立ち上がって、後ろの天井席に向かって「もっと静かにしろ」と叫ぶシーンがあった。

この天井桟敷の人々の熱気やパワーこそ、フランス国民の、自由を求める雄叫びではなかったか、と私は気づいた。ドイツ軍の軍事力には屈してもフランス国民は、文化や芸術では負けない。舞台と観客が一つになってこれほど盛り上がる文化や芸術がドイツにあるか！　カルネ監督の三年三カ月の苦闘の目的がここにあった。氏はドイツ軍占領下のフランスで、フランス国民が決して失っていない自由を求める気概、心意気を密かに描かれた。それを象徴するのが、『天井桟敷の人々』であった。

ガランスが六年ぶりに帰って来た——先手を打つナタリーの執念

映画はやっと第一部からの物語の続きに戻る。

五年経ってガランスはモントレー伯爵と共にパリに戻って来た。しかし彼女はバチストのことを片時も忘れていなかった。彼女は今、パリ一番の売れっ子役者になったバチストの舞台を、一人でこっそり観劇しに来ていた。

その彼女の二階の隅の個室席に、バチストの今や盟友となったオセロ役者のルメートルが忍びこんで来て復縁を迫った。彼はかつて純情で初心なバチストを出し抜いて、この娼婦と一夜を共にした好色漢だ。しかしガランスは静かに拒否した。彼女の愛はルメートルではなく、実はバチストにあったのだ。はっきり意思表示されて、彼はショックで絶句した。

しかしこの役者には、生来磊落《らいらく》という美質があった。彼は男らしく堂々とバチストへの嫉妬を口にしたが、思い切りは早かった。ルメートルは潔く身を退《ひ》き、なんと一転して二人の恋の仲介役を買って出たのだ。

ガランスの了解を得ると、彼は素早く行動した。舞台裏のバチストにガランスが六年ぶりにパリに戻り、今客席に来ていることをこっそり告げた。バチストの表情が一変した。それを、今ではバチストと結婚し一児の母となったナタリーが見逃すはずがなかった。賢明な彼女はすかさず先手を打った。

この映画一番の恐ろしい名シーンが始まる。観劇中のガランスの席のうしろの幕のすき間から、赤ん坊のように可愛い幼児がヨチヨチ歩きで入って来た。そしてたどたどしいが教えこまれたらしい言葉を一気に口にした。

「親子三人で幸せにくらしています」と。

ガランスは一瞬虚をつかれた。が、さすがに取り乱すことはなく、

「パパがそう言ったの?」と優しく問い返した。すると相手はこれも教えられていたのか、

「パパもママもいっしょです」と暗誦したように答えた。

ガランスはこの後ただちに席を立ち姿を消した。その実事を映画は映さない。しかしこ

の後、バチストが息せき切って駆けつけて来た時、彼女の席はもぬけの殻と化していた。

かくて二人の六年振りの再会は実現せず、ルメートルの友情も実らなかった。それにしてもカルネ監督の演出のうまさに私は脱帽した。ナタリーの執念のような女の愛（怨念か）を無邪気な幼児に代弁させる。ガランスならずとも、私たち観客もドキリとさせられる名シーンであった。

再会してついに一夜を共にした二人の前にナタリーが現れた

映画は大詰めを迎える。ルメートルの友情が生きていたのか、ついにガランスとバチストは再会した。その日、ガランスはルメートルの舞台（「オセロ」）を、モントレー伯爵（や彼の随員）と共に観劇に来た。先日の彼の別れ際の約束を守ったのだ。一方バチストも、かつて彼の一座にいたこの盟友の評判の舞台を一度見ておきたいと足を運んで来た。

その二人が偶然、オセロの終演後、帰り客で混雑するロビーでお互いを発見した。二人は狂喜した。しかし伯爵がいる手前、大っぴらには会えない。人目を忍ぶように外のバルコニーに出たが、ここでも六年間の積もり積もった思いは、立ち話では充たされない。ついに二人はモントレーの眼を盗んで劇場を脱出、バチストのアパートに直行した。

かつて二人が出会って一緒に帰ったアパートだが、純情なバチストはガランスの好意に

●バチストとガランスの別れ

何も応えられなかった思い出の部屋だ。しかし六年の歳月はバチストを大人にした。今二人はついにせきを切ったように相手を求め激しく愛を確かめ合った。バチストが夢みたガランスとの愛の極致に二人が酔いしれる至福の一夜となった(上の写真)。

　ところが翌日の朝ナタリーが愛児の手を取って、夫が常宿とするそのアパートにやって来た。この日はパリが謝肉祭《カーニバル》で街が一番の人出で埋まる賑やかな日だ。家族みんなでその祭りを愉しもうというナタリーの計画だった。

　ところが勝手知ったるアパートのドアをノックもせずに開けて、ナタリーは仰天、息を呑んだ。女がこちらに背を向けたまま夫とひしと抱き合っていた。バチストは動揺し、狼狽の色を隠せない。しかし二人の女は微塵も動揺せず平然と相手を直視した。観客も固唾《かたず》を呑む、女同士の対決のシーンで、迫力がある。

ナタリーが最初に口を切った。バチストの愛をやっとつかんだ六年間の妻の苦労と努力、そして今の幸福を自信をもって誇らし気に語った。ガランスは表情ひとつ変えず、ナタリーの眼を直視して平然と言った。

「あたしも六年間、この男《ひと》を愛してきた」

その眼には少しも悪びれる風はない。自分の意思で人を愛することに何の罪があるのか。その傲然とも映る厳しいガランスの表情に、私はフランス女性の愛を大切にする自信と誇りを見たと思った。

しかし、男や世間を知悉《ちしつ》するこの苦労人（娼婦）の分別、決断は早かった。このあたりが引き際の潮時と判断した彼女は、黙って部屋を出て行った。二人の愛は終わったのである。

だが未練の断ち切れぬバチストは、ナタリーの制止を振り切って、慌ててガランスの後を追った。折から外はカーニバルの最中で人の渦、大混雑だ。その人混みの中をガランスはひたすら直進し、来合わせた馬車に素早く乗りこむと雑踏の彼方《かなた》に消えて行った。その見えなくなった彼女の後を、バチストは人の波にのまれた漂流者のように懸命にもがきつつ追う。これがこの映画のラストシーンであった。娼婦に恋した純情な青年の、傷ましく哀れな姿がそこにあった。

『嘆《なげ》きのテレーズ』（一九五三年）

女優シモーヌ・シニョレ氏の存在感

名匠マルセル・カルネ監督の作品からもう一本。先の『天井桟敷の人々』に次いで、私が今も愛し、忘れられぬ傑作がこの『嘆きのテレーズ』である。この作品も専門家の評価は高く、一九五三年ヴェネツィア映画祭銀獅子賞受賞。日本でも一九五四年キネマ旬報ベストテン第一位を獲得した。

私がこの作品に魅了された理由は二つ。まずその一は、カルネ監督がサスペンス映画の形式を採ったこのメロドラマの、そのスリル満点の面白さである。その概略を紹介した恰好の一文があった。異例ではあるが、まずその紹介文の引用から始めさせていただく。

ゾラの「テレーズ・ラカン」の映画化でマルセル・カルネ監督の代表作。テレーズ（シモーヌ・シニョレ）は病弱な夫に不満で、夫の友だちローラン（ラフ・ヴァローネ）と恋におちた。夫と汽車に乗ったのをローランが追って喧嘩となり、夫は列車からつき

落とされて死んだ。それを目撃した水兵が二人を告訴すると脅迫した。（参考文献①、編者岡田喜一郎氏の解説）

実に簡潔でコンパクトな紹介で、作品の概略紹介はかくありたいと願うお手本のような一文である。読者は一読してこの映画が、恋に落ちた人妻のテレーズが、恋の不安から今度は犯罪の不安へ追いつめられていく、サスペンス満点の恋愛物語《メロドラマ》であることをたちどころに予感する。その予感の中身こそ、この作品に私が持つ魅力の「その一」である。

DVD 表紙　発売・販売元　株式会社アネック

では二つ目の魅力とは？　この映画の主人公《ヒロイン》、薄幸の人妻テレーズを演じたシモーヌ・シニョレ氏（一九二〇～八五年）の、その圧倒的な存在感の魅力である。何を隠そう、シニョレ氏は、私がフランス映画の中で一番好きな女優さんであった。何故？

氏は自分の天性の個性、つまり地《じ》の色を隠さない女優さんだ。まず滅多に笑わない。終始むっつりした無愛想と寡黙。これが氏の地であり、トレードマークだ。しかし本当に嬉しい時や悲しい時、氏はその無愛想の表情をゆるめて静かに微笑し、あるいは涙を流す。この変わりようがたまらなく可愛く愛《いと》おしい。男を魅了してやまぬ女性の色気や艶《なま》めかしさ、そして人柄の純情、稚気がそこはかとなくあふれ出る。

思うに氏は自分の地だけを信じ、地だけで演技をされる。これが多くの他の女優と違うところだ。彼女らのようにチャラチャラ明るく振る舞わない。つまり迎合や妥協、虚飾や媚態は、氏の生き方や演技と無縁のようだ。この頑固なほどの地へのこだわりこそ、私は氏の「圧倒的な存在感」の原石だと推測する。

氏のその魅力である強烈な存在感に心打たれる作品は、この『嘆きのテレーズ』を筆頭に少なくない。例えば氏の晩年の作品『影の軍隊』（六九年）なども忘れられない。フランスのレジスタンスの闘士を描いたこの作品で、氏は中年の女性闘士を演じた。年輪も加わり、その存在感と貫禄は圧巻で、それだけにその役柄の非業の最期は哀れを極めた。

病弱でわがままな夫に縛られるテレーズ

物語《ストーリー》に移る。舞台はフランス中部の町リヨン。近くをローヌ川が流れる。冒頭のシーンが早くもこの作品の主題を暗示して絶妙だ。

ローヌ川のほとりで重い鉄球をころがして遊ぶ中年の男たちの群れ（日本のゲートボールか？）。それを見物する群衆の中に一組の親子（母親と中年の息子）がいた。その息子の子供のような得意話に、母親が一々相槌を打つ。一見してマザコンの息子とこれを溺愛する母親と分かる。

と、息子が妻の姿が見えぬため「テレーズ」と呼んであたりを見回した。すると、二人に背を向けてローヌ川を眺めていた女が振り向いた。シモーヌ・シニョレ氏扮する、若妻テレーズの登場だ。ゲームを見ないのかと問う夫に、「いつも同じ」と素っ気なく応じるテレーズ。実際、彼女の表情には、あんな子供みたいな遊びのどこが面白いの、ツマラナイ！　がありありだ。すると息子（夫）がムキになって言い返した。

「川だっていつも同じだ」

私は思わず吹き出してしまった。この一瞬の二人のやり取りに早くも、この夫婦の全くかみ合わぬ冷え切った関係が暗示されていて秀逸だ。

薄幸の人妻テレーズを演じるシモーヌ・シニョレ
写真協力　株式会社アネック

映画はこの後、リヨンの町で洋服の生地を商う、このテレーズ一家の実態を点描する。その異様な家族構成に驚かされる。

テレーズは早くに両親を亡くした孤児であった。そのためリヨンでこの店を開いていた伯母のラカン夫人（シルヴィ）に拾われて育てられた養女であった。問題はその伯母がテレーズをたくみに言い含めて自分の使用人のように育てたことだ。彼女は一人息子のカミーユ（ジャック・デュビー）が生来の虚弱体質で病気ばかりしているため、テレーズを有無を言わせず看護婦代わりの嫁にした。以来テレーズは、愛情も全く感じぬ従兄を夫とし、口うるさい伯母（姑）に黙って仕えるだけの毎日をこのラカン家で送っていた。

これが彼女テレーズ・ラカン（映画の原題でもある）の、夢も希望もない、まさに四面楚歌の暗い境遇、日常であった。彼女はいつしか笑顔を忘れた女になった。

夫の知人ローランの出現——テレーズの四面楚歌に窓があく

その日の夕方、夫のカミーユが、飲みなれない酒に酔いつぶれて帰って来た。彼の知人らしいローランと名乗る男に体を支えられて。

このローラン（ラフ・ヴァローネ）の出現から、この映画のドラマ（恋愛物語《ラブストーリー》）が始まる。

ところで二人を迎えたテレーズの態度は露骨に不快、不機嫌だった。彼女はろくに酒も飲めない夫の虚弱体質を知るだけに、彼のぶざまな醜態が情けなく腹立たしかった。そのため相手の、気さくに夫を二階までかつぎ上げていってくれた、そのローランという親切な男に礼を言うことも忘れて、ただ一言「帰ってください」と言っただけで追い返してしまった。

ローランはさして気にもせず黙って帰って行った。が、彼が初めて会ったこの美しい人妻にちゃっかり関心を持ったことは明らかだ。この後、彼はラカン家をしばしば訪れて来た。そして悟られぬよう、たくみにテレーズに接近したからだ。

まず、マザコンの主人カミーユの主宰する幼稚な家族ゲーム（日本の双六《すごろく》だ）に、他の常連客と一緒に気さくに加わり、カミーユや彼の母親（ラカン夫人）の機嫌を取ることを忘れない。しかし目的は、このゲームに一切参加せず、夫や姑の命じる茶菓の準備の時だけ姿を見せるテレーズにあった。

さりげなく席を外し、台所で準備するテレーズを手伝うローラン。彼はこの美しい人妻の不幸を瞬時に見抜き、優しい同情を惜しまない。彼のその優しい親切に、テレーズのその能面のように冷たく凝固した表情が少しずつゆるみ和らいでいく。シニョレ氏の演技の、先に触れた魅力や面目が雪解けのように始まるシーンだ。いずれにしてもテレーズもまたローランに好感を持ち始めたらしい。

ローランはテレーズに離婚を迫った

ローランのテレーズへの恋は烈《はげ》しく性急であった。彼は大胆にもついに、カミーユやラカン夫人の眼を盗んでひそかにテレーズに会いにくるようになった。彼女は戸惑うが悪い気はしない。彼女とて、病弱な夫にはないローランの精悍な男らしさは新鮮で魅力的だ。

ローラン（ラフ・ヴァローネ）とテレーズ
写真協力　株式会社アネック

　ある日、テレーズの部屋で密会する二人は伯母に発見されそうになった。そのためテレーズの要望で二人は以後、外で（リヨンの街中）で逢瀬を重ねた。ローランは男らしくテレーズへの愛を告白すると、コソコソ会うのはいやだと、彼女に離婚を迫った。テレーズも離婚に否はなく、むしろそれを望んだ。ただ、彼女には長年仕えて来た伯母や夫への義理のしがらみを断ち切る勇気がなかった。するとローランが、オレが言おうとその役を何のためらいもなく買って出た。テレーズは彼の男らしい勇気にすべてを託した。

その夜、帰宅した夫のカミーユが早速、テレーズの不貞を激しく罵《ののし》った。彼は昼間ローランから思いもせぬ離婚話を聞かされ、泡を食って動転したのだ。しかし男の見栄もあり、その動揺は隠して今は居丈高《いたけだか》に妻を責めた。

ところがテレーズは悠然と構えて少しも恥じる気がない。さてはオレを見捨てる気かと、夫は慌てて下手に出て機嫌を取った。パリ見物に出かけようというのだ。不審に思うテレーズには黙って、カミーユは母親にはあれは口実で、パリの親戚の家にテレーズを閉じこめてしまうのだと、愚にもつかぬ強がりを言う始末。この男のマザコンは救い難い。

結局、テレーズはそんな夫の魂胆は知らないまま、離婚までの時間かせぎくらいの軽い気持ちで、カミーユの話に従い、一緒にパリ行きの列車に乗った。ローランには電話したらしいが、二人の間には勘違いがあり、これが思わぬ惨事を生んだ。

カミーユを列車から突き落とし、死なせてしまったローラン

このサスペンス映画の、恐ろしい最初の事件だ。ローランはテレーズのパリ行きを、てっきり離婚話がカミーユの反対で立ち消えになったと早合点し焦った。トラック運転手の彼は、なんと得意のトラックで二人の乗った列車を猛追した。

途中の駅で追いつくと列車に乗り移りテレーズを探し出し、通路にこっそり呼び出すと二人で一緒に逃げようと烈しく迫った。テレーズはローランほど慌てない。離婚の意思をしっかり固めていた彼女は、それをローランに伝えようとした。

その時、眠っていたはずのカミーユが通路に現れ、二人を目撃した。カミーユは逆上し、ローランも恋の虜《とりこ》と化し、二人は激しく取っ組み合い、喧嘩となった。こうなると虚弱なカミーユは屈強なローランの相手ではない。疾走する列車のデッキからローランはカミーユを突き落として死なせてしまった。

幸い周囲に目撃者は誰もいない。この時テレーズが、自首するというローランに、次の駅で降りろと暗に逃亡を示唆した。この時の果敢なテレーズの判断がローランを救った。彼はついに殺人の嫌疑を受けることは一度もなかった。

一方、後にカミーユの死体が発見されたこの事件は、カミーユ自身の不運な事故死として警察は処理した。当初警察はテレーズに疑惑の目を向けたが、証拠は何ひとつなく、それに何より彼女が持ち前の口の固さで、余計なことを一切しゃべらず完全黙秘を貫いたことが、この事件を事故死にした大きな要因となった。テレーズは愛するローランを必死に護《まも》ったのである。

謎の男がテレーズの家に強請《ゆすり》に現れた

一難去ってまた一難、カルネ監督のサスペンス映画はここから大詰めの佳境、クライマックスを迎える。

夫カミーユの転落死のショックがやっとうすらぎ、胸をなでおろすテレーズの家に、ある日、見知らぬ男がバイクで現れた。この元水兵で戦場体験もあると豪語する男（ローラン・ルザッフル）を、テレーズは全く覚えていなかったが、観客は知っていた。あのカミーユの「事故死」事件の時、テレーズが平静を装って個室の座席に戻った時、向かいの席で仮眠を装っていた男が、実はこの謎の来客であった。彼は後に事件の詳細を新聞報道で読み、疑惑を持った。この事件には裏で手を引く別の男がいると、敏感に嗅《か》ぎつけたのだ。

この日彼はテレーズに言った。二人を告訴してもいいのだと。無気味な脅《おど》し、体のいい強請《ゆすり》であった。しかし、テレーズのいつもながらの何の動揺も示さぬ無愛想な対応——何のことか分からない、それだけなら帰ってよ！　——が効いたのか、相手はそれ以上、目的も要求も明かさず、「また来るから」と無気味な笑みを残して立ち去った。

テレーズはさすがにドキッと恐怖を覚えた。ローランに相談して、男の二度目の訪問には彼に同席してもらった。この気性の烈しいトラック運転手はユスリやケンカなどに馴れ

ユスリ屋と対決するローランとテレーズ
写真協力　株式会社アネック

ていて少しも恐れない。いきなりヘラヘラしたユスリ屋にパンチを見舞う先制攻撃に、しかし相手も屈せず、ついに本音を吐いた。現金五十万フランを準備しろ！　バイクの修理店を開く自己資金が要るのだ！　それが手に入ればすべて黙っててやる！　と。その期限の日時を告げると、また不敵な笑みを残して帰って行った。

ローランは思案した。思ったより芯のありそうなユスリ屋に、作戦を考え直さねばならない。そんな時、思いもせぬ幸運がテレーズに舞い込んだ。彼女に、鉄道会社から亡き夫カミーユの弔慰金四十万フランが届いたのだ。先の事件、カミーユが転落死した直後、列車のドアが開いていた事実を車掌が証言した。そのため事件は鉄道会社にも過失があったと認定され、被害者の妻テレーズに思いもせぬ慰謝料四十万フランが転がりこんで来たのだ。テレーズはそんな忌まわしい思い出の付きまとう大金に何の未練もなく、ローランに惜し気もなく提供した。ローランはこれで懸案の強請の片がつくと喜んだ。

かくて約束の日、二人はユスリ屋の元水兵を待ち、案の定、話はついた。ローランが四十万フラン準備したと告げると、相手は十万フラン値切られたことなど全く意に介さず、素直に喜んだ。機嫌よく受けると満足の表情で店を出て行った。こうしてユスリ問題は結着がついた。テレーズの表情にこの映画初めて、安堵と幸福《しあわせ》の笑顔が戻った。ローランもまた悦《よろこ》んだ。この後ただちに国外へ出て、テレーズとやっと二人だけの愛の人生が実現すると。

しかしカルネ監督は、二人のハッピーエンドがまた遠のくかもしれない、とんでもない異変（どんでん返し）を最後に描いて観客を戦慄させる。

トラックに轢《ひ》かれたユスリ屋が最後に残した謎の言葉「手紙」

金を手にしたユスリ屋は、店の前に停めてあったバイクに乗って意気揚々と帰ろうとした。ところがエンジンがかからない。バイクを降りてその不審を調べようと、バイクの前にしゃがみこんだ。その時だった。通りの向こうから大型のトラックがこちらへ向かって直進して来た。その前へ子供のボールとそれを追う幼児がとび出して来た。危ない！　運転手が子供を避《よ》けようとっさにハンドルを切った。なんとそこにはバイクを点検中のユスリ屋がいた。彼はバイクもろともトラックの下敷きになった。

この降って湧いたような一瞬の大惨事を、先の二人は店の二階の窓から目撃した。ローランが店を飛び出し、虫の息の元水兵を抱き上げ店の中へ運び込んだ。すると事切れていたかと思われるその男が一言「手紙」と呟《つぶや》いた。手紙⁉　ギョッとしたローランが男の肩を激しく揺《ゆ》すった。手紙がどうした⁉　しかし男はその後を言えず、息絶えてしまった。

そして映画は一転して全く別の町のラストシーンに移る。ホテルを出た一人の少女（メイド）が、客から頼まれたらしい手紙を持って郵便ポストに向かう。折から教会の鐘が五時を告げる。客の指定した時刻にピッタリだ。彼女はちょうど集配に来た郵便配達人にその手紙を手渡した。彼女は客に依頼された役割をこれですべて忠実に果たした。彼女の手紙を受け取った配達人の車が、夕暮せまるリヨンの街中へ消えて行く。その遠景にエンドマークＦＩＮが重なり、映画はすべて終わる。

一体、このシーンのどこがどんでん返し？　映画の観客はすでにその事情を知らされていて、この衝撃の幕切れに息を呑んだはず。しかし小著の読者には不可解かも。無粋を承知で一言補足を記す。

先の少女に手紙の投函を依頼した客とは、もちろん事故死した元水兵のユスリ屋だった。彼は万事に用心深く慎重で手回しのいい男だった。二度目に会った男ローランの凶暴さを警戒し、相手がすんなり金を出すとは限らず、自分が殺された時の万一にも備えた。事前に警察にカミーユ事故死の疑惑や真相を通報する手紙を書いた。それをホテルの少女に預けた。五時までに戻らなければポストに投函してくれと。しかしまんまと大金の入手に成功した今、その手紙は不要、彼は少女から回収せねばならない。それが今わの際《きわ》の一語「手紙」であった。

私も若かった頃はそのあざやかなドンデン返しに息を呑み、二人の前途の不運に暗然とした。今は違う。交通事故死とケリのついた事件を、今は死んでこの世にいない男の密告文などで警察がわざわざ事件をムシ返すか？　警察もそこまでヒマではないはず。カルネ監督は二人の運命の幸運をもひそかに暗示されていたと私は推測する。

③ ルネ・クレマン監督（一九一三〜九五年）

『禁じられた遊び』（一九五二年）

美しく哀しい主題曲に象徴される詩情豊かな反戦映画

三人目の名匠、このルネ・クレマン氏は先の二人の名匠より一回り若い、日本風に言えば大正期のお生まれの監督である。そのため氏の作品には日本で公開当初、私自身、直接映画館で見た作品が少なくない。やっと同じ時代の一部を共に生きた名匠に出会えたと親近感を持つ。そのため先の名匠の二人（いずれも明治生まれ）には感じなかった時代の斬新性、新しい息吹《いぶき》のようなものを感じずにはいられない。

誤解を恐れずにはっきり言う。クレマン監督の作品に私が一番魅せられたのは、表題にも書いたように、氏の作品の主題曲の美しさにある。ていねいに言えば、その主題曲の素晴らしさに象徴される、クレマン作品のその豊かな詩情性に私は惹かれた。私の好きだった氏の作品といえば、この『禁じられた遊び』と次項で紹介予定の『太陽がいっぱい』、この二本しか頭に浮かばない。いずれもその主題曲の美しさや哀しさが心に焼きついて今も忘れられないからだ。こんな名匠はクレマン監督だけで他にはない。

言い換えれば、美しい主題曲のない氏の作品は、私の心に全くといっていいほど残っていない。例えば専門家諸氏がこぞって高く評価される氏の初期の作品『鉄路の闘い』（四六年）や『海の牙《きば》』（四九年）。記録映画の出身らしい氏の「反戦リアリズム映画」の傑作として絶賛される。氏の反戦への熱意は理解できた力作だが、私はもう一度見たいとは思わなかった。先に書いた主題曲の美しさもなければ、氏のみずみずしい詩情とも全く無縁の作品であったからだ。

●ポーレット（ブリジット・フォセー）

そんなわけで繰り返すが、私にとってクレマン監督の魅力は、常に美しい主題曲に象徴される氏の豊かな詩情性にこそあった。早速、氏が「詩情豊かに描いた反戦映画の傑作」と世上の評価も高いこの名作『禁じられた遊び』の作品紹介に移る。

冒頭から流れ、ラストシーンでも止むことのない主題曲のギター演奏

この映画の音楽担当ナルシソ・イエペス氏のギター演奏（主題曲）が、冒頭の字幕シーン（俳優や製作スタッフ紹介のクレジット）から聞こえて来る。この美しく物哀しいメロディーが早くもこの作品の詩情を予感させて観客は心がふるえる。ちなみにこの主題曲はもう一度だけ作品のラストシーンで流れ、観客の涙をさそう。つまり物語の途中では一切使用されない。この点、作品の途中に何度も主題曲が流れる『太陽がいっぱい』とは好対照をなす。

ところで、このイエペス氏自らのギター演奏による主題曲「禁じられた遊び」は、当時あまりにも有名となり一世を風靡《ふうび》した。今の若い人には信じられないであろうが、この曲に魅せられて日本人の誰もがそれこそ猫も杓子《しやくし》もギターを購入してこの主題曲を練習した。日本におけるギターブームに火をつけたことは多くの人々の証言するところで、現に学生時代、私の周囲でもこの曲に挑戦する大学生が複数いたことを私は覚えている。

それほどこの主題曲の魅力は、この名作の感動と不可分の関係にあった。

空襲で両親を失った少女は、のどかな農村に迷いこむ――少年との出会い

物語に移る。一九四〇年六月、パリはドイツ軍の手に落ち、多くの市民が先を争ってパリを脱出、郊外に逃げた。映画はドイツ軍の空襲下、避難先を求めて必死に逃げのびるパリ市民の長蛇の列の描写から始まる。

家財一式を乗用車や馬車に積み込み、一家全員で逃げまどう人々の決死の逃避行。その頭上をドイツ軍の戦闘機が何度も来襲し容赦なく機銃掃射をあびせる。バタバタと人が倒れ、路上はさながら死体の列と化す。戦争の残虐を一瞬のうちに点描するクレマン監督のリアリズム演出が光る、秀逸な冒頭のシーンである。

物語はその戦争難民の一人、幼い少女のポーレット（ブリジット・フォセー。冒頭の写真）の両親が機銃掃射の犠牲となって、倒れて動かなくなったそのシーンから始まる。幼い少女は愛犬の仔犬を抱いたままオロオロするばかり。先を急ぐ避難民の行列に今にも押しつぶされそうだ。

幸い、馬車で避難する一家の親切な父親が少女を拾って乗せてくれた。しかし母親は、足手まといになると露骨に不満顔だ。少女の仔犬を見ると、もう死んでいるからと馬車の上から橋の向こうの川へ投げ捨てた。この思いやりのない無神経な仕打ちに、頑是《がんぜ》無い少

●ミシェル（ジョルジュ・プージュリー）

女は気が狂わんばかりに動転した。何てひどい！馬車が立ち往生したスキに、彼女は素早く馬車を降り、夢中になって仔犬の後を追う。

　ここから一転して、静かでひっそりしたクレマン監督らしい美しい詩情のシーンが始まる。それは少女が、川の中に捨てられた仔犬を発見し、流されて行くその仔犬の死体を夢中になって追いかけて行くシーンだ。キラキラ反射する川の流れが残酷なほどまぶしく美しい。

　やっと少女は浅瀬にたどり着き、仔犬を拾い上げることに成功した。しっかり胸に抱きしめると川を離れ歩き始めた。いつしか森の中の全く知らぬ小道をトボトボと歩いていた。うす暗い森の中を過ぎると、今度は目の前に明るく広い農村の田園風景が広がった。

　ここで牛を追って来た農家の少年ミシェル（ジョルジュ・プージュリー）と出会った。親切で賢い彼は、一見して少女の境遇を察すると、彼女を自分の家へ連れて行った。

　ここからこの映画は、この少年の住む平和でのどかなフランスの農村、つまり田舎の人々の物語へと移って行く。彼ら田舎の農民たちの素朴で飾らぬ日常が、クレマン監督のユーモアたっぷりの演出で描かれる。お気づきであろう、この映画は反戦という重い主題を秘めながら、実はクレマン監督の農民讃歌という趣を持つ一編の叙情詩でもあった。

少年の知恵に父親は折れ、少女はこの一家に拾われた

ところが少年が案内した彼の家では、思わぬ事故の発生でテンヤワンヤの大騒ぎ。少年ミシェルの長兄ジョルジュが馬に腹を蹴《け》られて瀕死の重傷を負い、ウンウン呻《うめ》いていた。医者も呼びに行かねばならず、家族はその対応に大わらわだった。とてもミシェルが持ち込んだ、身寄りのない少女ポーレットの面倒など誰も相手にしてくれそうにない。中でも少年が頼みとした父親ドレ（リュシアン・ニベール）の、多忙を口実にしたニベもない拒絶「ダメだ」はショックで、この心優しい少年のプライドを傷つけ憤慨させた。

すると聡明な少年はすかさず反論した。家《うち》でこの少女の面倒を見ないのなら、隣のグワール家に頼むと、父親の泣きどころをついた。グワール？　と聞いた父親の態度が一変した。彼は渋々折れてミシェルの願いを聞き容れたのだ。かくて戦災孤児ポーレットは、親切なドレ一家の一員として拾われてひとまず安心、一息つけたのであった。

ところで父親ドレは何故息子に折れたのか。ここにこの映画に以後一貫する、この作品

●ミシェルとポーレット

のユーモアの端緒がある。この父親ドレこそフランス農民の素朴と矛盾を隠さぬ、この映画一番の愉快な好人物である。

実は彼は隣家の父親グワールとは積年の犬猿の仲である。あいつが、ミシェルの拾ってきたこの戦災孤児の少女を引きとって、またぞろお上《かみ》から表彰状の一枚でももらって自慢されたらクソ面白くない。彼はグワールには何かにつけて負けたくない。張り合っているのだ。この子供のような彼の負けず嫌い、対抗心の異常をミシェルは見抜き、そこを突つくことでポーレットを救ってやった。大人顔負けの賢さとはこれを言うのであろうか。

いずれにしてもミシェルは嬉しかった。牛を飼う途中、偶然出会ったこの可愛い少女を以後、自分の妹を得たように喜び大切に扱う。こうして仲良しになった兄と妹のような、一種メルヘン（童話）を思わせる物語が始まる（写真上）。

十字架を立てる墓作りに熱中する少女——真剣に協力する少年

映画はこのあと、ポーレットとミシェルの無邪気な遊びの世界を描く。その遊びのきっかけは、ポーレットがミシェルに手伝ってもらって、例の仔犬の死体を埋葬したことから始まった。水車小屋の近くに穴を掘り、死体を埋めた土の上に、ミシェルが手製の粗末な十字架を立ててくれた。少女は十字架など全く知らなかった。神様のこと？　と素朴に問う少女に少年はうなずき、ついでにお祈りの言葉も教えてやり、二人は小さな両手を合わせて拝《おが》んだ。

●墓地の十字架に見入る二人

以来、ポーレットはこの十字架を立てる墓作りの遊びがすっかり気に入った。死んだ虫や鳥、カエルなどの小動物を見つけてはせっせと彼らの墓を作ってやり、ミシェルがそのたびに必要な十字架を作ってやった。

この彼らの遊びがエスカレートして、ついに大人たちから叱られ「禁じられた遊び」になる運命の日が訪れる。それはこの農村映画が唯一明かす戦争の傷跡を暗示する不幸な出来事、ミシェルの長兄ジョルジュの死から始まった。

ジョルジュの葬儀の日、教会の本物の十字架に見とれる少女の無邪気

先に紹介した、馬に蹴られて重傷にあえぐドレ家の長男は、ついに一人の医者にも診てもらうことなく、家族が悲嘆にくれる中、死んでしまった。このシーン、この映画一番の悲しく無惨な事件であった。苦痛にうめき、ついにベッドで血を吐く惨状を呈しながら、母や妹は結局何もしてやれず、息を引きとる息子をただ悲嘆にくれて泣き伏すだけで見送った。

この長男は、ついに医者や病院に助けてもらえぬ孤独死であった。頼みの医者が戦時中のため出払っていて、こんな田舎のドレ家まで来てくれる者がいなかったのだ。平和な農村にこんな形で戦争の犠牲者が出た。クレマン監督は、こののどかで平和な農村の田園物語に、きちんと戦争の爪痕《つめあと》を描く良心を忘れておられない、と私は敬服した。

ところでジョルジュの不幸な死は、子供たちにとっては、皮肉なことに彼らの十字架遊びを飛躍させる好機となった。村の教会でジョルジュの葬儀があった。当然ミシェルもポーレットも列席した。その時一同が参列した教会のホールの壁に、ズラッと本物の十字架

が飾られていた。退屈したポーレットがうっとり眺めていて、あれが欲しいとミシェルにささやいた。彼もまた関心を持った。この少年は常にポーレットの味方であり、彼女の要求や注文には実に寛大、忠実であった。

墓地の十字架を盗む少年の悪行《あくぎょう》が始まる

本物の十字架を知ったポーレットは、ミシェルの作る木製の幼稚なそれに満足できず、本物の立派な十字架が欲しいと憧れた。彼女を喜ばせたいミシェルはついにこちらも何の罪悪感もなくそのための行動を開始した。密かに先の教会に忍び込み、祭壇に備えつけの立派な十字架を持ち出そうと試みた。しかしこれは牧師に見つかり大目玉を食った。

すると少年は知恵をめぐらし、今度は夜陰に乗じてなんと墓地の十字架をひっこ抜いて盗んで来た。少女が喜んだため夢中になって、なんと十四個も引っこ抜いてきた。ここまでエスカレートすると、もはや子供の遊び、悪戯《いたずら》では済まない。犯罪まがいの悪行である。早晩大人たちの目に発覚しないはずがない。

そのミシェルの「犯行」がバレてしまう日が来た。この映画一番の観客が笑いころげる、実に可笑《おか》しくユーモラスなエピソードが登場する。

墓地で大喧嘩するドレとグワール

ジョルジュが死んで間もない日曜日、ドレ一家は全員正装して墓参りに出かけた。末っ子のミシェルは後ろめたさがあるため同行を拒んだが、何も知らない父親ドレに一喝されて渋々ついて来た。案の定ドレはびっくりした。先日立てたばかりの十字架がなくなっていた。傑作なのは、ドレがこれはてっきり日頃から仲の悪い隣家のグワール（アンドレ・ワスレー）の仕業だと勘違いしたことだ。

ところが、その当のグワールが、こちらも負けじと息子を連れて墓参りに現れた。犬猿の仲の二人が鉢合わせしたのだからたまらない。

早速ドレがグワールに難癖をつけて悪態をあびせる。身に覚えのないグワールも黙っているはずはなく、ついに二人は罵《のの》り合いから殴り合いの大喧嘩を始めた。あげくの果て二人は取っ組み合ったまま、近くにあった大きな深い穴に落ちてしまった。それでもまだ二人は穴の中で取っ組み合いをやめない。観客が爆笑する、のどかで愉快な農村の珍風景だ。

ところで、このラチもない大人たちの馬鹿騒ぎを仲裁し沈静化したのは、通りがかった牧師であった。彼はこの時、はっきり言った。十字架を盗んだ犯人はグワールではない、ミシェルだと。ミシェル？　自分の息子の名を告げられたドレはポカンと口をあけ、グワールも何のことか理解できない。

二人は喧嘩をやめ、とりあえず穴からはい上がらねばならない。しかし深すぎて一人では無理。仕方がない、今度は互いに肩を貸し合い、手を取り合って穴から脱出した。先刻まで殴り合っていた犬猿の二人が、最後はバツの悪さを押し隠して協力しあう。この皮肉なオチがまた可笑しい。

少女の身柄を引き取る憲兵の出現

十字架泥棒の犯人が末の息子のミシェルと知って、父親ドレはカンカンである。彼は必死にミシェルを捜し懲《こ》らしめようとするが、少年は巧みに姿を隠す。一方でミシェルはポーレットだけとは密かに会い、彼女の大切にする十字架は絶対に渡さないと約束する。彼女も同意し、秘密を守ることを誓う。

そんな時、思いもせぬ事態が勃発した。ドレ家に見慣れぬ車が到着し、二人の制服の憲兵が現れた。戦災孤児ポーレットの身柄を国の孤児院に移し、保護するためだった。それを伝え聞いたミシェルは動転した。せっかく仲良しになったポーレットがドレ家を出て、自分の知らないどこかへ連れ去られて行く⁉　あまりのショックに彼はたまらずドレと憲兵の前に姿を現し、必死に哀願した。ポーレットをこのまま家に残してほしい、どこへも連れて行かないでくれと。

しかし父親ドレの対応は冷たく厳しかった。彼はやっと姿を見せた不肖の息子に、ここぞとばかり激怒して叫んだ。墓から盗んだ十字架をどこへやった！　その隠し場所を言え！

実は彼は村の連中から、突然消え去った十四個の十字架の件で、その責任、弁償を求められていた。そんな金がどこにあるかと、彼は一人イライラをつのらせていたのだ。

しかしミシェルは頑として口を割らない。息子の頑固と強情に手を焼いたドレは、ついに大人の常套、狡猾を使った。十字架の隠し場所を言えばポーレットは残してやると。ほんとに？　ほんとだね？　と少年は藁《わら》にもすがる思いでとびついた。しかし父親の約束は舌の根も乾《かわ》かぬうちに嘘と判明した。

なんとポーレットがむしり取られるように憲兵の車に乗せられ、ドレ家から消えて行ったからだ。ドレは平然と見送っていた。

この光景を見て、ミシェルの大人（父親）の背信に対する怒りや悲しみはついに爆発した。彼は隠し場所であった水車小屋に駆けこむと、ポーレットと一緒に立てた思い出深い十字架をかたっぱしから引き抜き、小屋の裏を流れる小川の中へそれらすべてを投げ捨ててしまった。少年の父親への精一杯の反抗、腹イセであったか。

ミシェルの名を連呼し、人混みの中を捜しに行くポーレット

さて、この名作のあまりにも有名なラストシーンに来た。憲兵の車で連れて行かれたその後のポーレットの顚末《てんまつ》である。彼女は同じような孤児や避難民で混雑する、とある駅の一隅で、女性スタッフらしい人に言われたように一人ぽつねんと大人しく座って待機していた。その時、周囲の人々の話し声の中にミシェルという声が聞こえた。すると彼女は立ち上がった。彼女の記憶に、つい先ほどまで一緒に仲良く過ごしていたあの優しいミシェルのことが突如、甦《よみがえ》ったらしい。

ミシェル、ミシェルと口にして彼女は立ち上がった。そして次の瞬間、彼女は人混みの中を駆け出していた。ミシェル！　ミシェル！　と叫びながら。ポーレットの姿がやがて人混みの中に次第に小さくなり、見えなくなる。

その後ろ姿に、冒頭でも流れたあの名曲「禁じられた遊び」のギター演奏が流れる。そのメロディーは、エンドマークＦＩＮが浮かび上がり、映画が終了した後、館内のスクリーンが消えて真っ暗になってもまだしばし続く。その感動と余韻の深さに、観客はしばし席を立つのをためらってしまう。それほど見事なラストシーンであった。

『太陽がいっぱい』（一九五九年）

青年の無軌道な犯罪を、大自然（海と太陽）の雄大さと対比して描く

主題曲が美しく忘れられないクレマン監督の作品をもう一本紹介したい。この『太陽がいっぱい』は、今度はニーノ・ロータ氏の哀愁を帯びた主題曲が素晴らしく、この作品の人気に大いに貢献した。しかし内容は先の『禁じられた遊び』とはガラッと一変した、異色の「サスペンス・スリラー」（参考文献①）である。

実はこの作品、日本で公開されたのが私の高校生の時。そのため大学へ入学した当初、この作品を話題にする学生が周囲に多く、そんな人気作品なら私もと、早速映画館へかけこんだ思い出がある。

なるほど、息をつかせぬ衝撃の面白さがあった。しかし後年、この映画を何度も見るうち、ふと私の心に疑問が生じ始めた。確かに面白い映画だが、クレマン監督はこの作品で一体何を言いたかったのであろうか。監督の意図した主題や目的は、単に主人公の青年が企図した完全犯罪——幼馴染みの友人を殺し、彼の財産や恋人を奪い取る——のスリルや

サスペンスだけではないはずだと気になり出したのだ。

そこにはこの映画が、それらを暗示するシーンや要素が確実にあった。まず、まぶしい太陽や広い海（地中海）などの大自然の描写がひんぱんに登場する。さらに作品の途中に何度も流れるニーノ・ロータ氏の、どことなく哀しく虚無すら感じさせるあの効果音楽の巧みな使用。それらはこの映画が単なるサスペンスの面白さだけではなく、監督がこの作品にこめた何か別の意図やメッセージがあったのではないか、と考えさせられた。

●トム（アラン・ドロン）

専門家の解説書も読んだ。しかし、サスペンス・スリラーの面白さや巧さを指摘するだけで、私の知りたいこの作品の目的や主題について論じるものはなく、私はいたく失望した。

仕方がない、かくなる上は素人の私が独断を恐れず推測するしかない。先に記した二つの要素――大自然の描写と主題曲の哀調――から私は、この映画の主題を以下のように考えたい。

この映画は、大自然の秘める巨大で無窮のエネルギー（猛威）を引き合いに出して、その前では人間の営み（ここでは青年の殺人行為）などなんと卑小で無力、空しいものであることか、それをまぶしい地中海の白日のもとにさらして見せた。これが私の結論である。

もとより粗雑でスキだらけの結論である。しかしこのように解釈することで、先の私のこの作品に対する疑念はほぼ解消した。とくにこの映画のあまりにも有名な、あのラストシーンのドンデン返しは納得できたと思った。しかしこれらの結論は抽象的にすぎる。具体的には以下の物語紹介の中で触れたい。

二人の青年がかかえる心の闇の確執――嫉妬と軽蔑の心理サスペンス

物語に移る。主人公のトム（アラン・ドロン）は貧しい育ちのアメリカ青年である。しかし彼には幼い頃からの裕福な家庭の友達フィリップ（モーリス・ロネ）がいた。トムはこのフィリップと付き合うことで、人生のぜいたくや享楽のおこぼれにあずかる幸運に浴していた。

映画はそのトムが、ナポリで一人豪遊するフィリップを訪ねて来たところから始まる。トムの目的はフィリップを、彼の父親の依頼でアメリカに連れ戻すことだ。成功すれば父親から五千ドルという大金を貰える約束であった。

ところがフィリップはニヤッと笑うだけでそんな気は全くない。五千ドルは早くも当て

●左よりフィリップ（モーリス・ロネ）、マルジュ（マリー・ラフォレ）、トム（アラン・ドロン）

が外れた。しかしトムはその失望は表に出さず、これまで同様、フィリップの忠実な遊び相手を演ずる。トムにはこの貴重な金ヅルから離れる気など毛頭ないからだ。

それにしてもフィリップの豪遊ぶりを目《ま》の当たりにして、トムは羨ましいというより激しく嫉妬した。彼は高価な自分のヨットを持ち（支払いは途中）、パリ生まれの美しい娘マルジュ（マリー・ラフォレ）を恋人（婚約者）にして、連日彼女を片手に抱いてヨットで海や太陽、そしてセックスを誰はばかることなく享楽する、実に結構なご身分の道楽息子であった。ところでトムはこのマルジュという女性に一目見て惹かれた。もちろん用心深い彼は、そんな素振りは毫《ごう》も見せない。

さて一方のフィリップである。彼は父親の走り使いでやってきたこの幼《おさな》友達のトムを次第に疎《うと》ましく思い、露骨に軽蔑、嫌悪しだした。いやなら追い返してしまえばいいのに、そうしないのが二人の奇妙な関係だ。彼はその不快を、なんと相手を飼い犬のようにいじめぬくことで晴らそうとした。しかし、トムは冷静で賢い。じっと飼い犬であることに耐えた。ところがその飼い犬が牙《きば》をむく時が意外に早く訪れた。

広い海の中にただ一人放り出されたトム

映画はここからクライマックスともいえる二つの惨事を描く。その一が表題に掲げたフィリップの思いもせぬ非道によるトムの受難劇だ。その日、フィリップと恋人のマルジュ、そして余計なお邪魔虫のトムの三人がヨットで海（地中海）の疾走を愉しんだ。途中でフィリップが舵《かじ》取りをトムに代われと命じ、自身は船室に降りてマルジュとのセックスを公然と愉しむ破廉恥《はれんち》ぶりだ。

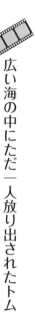

ヨットの操舵に慣れないトムは、船を大きく傾けてしまい、そのため固定されていた救命用ボートが船体を外れて海に落ちた。フィリップがその物音に何事かと甲板に駆け上がって来た。トムに海へ飛び込んでボートを拾えと命令した。泳ぎに自信のない彼は一瞬躊躇《ちゅうちょ》したが、そこは飼い主の命令であり、また自分の過失責任もあり、思い切って飛び込みボートに乗り移った。

幸いボートは一本のロープでヨットとつながっていた。ところがこの後フィリップは、そのボートやトムを引き揚げようとしない。そのまま放置して、またマルジュとのセックスの続きを愉しもうと平然と船室に下りて行った。

　ここにおいてトムはボートに一人つっ立ったまま、ヨットに引っ張られる孤独と不安の身となった。彼は助けを求めて必死にフィリップの名を絶叫したが、愛に夢中の二人には届かない。さらにトムを絶望の恐怖へ落としこむ悲劇的な事態が起きた。ヨットとボートをつなぐ唯一のロープが切れて、見る見る彼のボートはヨットから離れ、ついにヨットからは見えぬはるか大海の彼方に消え去って行った。

　こうしてトムは、地中海という大海のまっただ中にただ一人ポツンと取り残された漂流者となった。

　このシーンは強烈な印象が残る。真夏の太陽が上半身裸のトムの体を容赦なく焼きつくす。彼はやがて意識を失い、ボートの中にぐったり横たわってしまった。死体のような彼をのせたボートが広大な海の中を漂流する。この恐ろしいシーンを何と解釈するか。少なくともトムは失神直前、自らの無念の死を覚悟したはずだ。

　しかし彼は九死に一生を得た。情事に倦《う》んだフィリップが甲板に出てボートの行方不明に気づき、さすがに慌ててヨットを急旋回させた。はるか彼方に木の葉のように浮かぶトムのボートがあった。トムは彼らに辛うじて拾われたのだ。

フィリップを刺殺して海に投げ捨てるトム

この映画の、先に書いたクライマックスをなす惨事のその二が、実はこれであった。この映画一番のこの圧巻のシーンの紹介に入る前に、そこに至るまでの経緯について一言触れる。

先のフィリップの非道な仕打ちに、ついに飼い犬トムは牙をむいた。絶対にフィリップを殺してやる！　ヤツの女（マルジュ）も金も全部盗《と》ってやる！　オレは海に捨てられ、殺されかけたのだ！　この恨み、この屈辱、死んでも忘れるものか！

しかしこの冷静な飼い犬は、その密かな計画（奸計）を決して表に出さず、周到な狡知をめぐらせて完全犯罪を練る。

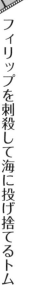

まずフィリップとマルジュの仲を裂き、彼女をヨットから去らせる、これが奸計の第一歩だ。船室のフィリップの上着にかねてから持っていた別の女の装身具を忍びこませた。単純な女マルジュは嫉妬心からフィリップに八つ当たりし、二人は口論となり、ついにヨットを飛び出して行った。トムの計略は当たった。彼は興奮して陸へ上がるマルジュに如才なく付き添い、優しく見送ることを忘れない。これも彼の計略の一つだ。

この後、船に残ったトムとフィリップは、マルジュが去って何となく気まずくなった雰囲気の中で、トランプ遊びに活路を見出した。その時トムは甲板に落ちたカードを拾う一瞬の間を利用し、用意したナイフで一気にフィリップの胸を突き刺した。不意をつかれた相手は呆気《あっけ》なく倒れた。

この後映画は、死体処理を急ぐトムの慌ただしい作業を、実に綿密、執拗に描く。このシーンがまた強烈な印象を残す。何故ならここでも自然の猛威（風や雨）が吹き荒れ、ヨットが荒波に翻弄されるからだ。

お蔭でトムの作業は実に困難を極める。死体をシートで包みロープで縛《しば》る、そのまま海中へ投げ棄《す》てる。それだけの作業がなかなか捗《はかど》らない。船が激しく揺れるため体の重心を失い、何度も尻もちをつき転倒する。死体を捨てる前にトムの体が海の中へ放り出され溺れかかる一幕もあった。必死に泳いでヨットにたどり着き、また甲板によじのぼって作業を続けるトム。まさに七転八倒の命がけの苦闘である。トムを演じるアラン・ドロン氏が雨や海水でズブぬれになって、必死の形相で寡黙にこの修羅場を演じる。それを映すカメラまでもが動揺し、画面がかたむき、ゆれる。さながら嵐の中の狂乱である。

ところがである。トムがやっと死体を海に投げ捨て、ヨットを旋回させて陸へ向かい始めると、先の荒波はおさまり、海はいつものように静かな凪《なぎ》を取り戻していた。先ほどまでの自然の猛威が嘘のような穏やかさだ。

これはどういうことであろうか。明らかに監督の秘められた演出意図が暗示されていると私は考える。しかしその真意は不明だ。結局冒頭で推論した私の「結論」の繰り返しとなる。大自然の猛威や巨大なエネルギーの前では人間の営みなど、実にチッポケで卑小なものである。それは自然という名の一種神の、人間の愚かさへの怒りではなかったか。

フィリップになりすまし、すべてを擬装するトムの知能戦の開始

トムはヨットで体験した忌《い》まわしい出来事の記憶を断ち切るかのように、宿舎のホテルに戻ると、早速、自分の計画の第二弾に着手した。映画はここから海やヨットを離れて、陸に上がったトムの怨念や野望実現のための暗躍ぶりを描く。

自分を邪魔者にし、命まで奪おうとした一番の怨敵フィリップは始末し海に葬った。残るは彼の財産（金）と恋人（マルジュ）を奪い取ることだ。中でもマルジュを自分のものにすることは至難の技だ。まずは彼の金（預金）をいただくことから始めた。

それはまず、トムが死んだフィリップになりすます擬装工作から始まった。彼の身分証明書に自分の写真をはりかえ、筆跡も練習して彼の署名《サイン》を真似る。これで難なくフィリップの預金引き出しに成功する。次に彼の声や口調を真似て、フィリップの知人からの電話にも気取《けど》られないよう言葉少なく対応する。

とくにマルジュに対しては、死んだフィリップをどこかに出かけて行先不明の失踪者に

してしまい、自分も連絡が取れず困っている被害者を演じる。彼女は喧嘩別れしたとはいえ、フィリップに今も一番未練を持つ恋人であるだけに、その工作には細心の注意が要る。しかしトムとて人の子だ。どこかでボロが出る。そのミスには敏速に、しかし冷静に落ち着いて対処することが必要だ。

例えばフィリップの叔母がホテルに現れた。彼は素早く身を隠し、このホテルを脱走して新しいアパートに移った。ところがそのアパートにどこで嗅《か》ぎつけたかフィリップの親友（トムも顔馴染み）が突然現れた。この男はトムの身につけている上等の上着や靴がフィリップのものであることを瞬時に見破り、不審を持った。一体彼はどこへ行ったんだとフィリップの不在にも疑惑を隠さない。ヤバイ！　トムは内心で焦った。もう逃れられない。

しかし彼は動揺は全く見せず、何くわぬ顔で、一瞬のスキを見つけ、近くにあった家具（花瓶らしい）で相手に一撃をくらわせ、撲殺した。落ち着いて夜を待ち、その男（死体）をかかえて彼の車の中に運びこみ、トムが運転して捨てに行く。その際、最後はその車を死体とともに道路から転落させ、男が自らの事故で死亡した、その擬装工作も忘れない。

このように、トムの擬装は少しの抜かりもなく万全に見えた。しかしこの交通事故死は警察の疑惑を呼び、このあたりからトムの周囲に刑事が出没する。しかし彼は少しも慌てず慇懃《いんぎん》に対応してスキを見せない。

マルジュをいかに騙《だま》して自分の女にするか

これがトムの完全犯罪の中で一番の難題だった。まだ十分フィリップを愛し、未練もたっぷりの彼女の心を自分に向けさせる。これはフィリップを殺すより実は数段至難の技だ。トムは自慢の頭の良さを生かして、じっくり時間をかけて知恵を絞った。

まずトムはマルジュに直接会うことは極力避けた。そしてフィリップはローマに行って自分も消息が分からず困っている、そのことだけを連絡した。彼女の不安や悲嘆をあおる嘘だった。そして偶然再会した折にこっそり伝えてやった。実はフィリップを見つけて会ったと。どこで？　どこにいるの？　とマルジュはとびついて来た。彼はフィリップの居る嘘の滞在地（ホテル名）を教えると、半信半疑の彼女を残して別れた。そしてその後トムは彼女より一足先にそのホテルに直行し、フィリップの名を使って予約した一室にこもり、フィリップが遺したと思わせる嘘の遺書をタイプで作成した。その内容とは？

「マルジュよ、許してくれ、自分は訳あって自殺する。せめてもの愛として自分の全財産はお前に遺《のこ》す、受け取ってくれ」

読者はお分かりであろう。この偽造遺書にはトムの野望のすべてが透《す》けて見える。マルジュを自分の女にすれば、彼女が相続するフィリップの遺産すべてがトムのところへころがりこむ寸法だ。それにしても、あまりに自己本位の幼稚な文面ではないか。

ところがそんなことは全く知らぬマルジュ。彼女はやがてホテルに現れ、この遺書を見て案の定怪訝《けげん》に思った。腑に落ちぬことが多すぎる。何故自殺を？　何故私に言わずタイプなど？　日頃のフィリップを知る彼女には合点がいかぬ、信じられないことばかりだ。普通の理性や思慮分別を持つ女性ならば、この遺書に不審を持ち、とても信ずる気は起こらなかったはずだ。ところが嘘のような話だが、いささか単純で軽薄な女性マルジュは、なんとこの遺書を結局は信じたのである。

そこには消息不明のフィリップの身を誰よりも案じていた彼女の大きなショック、絶望があった。あの人は自殺して、もうこの世にはいない！　この厳然たる事実が彼女を打ちのめし、遺書の不自然など気に留める余裕を与えなかったのである。トムには何という好都合であったことか。マルジュはトムの仕組んだ通りの罠（奸計）に落ちた。

初めてマルジュに愛を告白するトム

トムの狙いは当たった。しかし彼はどこまでも慎重で用心深い。マルジュのショックが和らいだ頃を見計らって、彼は神妙な表情で彼女を訪れ、傷心の彼女を優しくいたわり慰めた。そして最後に言った。ボクはアメリカに帰る、お別れだと。

潔く部屋を出ようとするトム。するとマルジュが初めて口を開いた。行かないで、と。この一瞬こそトムがずっと待ち望んでいた瞬間ではなかったか。自分に寄り添ってくるマルジュに、今彼は初めて彼女を愛していると告白した。もはや彼女にそれを疑い、拒む力はなかった。

トムの甘い愛の言葉に彼女はうなずき、二人は結婚して新しい人生を生きることを誓い合うのだった。かくしてトムは勝った。貧しい飼い犬はついに裕福な主人に勝った。主人の女と金を見事に手中に収めたのであった。

ところで私は思う。映画とはいえ話がうますぎる。そんなにうまく行くはずがないと。ご心配なく、クレマン監督ご自身、そのことはとっくに知悉《ちしつ》されている。以下のラストシーンを見よう。

フィリップの屍体が、ヨットに絡《から》みついて引き揚げられた

野望の実現に成功したトムは、今や自分の恋人となったマルジュと海でたわむれていた。フィリップの父親が息子のヨットを売却するため現れた。マルジュは彼と一緒に立ち会う予定のため、ちょっと待っててねとトムに告げると海からあがって行った。その表情にはフィリップを失った失意や暗さはもはや微塵もなく、新しい恋への希望と悦びがあふれて

いた。さすがに女性の切りかえは早く思い切りがいい。

一方のトムである。彼は海岸の店先の椅子に座り、一人勝利と至福の美酒に酔っていた。アラン・ドロン氏の表情に、この映画で初めて見せる満足と余裕の笑みが浮かぶ。思えば完全犯罪遂行のため、息を抜くヒマもない緊張の連続であった。やっと万事うまくいった。その悦びを「太陽がいっぱい」の気分だと彼は表現した。

その時だった。映画は海岸に引き揚げられるヨットの異変を映す。その大写しが、スクリューにからみついた一本のロープの先にシートの包みを引きずってきた。トムが海に棄てたはずのフィリップの屍体であった。そのシートの中から紫色に腐乱した彼の腕がはみ出していた。「キャアー！」女性の悲鳴がひびきわたった。姿は見えないがマルジュのそれに間違いない。万事休す。カメラは移動してヨットを離れ、静かに凪いだ穏やかな沖の海を映す。そこにまたニーノ・ロータ氏の美しくも哀しい主題曲が流れわたる。これがこの映画の終わり、ラストシーンであった。トムは無論何も知らない。

雄大な海、つまり自然はここに来てついに人間の営みの卑小に鉄槌《てっつい》を下した、と私は思った。それは人間や自然を見つめるクレマン監督自身の視点でもあったと私は推測する。

④ ルイ・マル監督（一九三二〜九五年）

『死刑台のエレベーター』（一九五七年）

いよいよフランス映画最後の名匠となった。お気づきかもしれないが、私はこれまで四人の名匠を生年順に紹介してきた。四人目となるこのルイ・マル監督は当然一番若く昭和（七年）のお生まれで、私よりわずか一回りほど年上の監督である。この世代の近さにまず私は親近感を覚える。もちろんそれだけではない。

私がこの名匠に惹かれ敬愛の念を持つ理由は二つ。一つは、氏が二十五歳の若さで撮《と》られた第一回監督作品（処女作）、この『死刑台のエレベーター』の文句なしの素晴らしさである。

「フランス映画に若き天才が出現した」

この猪俣勝人氏の讃辞は、どの専門家にも共通する評価で少しも大袈裟ではない。実際、この映画の持つ面白さと緊張は、その演出の巧さや完璧さとともに、世界の映画ファンの耳目を集めたらしいこと、私にも容易に理解できる。以後、マル監督の作品から私は眼が離せなくなり、氏を尊敬する熱烈なファンの一人となった。

氏に惹かれ傾倒する理由の二つ目。それは氏の作品の底流に垣間《かいま》見える人間観察（洞察）の、その恐ろしいほどの深さと純粋さの炯眼（心眼）への畏敬と脱帽である。

一例を挙げると、氏には『鬼火《おにび》』（六三年）という地味な作品がある。この作品の主人公（男）は若くして敢然とピストル自殺を遂《と》げる。その際、彼の遺した言葉は、

「自分はついに誰からも愛されることはなかった、また誰も愛することはなかった」

である。人によってはなんと暗い、なんと悲観的な言葉と非難をあびるかもしれない。しかし私は主人公のこの言葉に、人間誰もが内に秘め、決して口に出しては言わぬ人間存在の究極の孤独、換言すれば世の愛なるものの不在、虚妄が暗示されていると共感を覚えた。

ちなみにその『鬼火』は小著では紹介できない。マル監督の作品にはそれ以上に取り上げたい傑作が少なくないからだ。しかし先の主人公の言葉は、この名匠の人間観や人生哲学に私を限りなく共鳴させたものとして生涯忘れることができない。

早速、本論（物語紹介）に移る。

密通する男に夫殺しを依頼する社長夫人

この『死刑台のエレベーター』の全体の概略は、一言で要約すれば以下のようになる。

●フロランス（ジャンヌ・モロー）

「二つの殺人事件を微妙に絡ませながら、主人公の完全犯罪が徐々に崩れていくサスペンス映画」（参考文献①）。

冒頭のシーンから異様で、観客は眼を釘付けにされる。

不倫に走る社長夫人フロランス（ジャンヌ・モロー）が、公衆電話の中から相手の男（恋人）に愛の言葉をささやき、なんと夫殺しの成功を祈るのだ。「ジュリアン、あなたを愛している。あなたを愛している、だからうまくやってね、吉報を待っているわ」

すると画面は一転して相手の男ジュリアン（モーリス・ロネ）が、会社の自分の部屋の電話で、「大丈夫だ、心配するな」と力強く請け合った。「それじゃ、いつもの店であなたを待ってるから」と夫人は電話を切った。ここからジュリアンの完全犯罪が始まる。

彼は勝手知ったるビルのバルコニーから、一階上の社長室のあるバルコニーに錨《いかり》のついたロープを投げ上げ、それを固定させると一気によじ登って社長室に入った。

社長シモン（フロランスの夫）は、ジュリアンの不意の入室を仕事上の報告と心得、毫《ごう》も疑わない。事実、彼が見せた書類に社長は満足気に見入った。

その時、ジュリアンが隠し持っていた拳銃を素早く社長の頭につきつけた。相手は一瞬冗談かと余裕を見せた。が、「戦争で儲《もう》けてるくせに戦争を悪く言うな！」このジュリアン（彼はフランス空軍の元大尉）の怒りの言葉と険悪な表情に、初めて事態の異変に気づいた。が遅かった。消音装置をつけた拳銃が静かに容赦なく発射され、シモンはあっけなく机にうつ伏せに倒れた。その社長の手に拳銃を握らせ（これも社長のものだ）、自殺の偽装を忘れない。部屋のすべての扉に内側から鍵をかけ、自分の出る扉には外から巧みに施錠した。これで当分、社長の死は発覚しない。まさに完璧だ。

ジュリアンは再びバルコニーからロープを伝って降り、ビルの外へ出た。万事うまく行った。彼は外に停めてあった自分の愛車に乗り、フロランスの待つ店へ急ごうとした。

その時、彼の視界にミスが映った。車から見上げたビルに、先ほど使った錨つきのロープがそのままダラリと残されていた。しまった！　不覚に気づいた彼は、車の鍵をつけたまま慌ててビルに駆け戻り、エレベーターに飛び乗った。ところが思いもせぬハプニングが起きた。そのエレベーターが何と途中で停まり動かなくなったのだ。ビルの管理人が予定の時刻になったと電源のスイッチを切ってしまったからだった。

かくてジュリアンは、この人間の手ではビクとも動かぬ狭い箱の中に、翌朝管理人が出社して電源を入れるまで、一晩中じっと閉じこめられる運命となった。何たる不覚。ほぼ成功しかけていた彼の完全犯罪は、ここに来てその最後の詰めの段階で頓挫してしまった。

二つの事件が同時進行し、最後に見事に結びつく圧巻の面白さ

ところで主人公のジュリアンがエレベーターの中に閉じこめられるこのエピソード、秀逸にうまいと感心した。文明の利器が今も持つ死角をついた見事な着想だ。しかしマル監督の天才はその程度にとどまらない。

映画は、この閉じこめられたジュリアンの知る由もない外の世界で起きた二つの事件を並行して描く。一つは彼の愛人フロランスが待ちくたびれて夜の街を必死にジュリアンを捜し歩く、その中年女性の何とも哀しく空しい彷徨の物語。ここではその背景に流れるマイルス・デイヴィス氏のジャズ演奏が圧巻だ。

二つ目はジュリアンが放置した彼の車が何と街のチンピラ風の若い男に乗っ取られ、車の中に残した

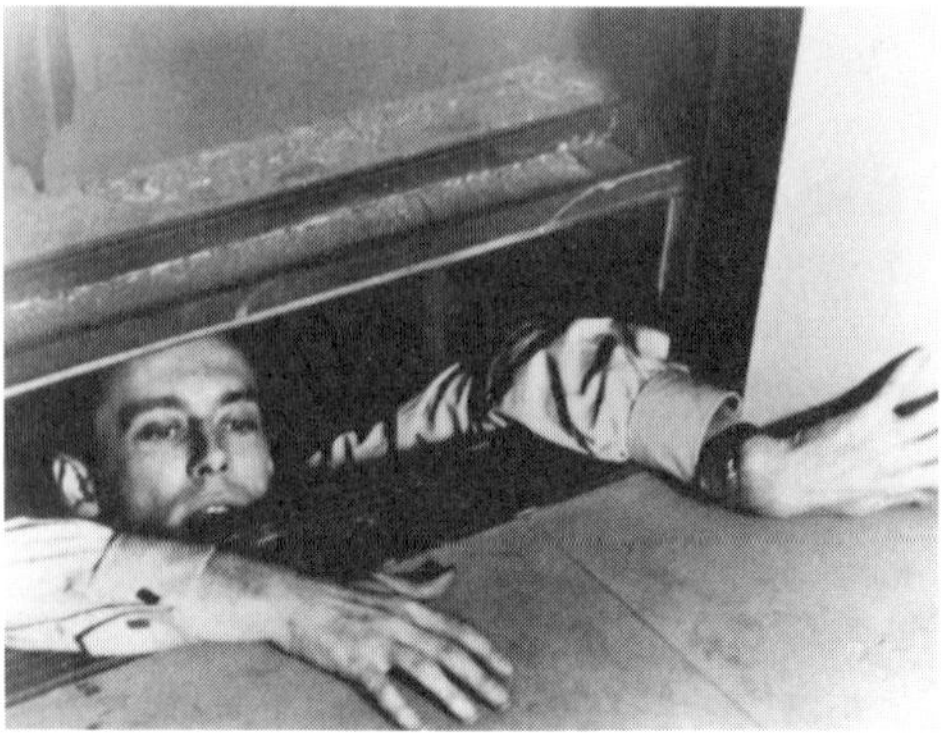

●ジュリアン（モーリス・ロネ）

彼の所持品（拳銃や超小型カメラ）が原因となって引き起こす殺人事件の恐ろしい物語。これらいずれもジュリアンに関連を持つ二つの事件が、エレベーターの中の彼の必死の脱出の試みと並行して描かれる。

　つまり三つの事件の同時進行が、この映画の一番の面白さとなる。しかもである。それら三つの事件が映画の最後に見事につながり、観客があっと息を呑む鮮やかな幕切れとなる。そのマル監督の天才を思わせる演出の巧さこそ、この作品の白眉の魅力である。

夜の女と間違われたフロランスの深夜の彷徨

　同時進行する二つの事件の、まずその一から。待ち合わせたカフェでフロランスはジュリアンを待った。その時、日暮れ前でまだ明るい雑踏の中を、ジュリアンのものらしい車に乗った若い娘の横顔が通り過ぎた。フロランスはハッとして注目したが、そんなはずはないとその時は気に留めなかった。

　いつまで待っても現れぬジュリアンに、ついにフロランスはしびれを切らして街の中を歩き出した。喫茶店、バー、ホテルと彼女は心当たりの場所を捜し歩くが、どこにも来ていないという。街はいつしか暗くなり、すっかり夜となった。フロランスを演じるジャンヌ・モロー氏の表情が不安と苛立《いらだ》ちで次第に険しくなる。

ちなみに氏は、この映画でついに笑顔を一度も見せぬ「笑わぬヒロイン」に徹する。その時、先にも触れたマイルス・デイヴィス氏のジャズ演奏が、初めは静かに、やがてけたたましいほどの音量で流れる。ジャズに趣味のない私にも、フロランスの孤独と寂寥に見事にマッチして快い。マル監督は若い頃からこのデイヴィス氏のモダンジャズのファンであったらしい。その趣味が存分に生かされたこの効果音楽が素晴らしい。

深夜になってもフロランスの空しい彷徨は続いた。ついに彼女は夜の女と間違われ、一晩警察に拘留される破目となった。

翌朝、シェリエと名乗る警部（リノ・ヴァンチュラ）が、彼女に謝罪をかねて——夜の女ではなく、地元の名士の社長夫人であると判明——奇怪な質問をした。

「ジュリアンという男の車がモーテルに放置されていたが、あなたはそんな名前の男を知っているか」と。

フロランスはハッとしたが、名前くらいは知っていると言葉を濁して逃げた。

自宅に戻って新聞を見て彼女は驚愕した。なんと、ジュリアンの写真がデカデカと載り、さるモーテルで起きたドイツ人殺しの犯人（容疑者）と指定、報道されていたからだ。そんなことはない、これはおかしいと、フロランスはとっさに不審をかぎつけた。

ジュリアンの車を盗んだ若いチンピラの無軌道なドイツ人殺し

次に、同時進行した二つ目の事件に触れねばならない。

ジュリアンの車が停めてあった場所の近くに花屋があった。その店員の若い娘が、先のジュリアンの慌てた一部始終を目撃した。彼女は時々花を買いに来る彼のことを覚えていた。その花屋へ彼女の恋人らしい若い男が現れた。彼女は店の前のその高級そうなスポーツカーの話をした。

するとその若い男ルイ（ジョルジュ・プージュリー）が、娘の制止をふり切って車に乗り込み、鍵がついたままの車のエンジンをかけた。「ダメよ」と制止する娘に「オマエも乗れ」と強引に誘うと、彼女も断れずに同乗した。

こうしてジュリアンの車を盗んだ若い男女の、無軌道なドライブシーンが始まった。高速道路を疾走する二人の車を、後方から来たドイツ人夫婦の乗った高級車が軽々と追い抜いて行く。男は加速しても追いつけぬ盗難車の限界をののしった。娘は盗難車でのドライブが不安でたまらない。すると男が心配するなと、以前の経験（警察につかまった）をもらした。どうやらこの青年は、他人の車を盗んで乗りまわすことなど少しも恐れない。以後「チンピラ」と呼ぼう。

ドイツ人の高級車が脇道に入り、モーテルで停まった。チンピラも迷わずその後を追ってモーテルに入った。車に異常な関心を持つらしいこのチンピラには、何か魂胆があるようだ。こうしてこの映画二つ目の殺人事件の幕があいた。

その夜、モーテルに同宿した二人は、気のいいドイツ人夫妻の歓迎を受け、一緒にシャンパンなどを飲んで一時を過ごした。女の方は単純に夫妻の歓待を喜び、一緒に写真など撮った。この時、女が自慢気に持ち出したポケットカメラは、実はジュリアンの車に置き去りにされていたものを、彼女がちゃっかり頂いてきたものだった。

チンピラは酒も呑めないらしく、このドイツ人（とくに夫）の歓迎が不快だった。なかでもチンピラが出兵したフランスの戦争の話を、ドイツ人の男が酔った勢いでチャカしたことに反感を持った。それを彼は根に持ったか？

翌朝、早めに女を起こしたチンピラは、モーテルの駐車場に向かい、先のドイツ人の高級車に乗り込もうとした。その時、ガウン姿のドイツ人が手に拳銃を構えて現れた。こういうことだろうと思ったと、彼は余裕の表情で二人に迫って来た。

しかし彼には一つ不覚があった。チンピラは、ジュリアンが車の中に置いていった拳銃を抜け目なく隠し持っていた。近づくなと彼はドイツ人に警告した。相手は何も知らず悠然と迫ってきた。チンピラがすかさず引き金を引いた。一発だけでなく二発、三発と。ドイツ人はあっけなく倒れ、ガウン姿で現れた夫人にも弾は命中し、二人は即死した。

この後、チンピラは女を乗せると、ドイツ人の高級車をただちに発進させてモーテルから姿を消した。この第二の殺人事件の犯人に最初、ジュリアンに嫌疑がかかったのは当然であった。殺人現場のモーテルに放置されていた車は、まぎれもなくチンピラが盗んだジュリアンの車であったから。ここから足がつき、彼は、全く身に覚えのないドイツ人夫妻殺害事件の犯人に仕立てられたのである。

エレベーターを脱出したジュリアンの驚きと苦悩

翌朝、ビルの管理人が出勤し、また電源のスイッチを入れた。エレベーターは動き出し、ジュリアンはやっと狭い箱の中から解放されて地上に戻った。

しかし、周囲の自分を見る眼がヘンだ。喫茶店で休憩する彼に、隣の女の子が「この人、写真の人だ」と父親に耳打ちした。店の店員が密かに警察に通報した。彼はテーブルにあった新聞を見た。なんと自分の写真がデカデカと載り、ドイツ人殺しの犯人として指名手配中だという。どういうことだ？

やがて警察が現れ、彼を有無を言わせず連行して行った。この後、彼は警察の執拗な取り調べに耐えた。ドイツ人殺しなんか全く関係ない！　オレは濡れ衣を着せられたのだ！　絶対にやってない！　彼は絶叫して強く否定した。

しかし一つ弱みがあった。その殺人事件の時、「それじゃお前はどこにいた？」その不在証明《アリバイ》が明かせないのだ。しかし長時間の厳しい追及についに疲れ果て、「エレベーターだ」と真実を吐いた。ところが警察は笑って「エレベーター？ もっとマシな嘘を言え！」と取り合わない。注目は、そのジュリアンがそれでも社長殺しだけは秘して完黙を貫いたことだ。

ジュリアンの濡れ衣を晴らしたいフロランスの奔走が、墓穴を掘った

ところでジュリアンがエレベーターを脱出して間もなく、例の管理人が社長室の異常を鍵穴からのぞいて発見、警察に通報した。社長シモンの自殺は偽装で、他殺の疑いが濃いと警察は見抜いた。ジュリアンの計画した完全犯罪が綻《ほころ》びを見せた一瞬だ。しかし彼は頑として社長殺しには口を割らない。鋭敏なシェリエ警部もあと一歩の推理、追及が及ばない。

そんな時、社長夫人フロランスの思いもせぬ蠢動《しゅんどう》、暗躍が彼に幸いした。ここで先に述べた、警察釈放後のフロランスの驚き、不審に話は戻る。

彼女は新聞のジュリアンがドイツ人を殺した犯人説を断じて信じなかった。彼の車がモーテルに放置されていたという記事を読み、ピンと来るものがあった。夕方見かけたジュ

リアンの車によく似た車に乗っていたあの女は、たしか花屋の娘だった。あの女が怪しい！

このフロランスの推理が的中した。彼女は花屋で娘の住所を聞き出すと、そのアパートの一室に踏み込んだ。案の定、娘と、フロランスの知らぬチンピラがいた。ところが二人の様子がおかしい。実はこの若い二人、ドイツ人殺しの大罪に死刑になると怯《おび》え切っていた。死刑になるなら二人で死のうと薬を呑んで自殺心中を図ったのだ。しかし死に切れず、女はベッドで横になって動けず、男は回復したが悄然としていた。

フロランスは新聞を見せて、彼らに一気に言った。

「これやったの、あなたたちでしょう！」二人は図星に声が出ない。

返事がないことが何よりの答えだった。部屋の鍵をかけて二人を閉じ込め、それを持ったまま外に出たフロランスは、電話で警察に通報した。

ところが部屋の中のチンピラは、女の置いていった新聞を見て狂喜した。こいつ（写真のジュリアン）が犯人になっている、オレは助かったと。しかし、女がドイツ人夫妻と一緒に記念撮影したポケットカメラを置き忘れて来たと思い出した。バカ！　男はただちにそれを取り戻そうと部屋を飛び出した。合い鍵があって幸いした。

フロランスはチンピラがバイクで走り出すのを見逃さない。乗って来た自分の車で追跡した。チンピラは先のモーテルに入った。彼女も潜入した。思いもせぬ結果が二人を待ち受けていた。

モーテルには事件を捜査中の刑事たちが先着していた。チンピラはその捜査の網の中に自ら飛び込む愚行を演じ、彼の運命は尽きた。

やがてシェリエ警部が冷笑を浮かべ、フロランスにすべてを明かした。

「ドイツ人殺しの犯人（チンピラ）は逮捕した。あなたの心配していた男（ジュリアン）は犯人ではない」と、まず安堵させた。ところが、

「ヘンなものが出て来た、これを見てください」と、夫人の前に現像したての何枚かの写真を並べた。フロランスの表情が凍《こお》りついた。かつてジュリアンと一緒に撮った仲睦まじい愛のスナップ写真が、彼のポケットカメラのフィルムの中にまだ残っていたのだ。まさか！　夫人は絶句した。

二人のただならぬ不倫の関係が、一挙に警察に露見した一瞬だった。ジュリアンが懸命に完黙している二人の社長殺しの完全犯罪も、これで万事休す、すべて水泡に帰すことは必至だ。シェリエ警部が冷たく言い放った。

「ドイツ人殺しの若者は間違いなく死刑。社長殺しは十年か二十年、主謀者の奥さんはもっと重いはずだ」と。

呆然自失のフロランスが、冒頭のシーンと同じようにつぶやく。

「ジュリアン、私の愛するジュリアン、十年も二十年もすれば私は老いてしまう、ジュリ

アン、あなたを愛している、私はどうしたらいいの？」

映画はこのフロランス、つまりジャンヌ・モロー氏のアップと独白を映して終わる。冒頭のシーンと同じだ。

彼女はジュリアンの不当な濡れ衣を晴らすためには献身した善良な女性ではあった。しかし、自分が夫殺しを愛人に頼んだ犯罪者であることはすっかり忘れていたようだ。目先のジュリアンの災難を救おうとした彼女の愛が、図らずも自分の大罪を暴露する皮肉な結果となった。

これを女性の愛や人間性の浅はかさと断じること、マル監督は許されるであろうか。人間のエゴイズムを知悉し、人間の愛の不在や虚妄を持論とされる氏のこと（作品『鬼火』）、このラストシーンに私は氏の冷徹な人間哲学の片鱗を見たと思った。

『さよなら子供たち』（一九八七年）

マル監督、晩年の「自伝」的傑作

フランス映画最後の名匠の、最後の作品となった。その掉尾《ちょうび》を飾るにふさわしい傑作として、マル監督の入魂の一本、この『さよなら子供たち』を取り上げる。

この映画はその制作年代が示すように、マル監督五十五歳の時の、氏の監督生涯の総決算とも私には思える、静かな力作である。この映画の公開時、私は四十四歳。同じ時代を生きた後輩として、小著で私が紹介する最新の作品でもある。それだけに世代的にも親近感を持つ。

さて、この作品に私が惹かれ瞠目した理由は二つ。まずその一は、マル氏が四十数年前の自らの少年時代の痛恨の体験（悲劇）に初めて向き合い、それを描かれた、一種「自伝」的作品であることだ。

氏は少年時代一番の仲良しの親友と、一番敬愛した先生を、ある日突然失った。映画の中に登場する少年ボネとジャン神父である。学校から連れ去られていった彼らの運命は、なんと戦争の理不尽が生んだ「虐殺」という惨《むご》い悲劇であった。当時少年だったマル氏（映画の中のジュリアン少年）はこの運命を知る由もなく、ただ悲しい離別として涙を流して見送るだけであった。しかし後に氏は彼らの運命の無惨を知る。その痛恨の無知と後悔が、この映画を生んだ。そういう意味でこの映画は、氏の心の中に生涯消え去ることのなかった深い傷、つまり良心の呵責への贖罪の一本だと私は受けとめた。

その二。この映画は当時世界を震撼《しんかん》させたナチス・ドイツの巨悪、ユダヤ人大量虐殺（ホロコースト）を静かに告発、断罪した作品でもあった。しかしフランス人の対独レジスタンスの勇壮や悲劇を赤裸々に描いた作品とは一味違う。子供たちの平穏で静謐《せいひつ》な学園生活を淡々と描く。ところがある日突然、戦争の魔手が彼らを襲う。そのきっかけは一人の学園関係者の密告であったらしい。

ここで私はマル監督の異色作『ルシアンの青春』（七四年）を想い起こす。この映画もナチス・ドイツの暴虐を主題にするが、主人公はそのナチスに身を売って生きのびた一人の対独協力者の若者ルシアンである。このマル監督の視点に、私は氏の深い人間洞察を見たと感心、衝撃を受けた。フランス人はドイツ軍と闘ったレジスタンスの勇士ばかりではない。ドイツ警察に身を売り、協力するしかなかった、そんな弱く哀しい立場の人間もいた。

つまりルシアンとこの作品の密告者はどこか共通する。このフランス人の中の対独協力者をも見逃さぬマル監督の反戦映画の視点こそ、私は斬新で貴重だと注目した。

カトリックの寄宿学校がこの作品の舞台

物語に移る。この映画はマル監督が少年時代を過ごしたカトリックの寄宿学校（男子生徒のみ）が舞台である。冒頭のシーンは主人公の少年ジュリアン（マル監督の自画像）が兄と一緒に、母親に見送られて、駅に到着した列車に乗りこむシーンである。彼ら兄弟は親許で過ごした休暇を終えて、今再び彼らが籍を置く全寮制のカトリック寄宿学校に戻って行くところだ。

●寄宿学校の子供たちと先生

そして映画はこの後、ジュリアンらの所属するこのカトリック寄宿学校の、規則正しく平和な学園生活の実態を淡々と紹介する。その、あまりに平穏でのどかな日常生活の描写は、この物語がナチス・ドイツの占領が始まった、第二次大戦下のフランスのそれであることを、観客に当初全く気づかせないほどである。

この学校の印象は、一口に言えば、フランスの裕福な上流階級の子弟の集まるエリート養成校らしい、その一点に尽きる。子供たちはみんな美しい顔をしている。しつけの行き届いた良家の少年ばかりで素直で真面目、善良そのもの。要するに「いい子」ばかりだ。日本の学校では珍しくないガキ大将も、オチコボレもいない。ましてや非行に走る生徒やイジメ問題など想像もできない。

そんな学校であるため、事件らしい事件やドラマになるような出来事は何も起こらない。ところが、この映画がラストシーンで描く唯一の異変（大事件）の伏線をなす小さな出来事が起きた。そこからこの映画の唯一のドラマが始まる。

転校生の一人ボネと仲良しになる主人公

ある日、この学校に三人の転校生があって、その一人の少年ボネが、ジュリアンのクラスに編入されてきた。ちなみにフランスではクラスといっても日本のような三、四十人の生徒の集まる大世帯ではない。せいぜい十人前後の少数（精鋭）クラスである。そのため転入生ボネは、いやでもクラスの注目をあびた。

ジュリアンはこのボネに好感を持ち、二人は仲良しの友達となった。これがこの映画の唯一のドラマ、事件の発端となる。

●ボネ（左）とジュリアン（右）

ボネは寡黙な少年だが、勉強は出来るし、ピアノも弾ける。そして何より読書を愛する、物静かで思慮深い少年に見えた。そんな他の少年にはない大人びた風格を持つボネにジュリアンはいつしか心惹かれ、やがて二人は無二の親友となっていった。

しかしボネには、他の級友とどこか違う暗い影のようなものがあった。ジュリアンは敏感にその点も見逃さなかった。

ある日、少年たちの家族が定期的に学校を訪れてくる面会日に、ボネの両親だけは何故か姿を見せなかった。ジュリアンは単純に「淋しくない？」と気遣った。すると彼はポツリと言った。「父は捕まり、母は非占領地区に住む」と。「……？」ジュリアンはその意味が全く理解できなかった。

ボネはジュリアンには正直に自分の秘密（今の境遇）を明かしたのだ。大人が聞けば即座に理解したはずだ。フランスは今、ナチス・ドイツに占領され、彼らの悪名高いユダヤ人狩りの猛威が吹き荒れていた。ユダヤ人のボネは、今その渦中で、子供一人では背負いきれぬその嵐の重圧に必死に耐え、苦悩していたのだ。それが全く理解できなかったジュリアンの無知と幼《おさな》さを、後のマル監督は密かに恥じておられたかと推測する。

ちなみにジュリアンが、先のボネのもらしたユダヤ人問題の秘密に一歩近づくのは、後の彼自身の悪意のない悪戯《いたずら》による。ボネが自分のロッカーに隠し持っていた本の数々にジュリアンは密かに好奇心を持ち、彼のいない時に盗み見を試みた。その時、それらの本に記されていた持ち主の名はボネではなく、難しそうなユダヤ人名（ボネの本名）であった。そうか、ボネはフランス人ではないのか……。ここでも幼い彼の認識はその程度であった。

敵の空襲警報にも全く慌てず、平然と授業を続けるフランスの学校

ここでラストのこの映画の唯一最大の事件の紹介に入る前に、二つほど私の眼を釘付けにしたエピソードをはさむ。いずれもこのフランスの名門、カトリック寄宿学校の授業風景に関するもので、日本にはない彼我の国情や文化の差を思い知らされたものばかりである。

その一が表題に掲げた戦時下のフランスの学校の、緊急時にも微塵も動揺を見せぬ、その対応の落ち着きと余裕である。

その日の授業中、突然けたたましくサイレンの音が校内に鳴りひびいた。何事？　ドイ

ツ軍の空襲を告げる警戒警報らしい。

すると子供たちが少しも慌てず静かに席を立った。机の上の教科書などの必要なものを手早くまとめ、それを持って先生と一緒に整然と地下の避難室をかねた教室へ移動した。この間、子供たちはおしゃべりをする者など一人もなく、実に手慣れた様子で落ち着いて行動する。先生がその地下室で全員の移動（繰り返すが一クラス十名前後）を確認すると、「さあ教科書を開いて」と指示し、早速先の授業の続きを再開した。子供たちもそれを当然と心得、騒ぎたてる者など一人もなく教科書を開いた。それだけのシーンである。

私は思わず、ああこの国（フランス）は戦争に慣れている、戦争に対する万全の備えができている、と感心した。かつて数々の民族や隣国の侵略を体験し、それをくぐり抜けて来たヨーロッパ諸国のその歴史や苦難の伝統の知恵が生きている。と改めて彼我の歴史や国情の違いに思いを馳《は》せた。歴史だけではない。文化や芸術においてもその差は歴然であった。それが以下のエピソードである。

チャップリン氏の映画に子供たちも先生も一緒に笑いころげる

これが私の眼を釘付けにした二つ目のエピソードであった。

その日、学校の行事に映画鑑賞の時間が組みこまれていた。子供たちや先生が一堂に会して、あの世界の喜劇王チャールズ・チャップリン氏の映画（サイレント）を鑑賞するシーンである。ちなみに言えば、チャップリン氏の作品は、この時期西洋の国々ではすでに有名で各地で上映されていたらしい。私が見た外国映画の中にも氏の作品を劇中劇として採用し、それに狂喜して笑いころげる人々の姿が何度も映し出されていた。

しかしジュリアン少年の学校のこの時のチャップリン作品の上映は数段工夫がこらされていて、レベルも高かった。上映に先立ち、この学校の二人の先生（男女）が現れ、女性はピアノの前に座り、男性はヴァイオリンを構えてその横に立った。静かなサイレントの上映が始まると、とたんに子供たちが笑い出した。チャップリン氏のパントマイムのその至芸のような巧さや可笑《おか》しさは、一瞬にして観客の心を笑いの世界に導く。子供たちだけではない、同席した敬虔な先生たち（神父）までもが、日頃見せない大口を開けて爆笑した。これだけでも会場は盛り上がる。ところが、やがて先の二人の先生の楽器の生演奏が始まると、これがサイレント映画の絶妙の音楽効果をなし、会場はサイレントではなく、さながらトーキー映画を見るよう興奮と華やかさにつつまれた。この時の子供たちや先生のその陶然と酔いしれる歓喜の表情に、私はこの学園の平和と至福の象徴を見たと思った。

その子供たちの中に、ジュリアンもボネも一緒にいた。二人は世紀の天才の偉大な至芸に一緒に歓喜し酔った。この束の間の幸福が、二人の最後の思い出になろうとは誰も予測できなかった。二人の先生の芸達者を披露し、ここまでチャップリン映画を盛り上げたマル監督の演出の情熱は、短い生涯しか生きられなかった親友ボネへの哀悼の表示ではなかったか、と私は推察し、感心した。

授業中の教室に突然ゲシュタポが踏み込んで来た

いよいよ映画はラストシーンに入る。この映画はこのシーンを描くためにこそあったと思わせる、最高のクライマックスシーンである。

その日、授業中の教室に一人の見慣れぬ男が闖入《ちんにゅう》して来た。男はナチス・ドイツのゲシュタポ（秘密警察）だと名乗った。何のことかと事態を全く理解できぬ子供たちはポカンとした。すると彼はズカズカと子供たちの前に進み出て、聞き慣れぬユダヤ人の名前を呼び出した。そんな生徒はいないと、すかさず同席した先生が庇《かば》った。その時ジュリアンが、不覚にもチラッとボネの様子をうかがった。彼はかつてボネの本を盗み見したため、その聞き慣れぬ名前が記憶に残っていたのだ。それにしても軽率であった。マル監督はこの時の自らの不覚を、以後生涯悔やまれていたのではなかったか。何故なら……。

ゲシュタポの男はそのジュリアンが一瞬動かした視線の先を見逃さない。ツカツカとボネの席に近づき彼を直視した。こうなればもう逃れられない。ボネは観念して筆記用具などを片づけると席を立ち、男の前にうなだれて進み出た。男はこの間、一言も発せず、ボネを連れて教室を出て行った。これがこの学校を襲った唯一の異変（＝惨劇）の始まりだった。

先生が、呆然とする子供たちに事態の真相を沈痛な表情で明かした。もう隠す必要はなかった。校長先生（ジャン神父）が捕《つか》まったこと、彼が実はユダヤ人の三人の転校生をひそかに匿《かくま》って受け入れていたこと、学校の中の誰かがその事実をゲシュタポに密告したこと、そのため先のゲシュタポが部下のドイツ人兵士を連れてこの学校に踏みこんできたこと、などを。

ちなみに映画はその密告者らしき若者――この学校の厨房内で働く――を暗示的に描くことも忘れない。先にも触れた氏の作品『ルシアンの青春』を想起されたい。氏の冷徹な人間観察は、フランス人の中にナチス・ドイツに協力するしか居場所のない、そんな若者もあったことを見逃さない。しかしこの映画ではその若者の追及はしない。

さてボネ少年である。彼はドイツ人兵士に付き添われて、子供たちのベッドが並ぶ彼らの寝室に一度だけ引き返して来た。自身の身の回りの所持品を持ち帰るために。たまたま居合わせたジュリアンは、彼一人だけボネと対面する機会を得た。ボネは自分の持っていた数冊の書物をジュリアンにやると手渡した。ジュリアンもボネが興味を持っていた『千一夜物語』を、彼の鞄《かばん》の中へ入れてやった。

その時ボネが、いつかは捕まると思っていたと、初めてボソッと本音をもらした。親友ジュリアンへのせめてもの友情の証であった。このボネの悲痛な一言が、結局ジュリアンが聞いた仲良しボネの最後の言葉となった。

神父と彼が匿《かくま》った三人のユダヤ人少年が、ドイツ軍兵士に連行されて行く

この後子供たちは、全員教室の外の中庭に整列させられ、ゲシュタポの演説を聞かされた。彼らにはピンとこないドイツ人の優秀とフランス人の軟弱を説く、紋切り型の高慢な説教だった。その時、子供たちの眼は、中庭の向こうに見える異様な光景に集中した。なんと校長先生（ジャン神父）と三人の子供たちがドイツ人兵士に前後を囲まれ、校門の外へ連行されて行くではないか。さすがに子供たちにも事態の異常、理不尽が分かったらしい。

勇気ある一人の子供が突然叫んだ。「ジャン神父！　さようなら！」と。するとそれに目覚めたように他の子供たちも次々に叫んだ。「ジャン神父、さよーなら！　さよーなら！」。その悲鳴のような絶叫の合唱に、先頭を歩く神父の足がとまり、彼は静かに子供たちの方を振り返った。自分に別れの挨拶を送ってくれる愛しい子供たちに、彼は表情をやわらげ、片手を挙げて、しかし凛《りん》として言った。「さよなら子供たち、またね」と。

彼はさらに何か言いたそうだった。しかし先を急ぐドイツ兵が許さない。結局「さよな

ら子供たち」、この一語がジャン神父の最後の言葉となった。この子供たちの胸に生涯刻印された神父の言葉を、見送った子供たちの一人ジュリアン（後のマル監督）も忘れなかった。氏がこの神父の最後の言葉を、この映画の題名にされた理由がここにあった。

神父の姿が校門の外に消えた。続いて三人の子供たち（ユダヤ人）もまた見えなくなろうとしたその時、最後尾にいたボネが、一瞬足をとめ、見送る仲間たちの方を振り向いた。じっと見送るジュリアンを見つけ、視線が合ったようだ。しかし彼はそれがいつもの癖であったように、自らの不安や苦悩をおし隠したまま何も言わずに立ち去って行った。これがジュリアンがこの世で見た親友ボネの最後の姿であった。ジュリアンの頬《ほお》に大粒の涙がとめどなく落ちる。そのクローズアップ（大写し）で映画は終わる。そしてすぐナレーションが入る。

その声は、マル監督本人が受け持った異例のナレーションだ。字幕を読むと、以下のように伝える。

「ジャン神父や三人の子供たちはその後、アウシュヴィッツや他のユダヤ人収容所に連れ去られ虐殺された」

そしてそのナレーションの最後は、やはりマル監督の声で以下のように結ばれる。

「私はこの朝のことを死ぬまで忘れない」

ずっしりと重く、いつまでも心に残るマル監督の遺言として、私は聞いた。合掌。

付記。この作品の海外の評価は高い。ヴェネツィア国際映画祭・金獅子賞受賞、フランス・セザール賞（七部門）受賞など。しかし、日本ではこれを取り上げた専門家は極めて少なく、私の知る限り武藤多恵子氏（参考文献⑦）ただお一人であった。

第二章　イタリア映画――四人の名匠

①ヴィットリオ・デ・シーカ監督（一九〇一～七四年）

『自転車泥棒』（一九四八年）

イタリアン・リアリズム発祥の国

この章からイタリア映画へ移る。イタリア映画といえば、第二次大戦後、世界の映画を席巻《せっけん》したあのイタリアン・リアリズム――イタリア風に言えばネオ・レアリズモ（＝新写実主義）――の発祥の国としてあまりにも有名である。多くの名匠が輩出し、彼らの手による多くの名作が今も映画史に輝く。当然、これから私が紹介する四人の名匠も、そのイタリアン・リアリズムの風潮と無縁ではない。

ところでリアリズムという用語は、イタリアだけでなく世界の映画で使用される。一例を挙げれば次章のアメリカ映画においてはリアリズムの名匠フレッド・ジンネマン監督、あるいは日本においても溝口健二監督のリアリズムといった具合に。そのため私はこのリアリズムという言葉の意味するものを正確に理解しておきたいとかねがね思っていた。

この用語をきちんと解説される専門家は少ない、と言うより皆無に近かった。その中でただ一人、日本におけるる屈指のイタリア映画の碩学《せきがく》、増村保造氏の一文に出会った。氏は周知のようにかつて大映映画で多くの名作やヒット作を連発された名匠である。

ところで氏はまた映画界屈指の理論家としても知られ、多くの論文を発表されている（参考文献⑧）。とりわけ若き日の助監督時代、二年間「イタリア国立映画実験センター」に留学された経験は、氏の眼を世界の映画史にまで広げ、中でもイタリア映画に関する造詣の深さは他氏の追随を許さない。

その氏が、私のような素人にも十分解《わか》る「リアリズム」の説明をされている。読者の参考にもなるかと思い、僭越《せんえつ》だが引用させていただく。

いったいリアリズムとは何だろうか。現実主義とか写実主義とか訳されるが、イタリアン・リアリズムの作品など見ていると、即物主義と言う方がぴったりしている。この即物主義の物とは、まさに「物そのもの」であって、人間的な観念や感情をすべて引っ剥《ぱ》がして捨てて、物だけをじっと見つめる手法であり、人間もまた、物として描かれるのである。（中略）何故、人間を環境の一部の「物」として描写するのか？　そこにはイタリア人の人間に対する不信がある。彼らほど人間を愛する種族はいないが、同時にまた、その長い歴史の中で、彼らほど裏切りや偽善や圧迫を経験した民族はない。だか

ら、人間の感情などというアヤフヤなものを信用しないで、一つの「物」として、人間を冷たく見つめるのである。（以下略）

リアリズムの特徴や本質、さらにはその発生の歴史にまで言及された、まさに間然するところがない名解説で、私はこれを座右の銘とした。イタリア映画を紹介するに当たり、このリアリズムの意味をつかめない限り、私は正直不安であった。しかし増村氏のお蔭でその無知の不安は解消した。

人間の感情（愛や哀しみ）を描く、デ・シーカ監督のリアリズム

さて、私が一番惹かれるイタリア映画の名作は、このデ・シーカ監督の作品に一番多い。何故なら氏のイタリアン・リアリズムは、先の増村氏の規定に反して人間の感情、つまり愛や哀しみを何恐れることなく堂々と描かれるからだ。

そういう点では人間の感情を重視し、周囲の環境を徹底的にリアルに描くことに終始する氏は、完全なリアリズム作家ではないのかもしれない。しかしその不完全さこそ、私がこの名匠に惹かれ一番の親しみや愛着を覚える理由であった。人間を物として描く、一種記録映画のような冷淡、無慈悲な客観主義は私の好みに合わないのである。

さて私の愛するデ・シーカ監督の作品について一言概観する。いずれも先に書いた人間の愛と哀しみが主題で、周囲の環境描写に氏のリアリズムが光る傑作ばかりである。

小著で予定する『自転車泥棒』では貧しい父と子の切ない愛が、『終着駅』では不倫に走った人妻と青年の狂おしいほどの愛と別れが描かれる。その他、例えば『ウンベルトD』(五一年)では孤独な老人と彼を離れぬ仔犬の愛が、また『ひまわり』(七〇年)では、それぞれ家庭を持った元夫婦の引き裂かれてしまった愛の断絶が哀しく描かれる。それらの愛や哀しみが、繰り返すがデ・シーカ監督の徹底したリアリズム手法の環境描写により一段と冴えわたり、ドラマの興趣や感動を盛り上げる。

リアリズムという手法は、あくまで主役である人間の感情を引き立てる脇役であってほしい。この私の願いがデ・シーカ監督には通じていると、私は密かに嬉しく思うのである。

盗まれた自転車を捜して、ローマの人混みの中を歩きまわる父と子

作品紹介に移る。この『自転車泥棒』はデ・シーカ監督の代表作で、世界中の誰もが認めるイタリアン・リアリズムの最高傑作である。この映画を抜きにしてイタリア映画は語れない。

舞台は第二次大戦後の荒廃したローマの街。物語《ストーリー》はこの表題に書いた一事のみで、実に

単純で解りやすい。これだけの話を、なんと八十八分間、映画は観客を微塵も退屈させない。演出（デ・シーカ監督）や脚本（チェーザレ・ザヴァッティーニ氏）の偉大な才能、功績に脱帽させられる。ちなみに一九四八年アカデミー賞外国映画賞を受賞した作品でもある。

物語を追う。失業者があふれ、人混みでごった返すローマの街。主人公の父親アントーニオ（ランベルト・マジョラーニ、素人の俳優さんらしい）は、職業安定所に通い続けて、やっと映画のポスター貼《は》りの仕事にありつけた。ところが仕事の初日、慣れないポスター貼りの作業中、通りに停めておいた自転車を何者かに盗まれてしまった。慌てて捜したが後の祭り、犯人は姿を消していた。

●父親アントーニオと息子ブルーノ

妻が苦労して質屋から請《う》け出してくれた自転車である。そんな失態は口が裂けても彼女には言えない。翌日からアントーニオは六歳の息子ブルーノ（エンツォ・スタヨーラ、同じく素人俳優）を連れて、ひそかに犯人（自転車泥棒）を捜しまわる毎日が始まった。一日中、足を棒にして捜しまわった。警察にも訴え出たが、ろくに相手にもしてもらえない。何しろ毎日何千台もの自転車盗難事件があるらしい。

アントーニオは友達の清掃人夫のところへも相談に行った。翌朝早く、彼の勧める自転車の古物市へも行った。眼を皿にして捜したが、彼のそれはどこにもなかった。

どしゃ降りの雨が降ってきた。あわてて雨宿りをする父子の前を、よく似た自転車で通りすぎて行く男がいた。夢中で追いかけたが、またしても雑踏の中に見失ってしまった。女占《うらな》い師にも見てもらったが、その方角に自転車があるはずもなかった。

徒労の連続で父親は次第に苛々《いらいら》してきた。ささいなことに怒りっぽくなって、ブルーノを殴りつけたりもした。幼い息子はびっくりして呆然と立ちつくす。気まずくなった父親は息子を離れて近くの河岸に向かった。すると突然、「誰かが川に身を投げた！」、そんな叫び声が聞こえた。父親はハッとした。ブルーノではないか⁉　慌てて人混みをかき分け川を見た。幸い別人だった。ほっとした彼のところへブルーノがしょんぼり近寄って来た。父親は自分の短気を悔いた。仕方がない。なけなしの財布をはたいて息子を近くの小さな食堂につれて行った。仲直りのつもりだった。息子は機嫌を直し、夢中でパクついた。

巧いシーンである。父と子の情がそこはかとなく伝わり、監督の人間を見る眼の温かさや優しさが光るシーンだ。それにしても、万策尽きた父親はこの後どうするのか？　映画は一挙にラストの異変（クライマックス）へと突き進む。

やけ（自棄）になった父親の心に魔が差した

疲れはてた父子はサッカー競技場の前へ来た。何千台という自転車が並んでいた。こんなに一杯あるんだから一台くらいは……。アントーニオの心に一瞬魔が差した。彼は息子に先に帰れと命じ、誰もいそうにない所に放置されていた手頃の一台を見つけると、それにまたがって走り去ろうとした。ところがたちまち持ち主が現れ、「泥棒！　泥棒！」と叫んだ。そのため追跡する群衆に父親はたちまち捕まってしまい、袋叩きにあった。

●途方に暮れる父と子

問題は、その現場を息子のブルーノが目撃したことだ。彼は先に帰れと言った父親の言葉に敏感に不審をかぎつけたらしい。一足先に帰りかけた足をとめて、父親のその後を見届けようと引き返して来たのだ。なんと大勢の群衆に囲まれ、小突《こづ》きまわされている父親を発見した。思わず息子は駆け出し、気が狂ったように父親にしがみつき泣き出した。その姿のいじらしさに、持ち主の男が「もういいから許してやれ」と言った。お蔭で父親は警察につき出される恥辱だけは免れた。

群衆が去って、父と子だけが残った。父は自分の卑劣な醜態が息子に露顕して合わせる顔がない。恥も外聞も忘れて肩をふるわせて泣く。そんな父親の哀れさに幼い息子も泣く。こんな悲しく惨《むご》い父子《おやこ》の対面を、私は映画で初めて見た。絶品の名シーンだと思った。

ローマの街の一角で起きた、たかが一台の自転車の盗難事件である。しかしその結末は悲しいほど痛烈な皮肉で終わる。泥棒を追っかけていた主人公が、今度はなんと自らの身を泥棒に落とすのである。戦争による貧困がいかに人間をいためつけ狂わせるのか。この映画の主題が見事に暗示された忘れられぬ名シーンだ。軍隊や戦場など全く描かなくても、市井の人々の些末《さまつ》なトラブルを描くだけでこのような見事な反戦映画が作れる。名匠デ・シーカ監督ならではの快挙、腕前だと、改めて脱帽させられた。

そして最後のラストシーンがまたいい。気を取り直して父と子はまたしっかり手を握り合って、夕闇迫るローマの街を帰って行く。この悄然と歩いて行く二人の後ろ姿を映して、この映画は終わる。

この一見何の希望も救いもなさそうな厳しいラストシーンに、私は若い頃は意識しなかった感傷を今禁じ得ない。デ・シーカ監督の祈りのような人間愛を感じずにはいられない。大丈夫、やり直せばいい。家には優しい妻（母）が待っている。三人で仲良くやり直せばいい。そこには家族の絆や愛を人一倍大切にするイタリア国民への、氏の信頼と祈りのようなものが暗示されていたと私は推測する。

『終着駅』（一九五三年）

アメリカ婦人を演じたジェニファー・ジョーンズ氏の美しさ

●モンゴメリー・クリフトとジェニファー・ジョーンズ

デ・シーカ監督の作品から、今も忘れることのできぬ私の大好きな名作をもう一本紹介したい。この『終着駅』は先の『自転車泥棒』とはガラッと内容を一変した、男女の愛を正面からきめ細かに描いた恋愛映画《メロドラマ》の傑作である。

ちなみに、日本映画におけるこのような恋愛映画の傑作は？　と自問した時、即座に私の心に浮かぶ作品は残念ながらない。つまり、私の心に焼きついて、生涯その感動が忘れられぬメロドラマはすべて外国映画にしかなく、その一本が実はこの『終着駅』であった。

その私の個人的嗜好の理由について述べることは本

題から外れるため略す。ただ一点だけ触れさせてもらえば、それが実は先の表題の一文となる。

私が外国映画のメロドラマに惹かれる一番の理由は、そのヒロインを演じる女優さんの美しさや魅力にある。もちろんその作品全体の持つ素晴らしさが前提にあるが、一番に魅了される要因は、何と言ってもそのヒロインを演じる女優さんの魅力にあった。

この作品では、アメリカ人の人妻メリーを演じたジェニファー・ジョーンズ氏（この時三十四歳）の、何とも臈《ろう》たけた妖艶な美しさである。この種の美しさに生来私は弱く、正直まいってしまった。氏の出演作品の中でも屈指の美しさであった。もちろん名匠デ・シーカ監督の陰の力——きめ細かな恋愛描写の巧さ——があったことは言うまでもない。

私が胸を借りる二人の専門家の評価

作品紹介にあたり、私はいきなり自分の個人的、主観的感想から述べた。本音ではあるが、いささか単純、一面的にすぎ、全体像の紹介としては客観性に欠ける。そこで日頃から胸を借りる二人の映画紹介のプロ（専門家）の解説をここで拝借、引用させていただく。

まず猪俣勝人氏——この映画は新装成ったローマの中央駅の雑踏を背景に、旅のアメリカ婦人とローマの青年との恋、それもわずか数日のいわば情事のあとの別れを描いたものだ。（中略）男と女のかりそめの出会い、そしてその情事のあとのはかなさを描いて戦後の映画史を飾る傑作となっている。（参考文献④）

次いで淀川長治氏――この映画はローマ、ローマということが頭に入っていないと面白くありませんよ。ジェニファー・ジョーンズがイタリアの青年と火遊びをしました。けれどもこれではいけないんだと思って逃げました。ところがイタリア青年は駅に追いかけてきました。そして、この男がアメリカの夫人をこっぴどく殴りつけるシーン。みんなの見ている前で張り倒しましたね。このあたりがいいんですね。イタリアの青年はほんとうに純粋に恋に生きようと考えているんですね。そしてモンゴメリー（クリフト、奥井註）が泣きますねえ。デ・シーカはこの駅を実にうまく使いました。まるで人生の縮図。いろいろの運命がありますけれど、これは別れの映画の名作ですよ。（参考文献①）

駅構内の雑踏の活写と、大時計の表示

先の両氏の解説で、この映画の概略はお解りいただけたかと思うが、一点だけ補足したい。

この映画はローマの中央駅（終着駅）にカメラを据えて撮影されたという。そのため駅構内の終日絶えることのない人々（雑踏）のあわただしい動きがリアルに活写される。観

客もその人々の動きの中に巻きこまれたかのような臨場感がある。この映画の持つリアリズム手法の魅力、面白さである。

さらに駅構内の大時計がたえずアップされ、刻々と移る時刻を表示する。これは何？実はこの映画はドラマの所要時間と現実の上映時間がピタッと一致する手法を採る。主人公のアメリカ婦人が列車に乗り遅れてはならないという緊迫が常に付きまとう。そのため主人公の男女はもちろん、映画を見る観客までが何となく落ち着かずハラハラドキドキさせられる。大時計の移り変わる時刻表示が、その緊張、つまりサスペンスの醍醐味を象徴するのだ。

愛し合う男女の別れを濃密に描いたこのメロドラマの傑作は、実はリアリズムとサスペンスの魅力、面白さをも兼ねそなえて持つ。その点を一言補足しておきたいと思った。

女は火遊びをやめ帰国の決心をした、男はあきらめず追って来た

物語に移る。冒頭、ローマの街の裏通りを一人の美しい妙齢のアメリカ婦人（ジェニファー・ジョーンズ）が、こっそり青年の住むアパートを訪ねて行く。しかし部屋の前まで来て、呼び鈴《りん》を押そうとして思い止《とど》まった。いけない、と未練を断ち、黙って引き返し、結局近くに停まったバスに乗り込み、ローマの終着駅《テルミエ》（中央駅）に向かった。

彼女は駅でミラノ行きの列車の切符を買うと、次に公衆電話で姉夫婦の息子ポールを呼び出し、用件を頼んだ。このはりつめた表情で慌ただしく所用をすませた女性こそ、この映画のヒロイン、アメリカ婦人メリーである。彼女は今一つの決断をして、密かに夫や娘（七歳）の待つアメリカへ帰るところだ。先のポールへの電話も、彼に自分の身の回りの持ち物をトランクにつめてタクシーで持って来てほしいと、帰国を急ぐ彼女が急遽《きゅうきょ》思いついた処置だった。

メリーはアメリカに良人と娘を残して、一人でローマの姉夫婦の許へ旅行に出て来た。その滞在中、彼女は知り合ったイタリアの青年ジョヴァンニと恋に落ち、深い仲となった。しかしこの若い青年との火遊び（不倫の恋）を続けていてはいけないと反省し、彼と別れる決心をしてひそかに帰国しようとこの駅まで逃げて来たのだ。先のアパートの前での躊躇と断念は、その決心の第一歩であった。

今彼女は自分の乗る列車の中で、ポールが荷物を届けに来るのをじっと待っていた。ところがその時、ポールではなく、自分が約束をすっぽかしてきた当の相手のジョヴァンニ（モンゴメリー・クリフト）が、血相をかえてホームに駆けつけて来た。これでは黙って立ち去るわけにも行かず、メリーは観念して列車を降り、ジョヴァンニの前に立った。男が早速、違約の背信を詰《なじ》り、女が後から手紙で謝るつもりだったと弁解した。

その時、電話で頼んだ甥のポール（リチャード・ベイマー）がトランクを持って駆けつけて来た。メリーは明るく迎え、トランクを受け取ると感謝の抱擁を忘れない。「気をつけて帰るのよ」と叔母らしい優しさと心遣いで彼を先に帰した。

ところでこのポール少年は叔母のメリーが大好きらしく、この後も何度か登場する。子供なりに叔母の難儀を察知し、すぐには家に帰らず、駅の構内に残り遠巻きに二人の動向から目を離さない。

ジョヴァンニは二人の光景を見てメリーの決心のかたさを悟り、詰るのをやめて態度を一変した。「あなたに会えてよかった、気をつけて帰って……」と目にいっぱいの涙をうかべて別れの言葉を口にした。すると今度はメリーが、「そんな顔をされたら帰れないわ」とこちらも態度を変え、動き出した列車を無視して、どこかで休みましょうと歩き出した。

このあたり、恋する男女がその別れ際に見せるそれぞれの心理の起伏がきめ細やかに描かれ興味深い。二人は駅構内のレストランに空席を見つけてしばし休息、対話した。

映画がカットした二人の出会い、馴れ初《そ》めが対話の中で明かされる

この後映画は、恋に落ちた男女がいよいよ別れねばならなくなった際の、お定まりの互いの思惑や言い分を存分に語らせる。女を失いたくない若い男は、女を自分のアパートに連れ戻したい未練と欲情を綿々と。一方、火遊びをやめる決意を固めた年上（らしい）の

女は、家庭を持つ女の分別と責任を盾《たて》に、若い男の無知で性急な愛の不可能を説き、頑強に拒絶する。二人の対話はどこまで行っても平行線でまずかみ合わない。

例えばメリーは言った。ここであなたの部屋へ行ったら私はもう戻れなくなる。今の関係を続けていたら、もう私は金輪際アメリカに帰る機会を失い、愛する娘（七歳）や八年間一緒に生きた夫ハワードと生涯別れる運命となる。そんな怖いことはとてもできないと。

このメリーの女性の正論に男は返す言葉がない。しかし純粋に恋に生きようと考えるイタリア青年は、それくらいのことでは引き下がらない。「それなら何故あなたは私について来た？」とただちに逆襲に転じるのだ。そしてこの後の結構長い二人の会話だけのシーンが、観客を少しも退屈させることなく、むしろいよいよ面白くさせるのだ。ここにデ・シーカ監督の演出の巧さが発揮される。

何故なら、恋に落ちた男女の別れのシーンからこの映画は始まる。ということは、二人の出会いや馴れ初めのシーンは全く省略し描かない。その映画がカットした前半のラブストーリーを、二人の会話の中で再現し埋め合わせをする。これがこの映画の心憎い仕掛けと演出の巧さとなる。お蔭で観客はレストランでかわす二人の会話に耳目をそばだてざるを得なくなる。その一端を披露すると……。

メリーは一人でローマ観光する途中、有名なスペイン広場でイタリア人の青年ジョヴァンニと出会った。彼女は英語が通じるこの青年（彼は母がアメリカ人のため英語ができる）に気さくに声をかけた。ジョヴァンニは広場を下りてくるメリーの脚の美しさに見とれたという。結局二人は気が合い、結局ジョヴァンニは彼女のガイド役を引き受けた。その結果二人は三時間も話しこみ、ジョヴァンニはなんとコーヒーを三杯も飲んだという。

問題はその後だ。ジョヴァンニが誘うと、このアメリカ婦人は臆することなく彼のアパートについていったらしい。そして二人は束の間の愛の情事に酔った。

ジョヴァンニは逆襲に出たと先ほど書いた。それは二人が深い関係となったこの点のメリーの軽率を突いたのだ。ところが相手は正直に自分の非を認めた。

私は古風な女で見知らぬ男の人についていくことなどこれまで一度もなかった。しかしあなたは悪い人ではなさそうだったし、ハンサムで私の娘時代の理想の男性とそっくりだった。ローマに来て、生まれて初めて「小さな冒険」をしてみたかったの。

小さな冒険か……。ジョヴァンニは天を仰ぐように溜息をついた。その時レストランのウェイターが閉店の時間を告げに来た。メリーはいい潮時だと思った。男に話すべきことはすべて話した。これで心置きなくジョヴァンニと別れられるとホッとした。

ところがイタリアの青年は、そんなことで未練を断ち切れない。しつこいのだ。とにかく一度アパートに戻ろうと、またしてもメリーを離そうとしない。メリーは困惑し、苛立った。

ポールを発見して活路を見出すメリー……怒った男は女を殴った

それぞれの思惑を秘めて二人はレストランを出た。その時、メリーの視界に、まだ帰らずに駅の構内をぶらつくポール（甥）の姿が映った。「ポール！」彼女は思わず叫んでいた。大好きな叔母の声に彼は二人のところへ走って来た。叔母は内心の困惑を隠して明るく二人を紹介し、まだ時間があるから三人でコーヒーでも飲まないかと提案した。ポールは喜んだが、自分に挨拶も返さない不機嫌そうな男に気を利かせて、先に行って待ってるからと一足先に二人から離れて行った。

その直後だった。「どういうつもりだ！」とジョヴァンニが気色《けしき》ばんだ。

「仕方がないじゃないの、ポールがいたんだから」とメリー。すると、

「いや、お前が呼んだからだ」とジョヴァンニ。

ここに来てついにメリーの我慢は切れた。聞き分けのないこのイタリア男に彼女は声を荒らげて一気に訣別を宣言した。

「仕方がないじゃないの、現実を見なければ。あなたと私が一緒に暮らせることなど一生ないのよ！　ジョヴァンニ、お別れよ！　グッバイ！」

この時、怒りと屈辱に耐え切れず、ジョヴァンニがついにメリーの顔を烈しく殴った。

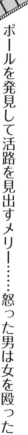

周囲の通行人が悲鳴をあげて注目した。ジョヴァンニはいたたまれず逃げるように立ち去った。甥のポールが血相を変えて引き返して来た。

「あの男、叔母さんを殴ったね！　大丈夫？　女の人を殴るなんて最低の男だ！」

叔母は「大丈夫よ、事情のあることだから心配しないで」と、少年の義憤をなだめることを忘れない。

一方ジョヴァンニは駐車場に着いてから悔いた。一時の激情にかられて愛する女性に粗暴なふるまいをしてしまった。思い直して先の現場に引き返した。しかし通行人だけで二人の姿はなかった。

死を恐れぬ男の無謀が、女の決意をくつがえす摩訶《まか》不思議

ついにメリーはジョヴァンニと訣別した。ほっとして駅の待合室で一休みする彼女の横で、隣の妊婦らしい女が気分が悪いと訴えた。メリーは気さくに彼女を支えて駅の医務室に連れて行った。ここで映画は、メリーが、その妊婦や彼女の夫、さらには彼らの三人の幼い子と対面し、この貧しい炭坑労働者一家から厚い感謝を受けるエピソードをはさむ。しかし紙数の制約がありこれは省略する。

それよりその後に起きた出来事が、この映画一番のクライマックスをなす。そちらに移

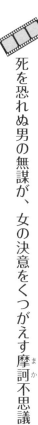

る。

メリーはポールを帰して、今やっと一人でホームで列車を待つ。一方ジョヴァンニは駅の構内やホームを必死に捜しまわった。しかしどこにもメリーの姿は見えず、やはり駄目だったかと諦めかけた。

その時、線路の向こうの遠くうす暗いホームに、ポツンとたたずむ一人の女の姿が見えた。まさか？　と思ったがメリーらしい。狂喜した彼は我を忘れて線路に飛び下り、夢中になって駆け出した。横断を許されぬ線路を何本か飛びこえ、女の見えるホームに向かって一目散に走った。

一方メリーは、暗闇の中をこちらに向かって駆けて来る異様な男に気づいた。なんとジョヴァンニらしい。すると彼女の眼にゾッとするほどの恐ろしい侮蔑の色がうかんだ。

「まだ追っかけてくる！　なんと往生際の悪い男！　なんとシツコイ男！」

ところがそのメリーの軽蔑と憎悪の形相が数秒後に一変する。軽蔑は消え、恐怖と戦慄と悲鳴に一転する。

●別れを惜しむ二人の抱擁

ジョヴァンニが飛びこえてくる線路の彼方から、白煙をあげた列車が汽笛とともにこちらに向かって驀進《ばくしん》して来た。夢中になって線路を飛びこえて来る彼には、その列車の接近がまるで見えない、聞こえない。危ない！　列車にもろに轢《ひ》かれる！　ホームの誰もが絶叫し、メリーも思わず顔をおおい眼をつぶった。

耳をつんざく轟音《ごうおん》とともに、車輪の間から蒸気の白煙が噴き出し、列車がホームに到着した。ジョヴァンニは？　間一髪、彼は轢死《れきし》を免れ、九死に一生を得た。そのジョヴァンニに、メリーが先ほどまでの軽蔑や憎悪を忘れてとびつき、二人はしばし抱き合ったまま動かない。

ここから二転、三転、先に訣別したはずの二人の間に、また束の間の愛が甦《よみがえ》るのだった。人目の多いホームを避け二人は、ホームの向こう側の暗闇の中の引き込み線に停車中の無人車両を見つけ、その中へ上がって行った。しかし作業を終えて引き返す駅員の一人が目ざとくその二人の不審者を目撃した。そこは一般客の立ち入りが禁止されている区域なのだ。リアリズム映画ならではの厳しく細密な描写だ。

そんなことは知らない二人は、誰の目もないその暗い車両の中で、堰《せき》を切ったように抱擁し、狂ったように接吻を繰り返しお互いを求め合った。悪かったと男は先ほどの暴力を詫び、女も私の方こそ薄情であったと相手を許した。

こうしてつい先ほどまでの二人の対立や確執は嘘のように消え去り、また愛の狂熱が復活した。女は男の激しい愛撫に酔い痴れ、もう自分はどうなっても構わないと男の胸にしがみつき離れようとしない。彼女の先ほどまでのあの決断、あの分別、あの理性はすべて吹っ飛んでしまったらしい。

しかし厳しい現実が二人を襲う。不審な二人を発見した先の駅員の先導で鉄道公安員が複数現れ、二人に同行を命じた。何が悪いと抗議するジョヴァンニに相手は、ここは入場禁止区域であなた方は法を犯していると平然と答えた。かくて愛の狂熱は一瞬にして冷め、今や二人は犯罪容疑者の汚名を受け、連行される破目となった。

公安室の室長の粋な計らいで放免される二人

公安室に連行された二人は、室長が所用で不在のためしばらく待たされた。するといち早く冷静さを取り戻したジョヴァンニが、メリーの身の上を心配して訴えた。この人は八時三十分の列車でアメリカに帰る。罪は全部自分が引き受けるから、この女《ひと》だけは先に帰してやってくれと。しかし係官はそれは「室長」が決めることで我々の一存では決められないと、官僚主義そのままにスゲない。

時間を気にしてイライラ落ち着かないジョヴァンニに、それまで全くしゃべらなかったメリーが、彼とは対照的に落ち着いて言った。

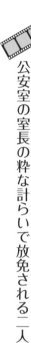

「ジョヴァンニ、心配しないで、私はどんな醜聞《スキャンダル》になっても大丈夫、覚悟を決めたの。ハワード（夫）にも全部話す、悲しむかもしれないけれど……」

その時だった。いかめしい顔つきの大男の室長が戻って来て、二人の取り調べが始まった。部下の報告書や二人の身分証、パスポートに目を通すと、彼は一言だけ言った。

「奥さんは子供のところへ帰られるのですね」

覚悟を決めたメリーには意外な一語であった。半信半疑ながら彼女はイエスと答えた。するすると室長は何もなかったように、部下の報告書をビリビリとやぶり捨てた。お咎《とが》めはなかったのだ。二人の表情に初めて安堵の色が浮かぶ。

一見怖そうで官僚主義の権化のようなこの大男の室長、実は太っ腹でさばけたイタリア人の小父さんだったのだ。イタリア人は男女の密会などにゴチャゴチャ言う、そんな野暮な人間ではありませんよ、そんな室長の言葉が聞こえてきそうだ。デ・シーカ監督一流のユーモアを垣間見たと思った。

さて、ラストシーンである。大時計が間もなく八時半を表示していた。公安室を出た二人はギリギリ間に合った。ジョヴァンニはメリーの席までついて来て別れを惜しんだ。興味深く思ったのは、二人の対応が映画の冒頭部と逆転していたことだ。あの分別や冷静を説いたメリーが、今度は未練や執着を隠さず愛の告白を連発し、「お願い、行かないで」とすがりつく始末だ。逆にジョヴァンニはそんなメリーをなだめ、列車が動き出すと、潔く飛び降りた。一瞬転倒したが、その彼の視線の先にメリーの乗った列車のテールランプが遠ざかって行く。そこへエンドマークが重なり、この名作は終わる。

最後に、このメロドラマが不朽の名作となったのは、デ・シーカ監督が女性の美点——心の広さと柔《やわ》らかさ——を巧みに描き出されたその一点にあったと私は思う。

女は強い意志（分別と理性）で男と別れた。それでも男が身の危険を微塵も恐れず自分を追って来たと知ると、先の分別も決心もすべて忘れて男の胸に飛び込んで行く。この豹変の姿こそ女性本来の永遠不変の美風ではなかったか。女性の強さとも弱さとも解釈できるこの女性の普遍的本質を、名匠は見事に喝破して描き出された。その炯眼と手腕に、私は限りない尊敬と共感を覚える。

冒頭で紹介した淀川氏の評言、「これは別れの映画の名作ですよ」に、私は全く共感する。

②ルキノ・ヴィスコンティ監督（一九〇六～七六年）

『夏の嵐』（一九五四年）

イタリアの大貴族の家に生まれた、氏の特異な出自

●敵国の若い中尉に魅せられた伯爵夫人リヴィア

イタリア映画の二人目、このヴィスコンティ監督は、「イタリアン・リアリズムの創始者」として、その功績を高く評価する専門家もある（先の増村保造氏、参考文献⑧）、イタリア映画界の重鎮をなす名匠である。

しかし私にとっては、先のデ・シーカ監督のように、無条件に親しみ

や愛着を覚える名匠ではない。それは氏の作品が描くリアリズムの中に、常人の理解を超えた一種偏執狂《へんしゅうきょう》のような狂気、おぞましさを感じさせるものがあるからだ。まずその狂気性について。

氏は知る人ぞ知る北イタリアの名門、ミラノの大貴族の末裔《まつえい》（子孫）である。そのため氏の中に流れるその「貴族の血」が、しばしば氏の作品の中に反映することは、多くの専門家の指摘するところだ。その貴族の血が、私の先に述べた氏の作品へのおぞましや疑問につながる場合があり、残念に思う。

ではその貴族の血とは何か？　ここでも私は、イタリア映画の碩学、増村保造氏の平易で的確な卓見に出会った。まず引用させていただく。

ヨーロッパの貴族は、日本の上流階級とちがって、はるかに野性的である。上品なマナーや趣味で身を包みながら、心の中には野獣のような欲望を持ち、いざとなると道徳なんか無視して、どんな恥知らずなこともやってのける。臆病な中産階級とは全然ちがうのである。（参考文献⑧、傍点は奥井）

これを読んで私は合点が行った。その「野獣のような欲望」や「恥知らずなこと」を平然とやってのける典型のような主人公を描いた作品、例えば『若者のすべて』（六〇年）

を見ていたからだ。一言『若者のすべて』について触れる。

この作品は、私が学生時代に見たヴィスコンティ氏の最初の作品であった。そういう意味では思い出の多い力作だが、加齢とともにその主人公（次男シモーネ）のあまりに残忍で破廉恥な振る舞い――何の罪もない美しい娼婦を強姦、凌辱《りょうじょく》し、結局最後は無惨に殺してしまう――に、どうしてそこまで残酷、執拗に描く必要があるのかとついて行けなくなった。氏の貴族の血の過剰な露出に不快を感じ、これでは単なる氏の狂気性への自己陶酔にすぎない、と失望した。

人間の情熱（愛や憎）の激しさを徹底的に追求し描く

のっけからヴィスコンティ監督への批判となった。しかし私はこの名匠を畏敬し、忘れることのできぬ名匠として小著で取り上げた。氏の作品には先の不満にもかかわらず、他の映画では見られぬ美点が少なくないからだ。

その美点とは？　それこそ先の表題に書いた一文の内容であった。氏はイタリア人に代表される人間の情熱の激しさを徹底して追求し、冷徹に描き出す。これが氏の真価、真骨頂である。

その情熱とは？　イタリア人が一番大切にする人間の愛である。裏を返せばその愛の背信に対する怒りや憎悪の激しさである。愛のためなら犯罪（殺人など）や自身の破滅など少しも恐れない。そこには、人間は神の被造物、つまり神ではないから当然悪や罪を犯す。そんな日本人には珍しい人間観（一種の性悪説）が、イタリアには存在するらしい。

その人間の罪や悪を、リアリズムの手法を駆使して徹底的に描いて見せる。これこそ日本映画にないまさにイタリアン・リアリズムの特徴で、中でもヴィスコンティ監督は、その代表、第一人者であるらしい（参考文献⑧）。

人間の情熱の激しさを追求しそれを描き切る。その意義や意図に私は何の異論もなく賛成する。ただそれが単なる露悪趣味に堕すると芸術ではなくなる。その弊を免れた氏の作品の中から、比較的解り易《やす》い傑作『夏の嵐』を紹介したい。

敵国の若い中尉に一目惚れしたイタリアの伯爵夫人――その愛の狂態

これがこの映画『夏の嵐』のすべてである。

物語の概略に移る。時は十九世紀中頃。まだイタリアに統一国家が成立せず、その途上の頃の話である。ヴェネツィア（ヴェニス）地方やその他いくつかの地域が、まだオーストリアの支配下にあり、彼らはイタリア奪回（オーストリア追放）の機会を狙って烈しく戦っていた。

物語の冒頭は、オーストリア占領下のヴェネツィアの劇場シーンから始まる。今しもここでヴェルディのオペラ『トロヴァトーレ』が上演されていた。映画は冒頭からこのオペラの舞台を劇中劇としてスクリーンいっぱいに映し出す。そのためこの映画を見る観客も最初オペラの観客となる。本場のオペラなど全く無縁の私も息を呑んで見入った。そこには貴族趣味に精通されたヴィスコンティ監督の面目躍如、絢爛《けんらん》豪華なオペラ舞台が完璧に紹介されて圧巻だ。

伯爵夫人リヴィア（アリダ・ヴァリ）
Ⓒ紀伊國屋書店

その上演中に、突如事件が発生した。天井桟敷から イタリアの愛国主義者たちが、用意していたビラをいっせいに撒《ま》いた。

「イタリア万歳！　外国人（オーストリア軍）はヴェネツィアから出て行け！」

ビラだけでなく彼らはいっせいに叫んだ。劇場内は騒然となった。幕が降りた休憩時間になっても騒ぎはおさまらず、こぜり合いが続いた。

この時、イタリアの地下運動のリーダーとオーストリア軍の中尉が衝突、なんと二人は決闘することになった。その知らせに観劇中の伯爵夫人リヴィア（アリダ・ヴァリ）は驚き、動揺した。その反オーストリアのリーダーこそ、夫人の従兄ウッソーニ侯爵であったからだ。決闘と聞き、彼女は従兄の命を救わねばと、夫のセルピエーリ伯爵に相談し、単身、決闘相手のフランツ中尉（ファーリー・グレンジャー）に面会を求めて会いに行った。

ところがこの時現れた敵軍（オーストリア）の中尉フランツを見て、夫人は用件を忘れて瞬時にのぼせ上がった。夫より若くてハンサムなこの兵士に一目惚れしてしまったのだ。なんと無節操な女と日本人ならあきれるかもしれない。しかしヴィスコンティ監督に言わせれば、こんな女性の尻軽さなど、罪を犯す人間の常態、イタリア人の激しい情熱（愛）の日常の発露にすぎないらしい。

相手の中尉が抜け目なく、そこまで送って行こうと優しい言葉を忘れない。夫人は従兄救済の件など全く忘れて、彼女はその夜、深夜の人影のない舗道を中尉に寄り添って、まるで逢い引きする二人のように散策した。ここから伯爵夫人リヴィアの道ならぬ不倫の恋が始まった。翌日から早速彼女の大胆なフランツ訪問が始まった。男たち（兵士）しかいない彼の兵舎を訪れては、彼を誘い出し、二人は兵舎の外で密会を重ねた。ベッドで情事を重ねるお定まりの恋に、彼女は堕《お》ちて行った（145頁写真）。

ところがリヴィアのその尻軽な恋は、突然頓挫《とんざ》した。相手のフランツ中尉が姿を消したからだ。彼女は何度も兵舎を訪れるが、同僚の男たちはニヤニヤするだけで、自分たちも彼の行き先は知らないのだと、たくみにリヴィアを煙《けむ》にまく始末だ。

こうして年上の人妻が若い男に夢中になる、あさましくも愚かしい恋は終わった。彼女は年下の若い男に、自分の熟《う》れ切った肉体を弄《もてあそ》ばれただけで見事に捨てられてしまった。これが伯爵夫人の不倫の恋の第一幕であった。

ここで一言余談を。この愚かしい伯爵夫人を演じた女優アリダ・ヴァリ氏について。氏はイタリアを代表する国際的な女優さんだ。ファンの方ならご存じのように、この厳しい容貌の女優さんの存在感と気品にみちた美しさは、他の名作二本でお馴染みである。『第三の男』（四九年）と『かくも長き不在』（六〇年）である。とくに私は若い時に見た後者のテレーズ役の氏が印象に残る。戦争中ナチス・ドイツに拉致《らち》されたまま帰らない夫にそっくりの浮浪者が、彼女の経営するカフェに現れた。しかし男は記憶喪失のため彼女が妻であったことが解らない。その夫の記憶を取り戻させようと献身するテレーズ。この時のヴァリ氏の、その崇高なほどの厳しさの中に秘めた悲哀の演技と存在感は秀逸であった。その氏がこの映画では軽薄な「悪女」に変身された。私は注目して氏の存在感に見入った。

懲《こ》りない伯爵夫人の失態――預かった貴重な資金を横領、男に貢《みつ》ぐ

伯爵夫人の狂態の第二幕は、彼女が夫と共に国内の戦乱から避難した、田舎の別荘で始

フランツ中尉（ファーリー・グレンジャー）とリヴィア夫人

まる。その夜、広大な屋敷で番犬がはげしく吠え、夫や下男の走りまわる足音や人声が聞こえた。何事？　リヴィアは二階の寝室から外の様子をうかがった。その時、なんとあのフランツ中尉が彼女の部屋にこっそり忍びこんできた。彼女は男の不実を忘れて狂喜し、まず男を匿《かくま》ってやった。

翌朝、ひそかに移動した穀物小屋で、男はたくみに弁解し、リヴィアの気を引いた（上の写真）。「あなたとずっと一緒にいたかったが、軍人である限り転戦や移動は避けられない。そのためあなたに会えなかった」と。「しかし方法がないわけではない」と、男はここから狡猾に本音を洩《も》らした。「どうしたらいいの？」女は飛びついて来た。男はさりげなく、うまくやった同僚兵士の悪知恵を洩らした。

「奴《やつ》は医師に大金をつぎ込み、ニセの診断書を書いてもらい病気を理由に除隊、つまり兵役免除となった」と羨ましそうに呟いた。しかし男の見栄と警戒心から、自分もそうしたいという本音は明かさない。

予想通りリヴィアが「その大金ってどれくらい？」と問う。「三千クローネ」と男。「無理だわ」と溜息をつく女に、男は内心の失望を隠して、「いや大丈夫、心配するな」とここでも見栄を張り、潔く退散して行った。それでも呆然とする女に、自分への連絡先だけは伝えて、種を蒔《ま》くことは忘れない。女扱いに慣れた男の狡《ずる》さと奸計が見え見えだ。

賢明で冷静な女性なら、この時点でこの男の人格や素行の異常に不審を持ったはずだ。深夜、どこで嗅ぎつけたのか夫人の寝室に忍び込んで来て、用件とは大金の無心だけである。普通の兵士なら考えられぬ素行の悪さだ。

しかし恋に夢中になった盲目な女にはそれが見抜けない。男の蒔いた種に女は早速乗った。なんと、三千クローネの金策に困りはてたリヴィアは、従兄のウッソーニ侯爵から預かっていたイタリア独立運動の軍資金に手をつけ、これを横領しフランツ中尉に送ってやったのだ。リーダーを務める従兄が万一の危険を恐れてリヴィアに保管を頼んだ地下運動の貴重な資金だ。従兄を裏切っただけではない。祖国独立のため日夜戦う多くのイタリア人同志をもリヴィアは裏切った。今や彼女は祖国イタリアを裏切る大罪に手を貸した。人民の敵は銃殺刑だ。

しかし悪女リヴィアが、自らの犯した罪の愚かさに気づくのにさほど時間はかからなかった。金を送ってやった中尉からは何の返信も感謝もない。彼自身、姿すら見せない。おかしい！　何か変だ！　こうなるとこの悪女は自尊心や気位が高いだけに大胆、勇猛である。リヴィアは中尉の居所を捜して、ついに直談判する道を決断し、単身馬車を走らせた。

　このシーン、中尉のいるらしいヴェローナの街を目ざして、リヴィアは、砲弾の飛びかう危険な戦場を馬車に乗って疾走する。自慢の衣裳が泥まみれになることもいとわず、ひたすらフランツの宿舎を探しまわった。

フランツ中尉は、ベッドの中で若い街の女を抱いていた

　リヴィアはついに男の住居を発見、ノックもせずに部屋に押し入った。なんと恋い焦がれていたフランツは、自分よりずっと若い街の女とベッドの中にいた。衝撃に呆然とするリヴィア。しかし男は気だるそうにベッドから出てくると不機嫌な顔で言った。

「だから来るな、捜すなと手紙で書いただろう！」

　謝罪はおろか弁解すらしない。そして最後は、冷笑して「もう二度と来るな」と、リヴィアを邪慳《じゃけん》に追い出す始末だ。

　このシーン、伯爵夫人リヴィアはついに一言も発しない。アリダ・ヴァリ氏演じる「悪女」の眼がカッと見開いたまま、まばたきもせずフランツを見据えるのみ。その気品を秘めた厳しい表情に、女の無念と怒り、絶望と悲哀が交錯し、鬼気迫る迫力がある。この映画一番のヴァリ氏の存在感が光るシーンだ。

やがてリヴィアは足取りもおぼつかないまま悄然と男の部屋を出て行く。今初めて伯爵夫人は己の無知、愚かさを思い知らされた。この男は私を愛してなどいなかった。私に接近して来たのは単に金蔓《かねづる》として利用するためにすぎなかった。しかもその金はこんな女と遊び呆けるための資金にすぎなかった。私はこんな男に夢中になっていた。何という大馬鹿、何というお人好し！

今初めて目が覚めたリヴィアは自分の愚かさを呪った。くやしい！　情けない！　しかし高貴な家柄の夫人は、そのズタズタに引き裂かれ踏みにじられた自尊心や矜持《きょうじ》を回復することに躊躇しなかった。彼女の怨念はただちに彼女を復讐の鬼へと駆り立てた。

司令官に密告するリヴィア夫人……フランツは銃殺された

ラストシーンである。伯爵夫人の足はいつしか兵士の出入りで混雑する兵営に向かっていた。フランツの裏切りを司令官に訴えずにはいられなかった。彼が兵役免除の特権を得たのは、私の貢いだ貴重な大金で彼が医者にニセの診断書を書かせたからで、この嘘の兵役免除者は今や街の若い女とのうのうと遊び呆けていると、その部屋の所在地まで教えてやった。

司令官の処置は早かった。リヴィアが兵営を出た直後、映画はフランツが多くの兵士に連行されて、暗くなった兵営の広場で椅子にしばりつけられる様子を映し出す。やがて彼を囲むように狙撃兵が並び、彼らがフランツを銃殺した銃声が静かな深夜の夜空に響きわたった。

その時、リヴィアは兵舎の外の舗道を一人で歩いていた。今の銃声は彼女の耳に聞こえたのか？　その判然としないリヴィアの後ろ姿を映して、映画は終わる。「怖い怖い幕切れの見事なこと」と、淀川長治氏が絶賛される名シーンである。

私もこの作品を初めて見た時はそのように思った。しかし今は違う。なるほどフランツ中尉の銃殺刑は納得できる。しかしリヴィアは無罪放免か？　だとすればこの結末は不公平ではないか。その疑問、不満が残る。彼女もまた従兄の貴重な運動資金を横領して、イタリア人同志を裏切る大罪を犯している。彼女にも自分の罪を償う何らかの自裁のシーンがあればよかったと思う。

ヴィスコンティ監督の中の貴族の血が、ここでも伯爵夫人に対する寛大を暗示していたとすれば、それはこの作品のただ一つの惜しまれる瑕瑾《かきん》であった、と私は思う。

③ ジュゼッペ・デ・サンティス監督（一九一七～九七年）

『にがい米』（一九五二年）

日本ではあまり話題にされない不遇の名匠

DVD版表紙　発売・販売元：復刻シネマライブラリー　Ⓒ Cristaldi Film

イタリア映画の三人目の名匠として、このサンティス監督を紹介したい。私はこの名匠の作品『にがい米』を高校時代、当時公開中の映画館で見た。その時の衝撃と感動は強烈で、つい最近ＤＶＤでも再見したが、いささかも色褪せていなかった。

ところで皆様は、このいささか舌をかみそうで発音しにくい監督の名をご存じであったろうか。と言うのも、この監督の経歴や特徴について解説した専門家の著書は、探したがついに一冊も出会うことはなかった。さらにこの監督の作品は四本ほど輸入され、日本でも公開されたらしいのだが、専門家が紹介するのはこの『にがい米』だけで、他の三本は誰も取り上げていないのである。私自身もこの『にがい米』だけしか見ておらず、他の三本など見る機会もなく、作品名すら知らない。これが実情であった。

これを私なりに解釈（推測）すれば、要するにこのサンティス監督の存在は、その理由は不明だが、日本ではあまり高く評価されていない、つまり話題にされない不遇の名匠であったらしいことである。氏の作品を一本しか見ていない私が言うのは僭越ではあるが、私はこの日本の映画界の現実を大変残念に思う。

ちなみに、川本三郎氏の著作の一部には、サンティス氏は「ロッセリーニやデ・シーカと共に第二次世界大戦後の、いわゆるイタリアン・ネオ・リアリズムを代表する監督」と記されている（参考文献⑨）。それだけに残念である。

そんなわけで、私はこの名匠の作品をこの『にがい米』しか見ていない。しかしその一本が素晴らしい作品で生涯忘れられない、というそれだけの理由で、サンティス氏をイタリア映画三人目の名匠として紹介させていただく。ご了解を乞うところである。

イタリアにも日本と同じ水田があり、田植えが行われていた

物語の紹介に入る前に、この作品の魅力、面白さについて二点ほど触れる。

その一。この映画の舞台となる北イタリアのポー川流域に広がる水田風景の美しさ、素晴らしさである。先の川本氏の紹介によれば、「北イタリアのポー河流域はヨーロッパ有数の水田地帯として知られる」らしい。

その水田地帯に五月の初め、田植えの季節になるとイタリア各地から若くて健康な女性たちが、季節労働者（＝出稼ぎ）として続々と集まって来る。その彼女たちが腰まで田につかり田植えや草取りの労働に終日汗を流す。その彼女たちのたくましい労働風景をこの映画は的確に、実に生き生きと映し出す。まさにリアリズム映画の真骨頂である。

●シルヴァーナ（シルヴァーナ・マンガーノ）

ちなみにその若くて健康な女性労働者の主役を演じた女優さん、シルヴァーナ・マンガーノ氏のはちきれんばかりの豊満なグラマーぶりは圧巻で、「原爆女優」の異名を持ったという。世の映画ファンを悩殺し、彼らの垂涎《すいぜん》の的となったこと、今も語り草として残る（グラマーぶりは157頁の写真）。

その二。自然風景や女性たちの労働風景のリアルな描写だけなら、所詮記録映画の面白さにとどまる。しかしこの映画は全く違う。サンティス監督はリアリズム手法を生かして、そこに人間の哀しい性《さが》に注目した男女の愛憎劇、つまりドラマを描くことを忘れておられない。とくにラストシーンの哀しさは並のメロドラマのそれをこえて秀逸、私は何度見ても涙が止まらない。

このリアリズム映画に堂々と人間の哀歓や感傷を描くサンティス監督の勇気は、先のデ・シーカ監督と共通するものがあり、私は共に好感を持ち、敬意を表したい。

出稼ぎ女性たちの一群に、警察に追われる悪党と情婦が紛《まぎ》れ込む

これが物語の始まり、冒頭のシーンだ。北イタリアの中心地トリノ駅。ここに今しも列車でポー河流域の水田地帯へ田植え作業に向かう出稼ぎ女たちが続々と集まり、賑やかだ。二人の刑事が、雑踏の中に犯人（宝石泥棒）を捕まえようと目を光らせる。一方、追われる悪党ワルテル（ヴィットリオ・ガスマン）と彼の情婦フランチェスカ（ドリス・ダウリング）は、人混みの中を逃げまわり、身を隠す。

それにしても出稼ぎ女たちは陽気でにぎやか、実に屈託がない。しっかり働いて稼ぐの

だという意気込みがあるからだろう。早くも一人の若い女が列車に乗る前に浮き浮きし、豊満な肉体を誇示するかのように腰をくねらせて踊り出す。この映画の主人公シルヴァーナ（シルヴァーナ・マンガーノ）である。

悪党ワルテルがこれを見て早速利用する。刑事から身を隠すため、女の踊りに巧みに加わり、自分も踊り出した。女は相手の手馴れたステップの巧さに好感を持つ。これが後の二人の再会の伏線をなす。

ワルテルは満員列車の中でフランチェスカに、「お前は田植えに行く女たちの中へもぐり込め、オレは一人で刑事をまく」と命令した。女は不安だったが、ここは情婦として従った。

そのフランチェスカに車内で、先の踊り好きのシルヴァーナが何故か親しげに近づいて来た。フランチェスカの不安を聞き出すと、「大丈夫、私が監督に頼んであげる」と、早くも気のいい味方を演じた。彼女は都会風の洗練された美しさを持つこの女性に興味を持ったらしい。

正規に雇《やと》われた女たちと、もぐりの女たちとの対立

水田地帯についた一行は、早速明日からの労働に備えて忙しい。宿舎で各自のベッド作

り――袋に藁《わら》をつめこむなど――に精を出す。

その最中に早速一悶着が起きた。先のフランチェスカの不安を察してシルヴァーナが監督たちと交渉をした。ところが彼らは頑《かたく》なに拒否した。正規の労働手帳を持たぬフランチェスカのようなモグリの女たちは雇えない、汽車賃は出してやるから今すぐ帰れと、けんもほろろの対応だ。しかし女たちは不満でおいそれと引き下がらない。ここでフランチェスカが自分も含めたもぐりの女たちに一計をささやき、彼女たちは結束した。

翌朝から、正規の女たちの田植え作業が始まった。フランチェスカからもぐり組は最初これを遠巻きに静観した。しかし、しばらくすると彼女たちも意を決したようにズブズブと水田の中に入り、腰までつかる田植え作業に加わって行った。許可のない実力行使だったが、そこにはどうせ人手が足りないのだ、地主たちは結局は折れて認める。そんなしたたかな女たちの読みと楽観があった。

ここで彼女たちイタリア人女性の田植え姿について一言。ショートパンツのような軽装で、太股《ふともも》までムキ出しにしたその大胆な肢体は肉感性にあふれ、煽情的ですらある。猪俣勝人氏は以下のように評される。

「女たちはたくましい脚を腿《もも》の付け根までむき出しにし田植歌を唄いながら働く。それは日本の田植え風景とまるきり違って、逞《たくま》しい性がそこにあふれ返っているのだ。シルヴァーナの姿などまさに圧巻である」（参考文献④）。

さて話を戻して、先のもぐり組の実力行使の結果である。案の定、あちこちでトラブルが発生、ついに二つのグループは向き合って対立、一触即発の喧嘩寸前となった。主謀者のフランチェスカは窮地に追いこまれた。

その時、この地に駐屯しキャンプを張っていた軍隊の一人の若い軍曹マルコ（ラフ・ヴァローネ）が通りかかった。彼は女たちのただならぬ険悪な対立を見過ごしにできず、仲裁の労を買って出た。オレはどちらの味方でもない、お前たちどちらの立場の女も同じ条件で働けるよう地主にかけ合ってやると。これには女たちも否はなく、双方それぞれ矛《ほこ》を納めた。

助かったと胸を撫《な》で下ろしたのはフランチェスカであった。彼女はこの親切で頼もしそうな男マルコに一目で惹かれてしまった。自分にイバるだけで尻ぬぐいばかりさせるあのヒモ男、ワルテルと何という違いか。彼女は初めてまともな男の魅力に目覚めたらしい。以後、ワルテルからマルコへ彼女の心は移る。

ワルテルが水田地帯に潜入——米蔵の二階に潜伏

軍曹マルコの地主への進言が利いたらしく、モグリの女たちもついに正式に雇われることになった。女たちの歓声が宿舎にひろがる。フランチェスカは嬉しかった。彼女の願いがやっと実現したのだ。その労を執《と》ってくれたマルコへの感謝の思いは、さらに彼への尊敬と思慕の念をかきたてた。

そんな時、皮肉なことに悪党ワルテルが、田植え女たちから一足遅れて水田地帯へこっそり逃げ込んで来た。ここなら警察の眼も届かず安全だろうと、彼は女たちの宿舎とは目と鼻の先の倉庫（＝米蔵）の二階にひっそり潜伏した。

ちなみにこの米蔵、日本のように俵《たわら》で保存するのではなく、ムキ出しの米が無人の倉庫の中に山のように海のように保管されている。お国柄の違いとはいえ興味深く思った。

ワルテルの潜入にいち早く気づいたフランチェスカが、こっそり食物の差し入れに行った。彼女の心変わりを知らぬ男は安易に情婦を抱こうとするが、彼女は応じない。彼女はワルテルがまた何か悪事を企んでいるのではないかと偵察に来たのだ。せっかく親しくなった田植え仲間にまた迷惑を及ぼされたらたまらない。この彼女の不安は後に的中するのだが……。

一方ワルテルは、久々に会った情婦にすげなくされて面白くない。気晴らしに夜の水田地帯にブラリと外出した。すると女たちが昼間の労働の疲れなどものともせず、あちこちでにぎやかに就寝前の余暇を愉しんでいた。その中にトリノの駅で踊りの相手をしてやった女シルヴァーナが、また自慢の踊りで周囲の見物人の目を奪っていた。あの女だ！　ワルテルの好き心に火がついた。

その時、フランチェスカが彼に近づいて来てささやいた。「あれを見て！」と踊るシルヴァーナの胸を指さした。フランチェスカは、ワルテルから預かっていた盗品の宝石（首飾り）を紛失して悩んでいたのだ。ところが今犯人が解った。親しげに近づいて来たシルヴァーナが盗んでいたのだ。踊りに夢中の彼女の胸に、その首飾りがキラキラ輝いている。ところが情婦のせっかくの発見にもワルテルは冷めていて、「あんなものはいい、あれはニセモノなのだ」と言い放った。呆然とするフランチェスカを尻目に、男の視線はシルヴァーナの踊りに集中し、ついに彼女の前に姿を現して共に踊り出した。女はトリノ駅の時の再現に狂喜し、さらに踊りに熱が入る。男も下心を秘めて前回以上に激しく踊りの相手を演じた。

この二人の踊り狂うシーン、異常に長く、また二人の表情を何度もアップに映して何か暗示的だ。シルヴァーナはフランチェスカに代わってワルテルの女になりたくて、実際になって行った。それは相手の思う壺でもあった。

男の悪事に加担する女の無知と盲愛

雨の降るその夜。シルヴァーナはついに意を決して、男の隠れる米蔵をひそかに訪ねて行った。カモが来たとワルテルはほくそ笑んだ。悪党は如才なく、まず女を悦ばせる甘言を忘れない。

「その首飾り、あの女（フランチェスカ）が持ってたんだろう。あいつはもうオレの女じゃない、お前にそれをやる。オレと一緒に来たら、そんなものいくらでも買ってやる」

初心《うぶ》な田舎娘は単純に上気して悦ぶ。

「その代わり、ひとつオレに協力して頼まれてくれ」

女は頷《うなず》く。

かくてシルヴァーナは男に頼まれた任務遂行のため、早速雨の降りしきる深夜の水田に飛び出して行く。そして村の各地にある川の堰《せ》き止め口の板を次々に引き抜いては、激流が水田に流れ込む村の大惨事に夢中になって荷担した。正気の沙汰とは思えぬこの愚行、実はワルテルの悪事成功のために欠かせぬ陽動作戦であった。

彼の企んだ悪事とは？　米蔵の米をトラックに積み込んで盗み出し、これを売りさばき金に換える。そのためのトラックや仲間の手配はついた。あとはそれを運び出す手筈。村の連中に気づかれぬよう彼らの目を逸《そ》らさねばならない。そのためには村が大騒ぎとなる異常事態の出来《しゅったい》が必要だ。

シルヴァーナが頼まれた水田の異常増水がそれであった。しかし恋する男に夢中になった若い娘に、そんな大惨事を予測する思慮や分別は全くなかった。

疑惑を感じたフランチェスカはマルコに相談し、シルヴァーナを追跡

フランチェスカは情人ワルテルの悪事に敏感、常に監視を怠らない。若い娘シルヴァーナを唆《そそのか》して彼は何かやる。この疑惑を、信頼する若い軍曹マルコに告げ、相談した。マルコは当初、若いグラマーな娘シルヴァーナにぞっこんだった。何度も言い寄ったが彼女の反応は冷たく、どうやら流れ者のあのワルテルの方に気があるらしいと気づくと潔く諦めた。そして彼は、今や何かと自分を慕い頼ってくるこの都会女フランチェスカを見直し、彼女の信頼に応えようと真剣に相談に乗った。

二人でシルヴァーナの隠密行動を尾行した。水田からズブぬれになって戻って来たシルヴァーナが、今米蔵の中に消えて行った。これはワルテルと何かある。怪しい！　ついにフランチェスカはマルコに励まされて、二人でひそかに米蔵に潜入した。

映画はここから、この作品の主要な人物四人が対決するクライマックスを迎える。

男の嘘を知った田舎女は逆上して男を射殺

ワルテルは二人の侵入に、素早くナイフを投げつけ、マルコを負傷させた。マルコに代

わってフランチェスカが彼の拳銃を発射、ワルテルの肩を射抜いた。こうなると無傷の女同士の対決だ。フランチェスカがマルコの銃を持って二人に迫る。シルヴァーナはワルテルの銃を持たされ、彼に代わって二人を撃てと命令された。しかし馴れない銃を手にした彼女の発砲は当たらない。すると彼女は突然田舎娘らしくフランチェスカに降伏した。この首飾りは返すから許してくれと、殊勝にも手をついて謝った。

するとフランチェスカがその首飾りを足で払いのけ、冷然と言った。

「こんなものニセモノだよ！　あんたも私と同じ、この男にだまされていたんだ！」

この一言が、シルヴァーナのそれまでの恋のすべてを打ち砕いた。夢も希望も献身の労も……。「まさか！」

すると嘘がバレたワルテルが、肩の負傷をかかえて慌てて逃げ去ろうとした。その彼の背にシルヴァーナの銃が非情にも発射された。一発、二発と、今度はすべて命中した。シルヴァーナを虜にした男はこうして、最後に墓穴を掘った。女を甘く見たワルテルのこれがみじめな最期だった。

田植えを終えた女たちが、シルヴァーナの遺体に一握りの米を供えて去る

いよいよ哀しいラストシーンとなった。ワルテルを射殺したシルヴァーナは、放心状態

となって村の中を彷徨《さまよ》い歩き、高い櫓《やぐら》の階段をのぼって最上階に着いた。労働を終えた女たちが、愉しみにしていた打ち上げ祭りのため設《しつら》えた櫓であった。下からフランチェスカとマルコが異変をかぎつけ追いかけて来たが、間に合わない。身を投げたシルヴァーナの体が虚空を舞って消えた。恋に破れた田舎娘は自死した。

折から眼下の村では、水田の水嵩《みずかさ》の異常な増水に気づいた人々が、手に手に鍬《くわ》やスコップを持って駆け出して行く。死んだワルテルが目論《もくろ》んだ村の大混乱が今、現実化し、テンヤワンヤの大騒ぎだ。

翌朝、四十日間の出稼ぎ労働を終えた女たちが帰途についた。来る時のあの陽気なにぎやかさはなく、一種厳粛な雰囲気があたりに漂う。女たちは全員手に手に米のいっぱい入った袋を持ち、あるいは肩にかついでいた。ここでは給料は現金ではなく米の現物支給らしい。

その女たちが帰り際、シルヴァーナの遺体の前に立ちどまり、一人ずつが一握りほどの米を置いて静かに立ち去って行く。同じ出稼ぎ労働者として共にがんばり苦労した女同士の、せめてもの友情、思いやり、供養の証《あかし》であった。その女たちの遠ざかる後ろ姿にエンドマーク（ＦＩＮＥ）が重なり、映画は終わる。

このラストシーン、何度見ても私は涙が止まらない。映画史に残る名シーンで、これだけでもサンティス監督は十分に名匠であると、私は脱帽した。

④ フェデリコ・フェリーニ監督（一九二〇～九三年）

『道』（一九五四年）

人間の罪や悪に「救い」はあるのか――イタリアン・リアリズムの新境地

さて、イタリア映画の名匠紹介もいよいよ最後（四人目）となった。その掉尾《ちょうび》を飾るにふさわしい名匠こそ、このフェリーニ監督である。ちなみに氏はこれまで紹介した三氏の中で一番若い（と言っても大正期のお生まれ）。

氏は当時――六十余年の昔――新進気鋭の監督として最も注目をあび、将来を嘱望された若手のホープであったらしい。何故なら三十歳すぎの若さで早くもヴェネツィア映画祭の最高位、銀獅子賞を二年連続して受賞という快挙を達成されたからだ。『青春群像』（五三年）とこの『道』（五四年）である。

前者の日本公開を私は知らなかったし、ＤＶＤの入手も困難。ぜひ一度見てみたいと残念に思う。しかし後者は何度も見て知悉《ちしつ》している。と言うより、イタリア映画の最高傑作を一本あげろと言われたら、私は迷うことなくこの『道』を第一に推す。そう答えた方が正直で正確かもしれない。つまり私にとってフェリーニ監督の魅力や偉大さは、この名作一本に代表されるのである。

ちなみに、これ以外にも専門家が高く評価する氏の作品はある。それらを私は若い頃（三十代）ほとんど見たが、難解で観念的すぎて退屈し、眠ってしまうものが多かった（『甘い生活』や『8 1／2』など）。わずかに『カビリアの夜』（五七年）は平易で十分理解できたが、感動となるとこの『道』の足元にも及ばず、結局、先の難解で退屈な作品同様取りあげる気にならなかった。つまり私にとってこの名匠の作品は、繰り返すが、この『道』一本で十分なのであった。

さて、その『道』に象徴されるフェリーニ監督の特徴、魅力である。氏も当然イタリアン・リアリズムの伝統と無縁ではない。しかし氏は、それまでのイタリアン・リアリズムの誰もが描かなかった新しい境地を開拓され成功された。一言で言えば表題に書いた、罪や悪を犯す人間の「魂の救済」の問題である。

それまでイタリアン・リアリズムと言えば、神ではない私たち普通の人間が、その弱さゆえに犯してしまう罪や悪、時に狂気などを冷徹に見つめて客観的に徹底して描き出す。これが主流であった（その代表は先に紹介したルキノ・ヴィスコンティ監督）。

しかしフェリーニ監督の関心はその先を行く。人間の罪深さは解った。ならばその人間に「救い」はないのか？　これが氏の斬新な主題であり、氏の真骨頂をなす。そしてその主題が結実した傑作こそ、この『道』であった。

その内容は後の物語紹介に譲るが、一言だけ触れる。氏はこの作品で、悪魔と天使、とでも形容したい両対極の人間を描く。暴力と欲情だけの狡猾な悪党がザンパノである。この旅回りの大道芸人は、愛とか信頼とかいったものをまるで信じない。と言うより知らない。一方で天使のように明るく無邪気にその悪党を信じ、愛し、助ける、少し頭の弱い女ジェルソミーナが登場する。天使と言えばもう一人、絶望したジェルミーナを救う、快活で心優しい純粋な魂の持ち主の「綱渡り」芸人の男が後半に登場する。つまりザンパノという極悪非道な男と、天使を思わせる女と男の二人を対峙させることで、先の主題「人間の罪の救い」を追究する。そして人間の罪の救いとは？　魂の救済とは何か？　これを有名なラストシーンで暗示するのである。最速、物語の紹介に移る。

旅回りの大道芸人が、寒村の貧しい一家の娘を買いに来た

これがこの映画の冒頭のシーンだ。海に近いイタリアの寒村にある日、オート三輪に乗った見るからに粗暴そうな男ザンパノ（アンソニー・クイン）が現れた。旅回りの大道芸人である彼は、かつての助手兼妻のローザが死んだため、その代わりを求めて今度はロー

ザの妹ジェルソミーナ（ジュリエッタ・マシーナ）に目をつけて、一万リラで買いに来たのだ。

母親（寡婦）は一も二もなく歓迎し、その話に飛びついた。女手一つで五人の娘を育てねばならぬ彼女にとっては、願ってもない口減らしとなるからだ。

それでもジェルソミーナは、自分に芸の手伝いなどできるかと不安を隠さなかった。するとザンパノが平然と言ったものだ。「犬だって仕込めば覚える」と。どうやらこの男にとって娘は、犬並みの奴隷と同じらしい。

しかし母親はそんなことはまるで気にかけない。食い扶持《ぶち》が一人減るだけでも御《おん》の字なのだ。彼女は娘に言って聞かせた。

「歌って踊って暮らせるのだから、ジェルソミーナ、こんないい話はないよ」

貧しさゆえの無情の説得であった。

ジェルソミーナは、少し頭の弱い点を除けば、生来素直で正直、人を疑うことなどまるで知らぬ純情で無垢な少女だった。この時も結局、母親の説得を全く疑うことなく、素直にザンパノの運転するオート三輪の後ろの荷台に乗って村を出て行った。明るい笑顔を見せ、見送る家族に手まで振って。

しかし彼女がこの後、ついに故郷のこの一家に戻ることはなかった。母親は娘が強いられた苛酷で悲しい生涯など、もちろん知る由もなかった。

イタリアの田舎を回る大道芸人の興業と野宿の旅物語

映画はこの後、ザンパノの運転するオート三輪の後ろの荷台にジェルソミーナが乗り、二人がイタリアの都心から離れた田舎の村や町を移動する、興業と野宿の旅の日常を描く。観客には初めて目にするイタリア各地の自然風景や庶民の暮らしの習慣や風俗、人情などがいずれも新鮮で珍しく、さながらイタリアの田舎を旅行する一種ロード・ムービーの趣がある。しかし、主人公のザンパノとジェルソミーナが旅する肝心の物語は厳しく苛烈である。それらのエピソードの中から数点に絞って紹介したい。まずは一万リラで買われたジェルソミーナの驚きと失望のそれから。

●ジェルソミーナ（ジュリエッタ・マシーナ）とザンパノ（アンソニー・クイン）

彼女は自分を金で買った男ザンパノの大道芸を初めて見た。人々の集まった空地で、彼は自慢の力芸を披露した。自分の体に鉄の鎖をまきつけ、それを気合とともに引きちぎって見せた。芸というにはあまりに幼稚で単純。しかし見物人は優しく理解があった。「芸」を終えたザンパノが帽子を持って回ると、彼らはいくばくかの小銭を投げ入れてくれる。これが彼の生きていく唯一の日銭《ひぜに》、貴重な収入源であった。

ジェルソミーナは最初、ザンパノの芸の助手の役割を訓練された。まずは道行く人々を寄せ集めるための口上（呼び込み）の練習だ。「ザンパノがやって来た！」。これを声をはりあげて繰り返す。次は太鼓をたたく練習で、彼の力自慢の芸を傍で盛り上げる音楽係だ。

しかし彼女は、ザンパノが手本を示したようにはうまく太鼓が打てない。業を煮やしたこの短気者は、そのたびに鞭《むち》で彼女の素足を打つ。痛い！と逃げまわるジェルソミーナ。

夜になると、男は三輪の荷台（寝場所も兼ねる）に同衾《どうきん》を迫り、妻の役割（肉欲の発散）を強いる。ジェルソミーナは昼間の仕打ちがこたえていて、そんな乱暴な男と一緒に寝ることなど堪え

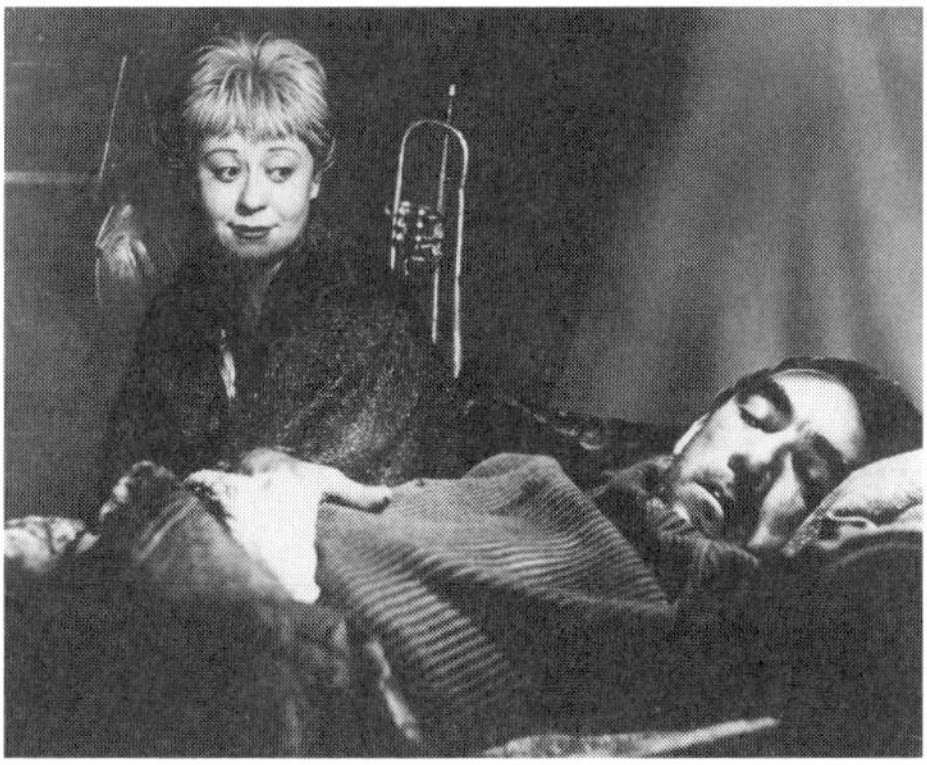

欲望を充たしたザンパノと眠れぬジェルソミーナ

られない。外で一人野宿すると拒否した。すると、男は猛然と野獣のような荒々しさで女を抱き上げ、三輪の中へ連れ込む。そして一気にレイプし、欲望を充たした。その後満腹した野獣のように眠りに落ちていった。

その横で眠れぬジェルソミーナの眼に、初めて涙があふれる。これが母から言い含められた、一万リラで買われた男の妻になるということだったのか。優しさも愛のカケラもない男の野蛮と暴力。何より彼女の気持ちを少しも思いやらぬ無神経と粗暴。彼女の心に今初めて後悔と人間不信が芽生えた。ふと死んだ姉のローザのことが頭をよぎった。姉もこんな仕打ちに耐え、いや、耐え切れずに死んでしまったのではなかったか。妹は暗澹《あんたん》とした気持ちで自分の今後を思った。

妻を置き去りにして娼婦と一晩すごす、ザンパノの放埓《ほうらつ》

二つ目のエピソードは、ジェルソミーナがザンパノに絶望して、訣別しようとした話だ。その夜は少し稼ぎがあったらしく、機嫌のいいザンパノは、妻を連れて小さな食堂に入った。ジェルソミーナも嬉しくて子供のようにニコニコとついて行った。ところが食事を愉しむ彼女の横で、酔ったこの男の癖らしく、ザンパノは女に目がない。この夜も媚《こ》びを売ってくる娼婦らしき女を見つけると、たちまち意気投合して、女と抱き合って食堂を出

て行く。何も分からずついて行く妻に、お前はここで待っていろと邪慳《じゃけん》に突き放し、平然とオート三輪に女だけを乗せると二人だけでどこかへ立ち去った。

結局その夜、ジェルソミーナは一晩中、道ばたに座りこんだまま夜が明けるまで一人で待ちぼうけをくらわされた。朝になって彼女の姿に奇異な視線を投げる通行人の中に親切な女がいて、あんたのダンナさん、オート三輪に乗ってなかった？　と声をかけ、その放置されてる場所を教えてくれた。彼女は礼を言うのも忘れて健気に駆けて行った。

野原の片隅に、見覚えのある三輪がかたむいて放置され、少し離れた草むらの中に、酔いつぶれて一人でいぎたなく眠るザンパノの姿があった。ジェルソミーナは途方に暮れた。この後のシーンがいいと思った。目をさましたザンパノに、彼女は男が眠っていた間に見つけて来たトマトの苗を見せ、「これを植えれば実になる」と明るく嬉しそうに言った。

男は呆《あき》れて、実がなるまで待つのかと、相手の能天気を嘲笑《あざわら》った。しかし女は決して馬鹿ではなかった。妻を捨てて別の女と一晩すごし、それを少しも恥じぬこの男の異常に恐怖に近い不信と絶望を感じていた。しかし普通の女なら口にした相手の不実を責める勇気が彼女にはなかった。トマトの無邪気はそんな恐ろしい男への、彼女のせいいっぱいの気遣い、愛敬ではなかったか。

案の定この後、彼女は運転するザンパノに後ろの荷台から、初めて女の本心を隠さずに男に問うのだ。「女の人なら誰とでもそうするの？」「ローザの時もそうだったの？」

この映画でジェルソミーナが唯一男の欠点をやんわり突いたシーンだ。ザンパノは一瞬うろたえた。しかしその動揺は隠し、「くだらんことを言うな」と不機嫌を装って相手の問いを無視した。

この時だったか、優しくおとなしいジェルソミーナに初めて一つの決断が生まれたのは。その夜、野宿するザンパノが眠りに落ちたのを見届けると、ついにこっそり足音を忍ばせてザンパノから逃げた。「あたしは一万リラの分は働いた」。これが、彼女が眠っているザンパノに告げたただ一言であった。真っ暗な夜道を何の当てもなく彼女はトボトボと歩いて行った。その表情に不安や憂いは全くない。

見上げる夜空で綱渡りの曲芸を演じる男に見とれるジェルソミーナ

これが三つ目のエピソードである。映画はガラッと一変して、ザンパノから逃げたジェルソミーナが朝になってやっとたどり着いた別の町が舞台である。その町はその日、キリスト教の盛大な祭礼の日らしく、大勢の群衆が見上げる中、聖像を立てた荘厳な行列が街中を練り歩く。彼女もその見物人に巻きこまれてついて行った。

問題のシーンは、その夜、町の広場で催《もよお》されたこの日の祭りの一番の呼び物、綱渡りの曲芸シーンである。広場の観衆だけでない、映画を見る私たち観客も思わず息を呑んで見守る、イタリアの伝統曲芸（サーカス）の紹介である。子供の頃からサーカス大好き少年だったらしいフェリーニ監督の、心憎い計らい（サービス精神）である。

一人の軽業師《かるわざし》らしい男が、手に長い一本の竿《さお》だけ持って、見上げるような空中に高く張られた一本の綱（ロープ）の上に現れた。ちなみにあたりは夜である。観衆の周囲には地上の建物の明かりがわずかにあるが、見上げる空中は星ひとつない漆黒の闇である。

しかし男はそんな闇に全く動ずる気配もなく、そのロープの上を、向こうのビルの屋上からこちらのビルの屋上まで歩いて行く。それだけでも観衆はハラハラドキドキして恐ろしい。ところが男は、途中でもっと危険な演技を披露する。地上から差し上げられた小道具（椅子だったか）を使って、ロープの上でそれに腰かけようとし、見事に失敗、転落するという離れ技である。

「危ない！　キャアー」という観衆の悲鳴が夜空に反響する。しかし男は地上まで転落しない。これも予定の演技であったらしく、宙吊りになった彼はまた巧みにロープに上がって綱渡りを続け、終点のビルの屋上まで難なく渡り切る。そして最後はビルの中に姿を消すのである。

この男の凄さに観衆は度胆を抜かれ、興奮と熱狂の渦で広場は騒然となった。彼らはこの軽業師を一目見ようと、ビルの入り口に殺到した。すると件《くだん》の男は、その人混みをかき分けるように、停めてあった自分の車に乗りこみ、何事もなかったかのように立ち去ろうとした。

その時であった。興奮と感激で彼の行手をはばんだ群衆の中の一人に、ジェルソミーナの顔があった。ほんの一瞬だが、二人は目を合わせた。しかし男は車に乗って消えた。ハハーン、この一瞬の出会いのシーンを描くために、この豪勢なサーカスシーンがあったのか。私は改めてこの名匠の深謀遠慮と、観客を愉しませる心意気の見事さに脱帽した。

悲運の女ジェルソミーナの感激とともに、氏は世界中の観客にイタリア文化（サーカス）の持つ伝統の至芸の一端を披露された。おそらく本物のプロの曲芸師を動員されたのであろう、その人間技とはとても思えぬ綱渡りシーンの圧巻の迫力。日本ではまず見られぬこれぞ綱渡りの神髄だと、私は言葉を失い、打ちのめされたことを告白する。

さて、話を戻してジェルソミーナである。祭礼が終わりサーカスも終わった夜の町は、もはや人々の姿もなく深閑としていた。彼女はまた一人ぼっちとなって夜の通りを彷徨《さまよ》った。すると遠方からライトをつけたオート三輪が近づいて来た。ザンパノだ！　慌てて彼女は露路に身を隠した。しかしか弱い女の身にザンパノの獣のような猛追は逃れようがなく、彼女はまた一万リラの奴隷に引き戻されてしまった。

綱渡り芸人と再会したジェルソミーナの至福

さて四つ目のエピソードは、この映画の最高のクライマックスをなす。それは先の綱渡り青年の再登場から始まる。

その年の冬、さすがに屋外の大道芸は寒さゆえに客も集まらないし、演じる側も体にこたえる。ザンパノは偶然出会ったサーカスの一座と話をつけ、しばらくこの一座の小屋（テント張り）の中で自分の芸を披露する機会を得た。

小屋の中へ初めて入った時、ジェルソミーナはまずびっくりした。あの綱渡りの青年（リチャード・ベースハート）が、今度は手慣れた手付きでヴァイオリンの練習をしていた。その音色の美しさに彼女は思わずうっとりと聞きほれてしまった。ザンパノから教えこまれた太鼓たたきやラッパ吹きとは天と地ほど違う、格段に上品で優雅な音楽の演奏だった。

この人はあの綱渡りも凄いのに、ヴァイオリンもこんなに巧い。何て凄い人だ！

彼女は単純素朴にこの青年を尊敬し、一度に心酔し、魅了されてしまった。

その綱渡りの青年――作品中での呼び名が不詳のため、名で記す時は彼を演じた俳優リチャード・ベースハート氏の略称「リチャード」を使わせていただく――つまりリチャー

●サーカスの一座に客演したザンパノとジェルソミーナ

ドがある日、小屋の裏の空き地でヴァイオリン（小型）の練習をしていた。その甘美なメロディーにうっとり聞き惚れるジェルソミーナに気づくと、彼は優しく手招きし、彼女の手にしていたラッパを見て「吹いてごらん」と促した。しかしいつもザンパノから下手くそと叱られていた彼女は恥ずかしくて自信がない。「いいから吹いてみて」とリチャードは笑顔で再度励ました。

　ついに彼女は思い切ってブウーと調子外れの音を出した。「いい！」と相手は即座にほめた。いつもザンパノの罵声がとんでくるのに、「いい？」彼女は意外に思った。この後青年は、「自分のヴァイオリンの後に今のを吹いてみて」と言った。かくて彼の甘美で優雅なヴァイオリン演奏のあとに、ブーと女のラッパが続く。その何ともおかしい不調和音が、繰り返すうちに結構さまになったアンサンブル（合奏）に聞こえてくる。「いいぞ！」と青年は再び彼女をほめ、ついに二人は楽器を鳴らしながら空地を一周した。先頭がリチャード、その後をジェルソミーナが全身に歓喜の表情を表して従《つ》いて行く。

この時、彼女の得意満面の幸せそうな悦びを演じる女優ジュリエッタ・マシーナ氏が、その大きな円《まる》い目をクルクルまわして無邪気そのものに好演される。ザンパノのもとで打ちひしがれていた彼女は、今青年から楽器を演奏する愉しさや悦びを初めて教えられたのだ。同時にそれは彼女が楽器を通して生きる歓《よろこ》びや自信に目覚めた、生涯で初めての瞬間でもあった。青年はまさしく彼女の暗い人生の扉を開いた天使であった。

ちなみに言えば、この天使の指導で、ジェルソミーナは一つのメロディーを覚え、それをやがてラッパで吹けるようになった。その哀切にみちたメロディーこそ、この映画の主題曲として作品の中に何度も流れる名曲『ジェルソミーナ』（作曲ニーノ・ロータ氏）であった。

ザンパノとリチャードは犬猿の仲、二人は大喧嘩して警察に捕まる

サーカスの一座に身を寄せた二人のうち、ジェルソミーナは「天使」と出会い幸せであった。しかしザンパノは、この旧知の曲芸師とは全く馬が合わない犬猿の仲。それというのも万事に有能で芸達者なリチャードが、ザンパノのあまりに幼稚で無能な芸（鎖切り）を軽蔑し切っていて、会うといつも馬鹿にしてからかうからだ。ザンパノの中に、人気ス

ターリチャードへの劣等感があるため、彼は「イヤな野郎だ」と露骨に嫌悪していた。
その全くソリの合わぬ二人が、この一座の中で早速正面衝突、大喧嘩となった。事の始まりは、またしてもリチャードがザンパノの初舞台をからかい、彼に大恥をかかせたことだ。

ザンパノはそれまで経験したことのない大勢の観客の前で、さすがに緊張していた。鎖切りの芸を披露しようとしたその時、客席から見ていたリチャードがチャチャを入れた。ザンパノが全身に力をこめて鎖を断ち切ろうとキバったその瞬間、「電話ですよ！」とリチャードがからかった。お蔭で場内は爆笑の渦と化した。腰を折られ、観客の前で赤っ恥をかかされたザンパノの表情が屈辱で醜くゆがんだ。

この時からだった。虫の好かぬ軽業師リチャードへの憎悪が殺意に変わったのは。この後ザンパノはナイフを持ってリチャードを必死に追いまわす。しかし相手は軽業師らしく軽々と逃げ回る。ついに一座は座長や団員の手に負えぬ一大騒動、修羅場と化した。警官が来て二人を連行して行き、やっと騒動はおさまった。おさまらぬ座長が苦々しくホゾをかみ、彼は興業地の移動を決意した。

「こんな石ころでも役に立つ」――天使が残したもう一つの贈り物

綱渡り青年リチャードがひき起こしたエピソードの最後（三つ目）は、私がこの映画で最も感銘を受けたもので、実は私事になるが、かつて高校の教員時代、卒業生にはなむけの言葉として何度か贈ったエピソードである。

さて、警察に連行された二人のうち、リチャードは、ナイフを振りまわし暴力沙汰をひきおこしたザンパノよりは咎《とが》めも軽く、一足先に釈放された。ジェルソミーナは、ザンパノ不在のこの時をのがさず、天使に日頃の悩みを打ち明けた。

「これ以上狂暴なザンパノと一緒に旅を続けることがつくづくいやになった。以前に一度逃げたのだが、結局捕まってしまい、もう自分には行く所がない、どうしたらいいの？」

と。

すると、静かに黙って聞いていたリチャードが、彼女の思いもしないことを口にした。

「ザンパノがあなたを追っかけて来るのは、あなたが必要だからなんだ。あいつはあなたに惚《ほ》れているんだよ」と。

「えっ⁉」と仰天する彼女に、リチャードはさらに続けた。

「あいつはあの通り、そんなことは口に出しては言えない男だ。しかしあいつの芸はあなたがいるからもっているんだ。あなたが太鼓をたたき、ラッパを吹くから、お客さんが来てくれるんだ。あなたのお蔭なんだ」

彼女の頭は衝撃で真っ白になった。私のお蔭？　私が役に立っている！　そんなこと今まで誰も言わなかったし、彼女自身も考えたことがなかった。今彼女は初めて自分の役割、大袈裟に言えば存在価値を指摘されて、面食らってしまった。唐突すぎてピンとこないのだ。

その彼女の当惑を見すかしたかのように、リチャードは一つの譬《たと》え話をした。これが秀逸だ。かつて卒業生に贈ったエピソードがこれであった。

「あなたはザンパノの役に立っている。この世で役に立たないものなんてないんだ。ほら」と彼は足下の小石を拾い上げて、「こんな石ころだって役に立っているんだ」と言った。

すかさず彼女が「どんな？」と問い返した。すると青年は正直に、ぐっとつまって答えられない。しかし思案して数秒後に言った。

「分からない、ボクには分からない。しかし神さまなら知っている。きっと知っていると思う」

すると青年を見つめるジェルソミーナの表情が次第に和らぎ、やがてニッコリと笑顔となった。青年の言葉の暗示する何かが少しは通じたらしい。それを見て青年も会心の笑顔で彼女を見た。今二人の心に間違いなく何か通じ合うものがあった。ここでも青年は、ジェルソミーナの心の闇を啓《ひら》く天使のような役割を演じた。人間は誰でも、石ころのように見えない所で役に立っている。それが生きるということらしい。

　この後ジェルソミーナは、回心したかのようにザンパノとの生きる道をまた決心した。彼が警察から釈放されるのを待って、彼のオート三輪に乗ってまた二人の旅物語を続けて行くのであった。リチャードはそれがいいと祝福し、二人は気持ちよく別れた。私がいるからザンパノは生きて行けるのだ。この自覚が彼女に生きる歓びと自信を与えたのだ。

　それにしても、リチャードの先の言葉は含蓄に富み味わい深い。解釈はいろいろあろうが、少なくとも私自身にとっても、自分の生き方の無知蒙昧《むちもうまい》を反省する一助になったことは確かだった。

ザンパノが「天使」を撲殺した——ショックで正気を失うジェルソミーナ

　映画は一挙に暗転して悲しい結末に向かう。

　釈放されたザンパノと、回心したジェルソミーナのオート三輪の旅がまた始まった。その直後、思いもせぬ凶事が発生した。三輪の前方に車のパンクを修理中のリチャードの姿が見えた。ザンパノは、「やっとつかまえたぞ！　今度こそ逃《のが》さないぞ！」と三輪を停めると猛然と襲いかかった。

修理に夢中で地べたに座りこんでいた相手は逃げ遅れた。ザンパノの続けざまのパンチをあび、あっけないほど簡単にのされてしまった。この異変にジェルソミーナが驚いて天使に駆け寄った。

「ザンパノ！　変よ！　この人動かない！」

これが彼女が正気の時発した最後の言葉となった。実際相手は息絶えていた。ジェルソミーナはそのあまりのショックで気が狂ったように泣き出した。実際彼女はこの後、ついに泣き止むことはなかった。ザンパノがその彼女の異常に気づいたのは、リチャードの遺体や彼の車を近くの谷底に投げ捨てて、抜け目なく処理した後だった。

この後ザンパノは、気が狂《ふ》れたように泣き続けるこの役に立たない「気違い女」をもてあまし、捨てることにして、その場所を探した。

海が近い道の空き地で火を起こすザンパノ。すると泣き疲れて放心状態のジェルソミーナも荷台から降りて火の周りにしゃがみ込む。虚ろな眼で火を見つめる彼女の姿は明らかに正常ではない。やがて彼女は衰弱した病人のように居眠りを始めた。今だ！　ザンパノは火を消し、逃げる仕度に入った。それでも別れ際に女の体に毛布を一枚かけてやり、彼女が愛用したラッパをそっと残してやる仏心はあった。

しかしそれだけで、海岸の空き地に眠るジェルソミーナを置き去りにして、彼のオート三輪は逃げるようにして消え去った。これが一万リラで買われた女の哀れな最後であった。

この後、彼女がどうなったか？　もちろんザンパノは知る由もなかった。

五年後、ザンパノは捨てた女の最期を知る

いよいよこの名作の、あまりにも哀しいラストシーンである。

映画は突然、五年後のザンパノを映す。彼も老いたが、まだ大道芸は細々と続けていた。仕事を終えてとある町中を歩いていると、聞き覚えのあるメロディー――かつてジェルソミーナが天使に教えられてラッパで吹いていた――が聞こえて来た。近くで洗濯物を干す女が口ずさんでいた。「その歌、どこで知った？」とザンパノが問う。すると女が明るく答えた。

「何年か前にこの村に流れて来て死んだ女乞食が、子供たちに教えていた歌ですよ、どうかしました？」

その夜、ザンパノはしたたかに酔い、酒場で荒れて追い出された。その後、暗い夜道を一人で海岸まで歩くと、しばらく暗い海をじっと見つめていた。突如、男がヘナヘナと膝を折り、腰から波打ち際にくずれ落ちた。両手を砂の中に突っこんだまま彼の背中が揺れはじめた。泣き出したのだ。最初は忍び泣くように、やがて獣が吠えるようにウォーウォ

ーと号泣するのであった。その海岸で大声をあげて泣き続けるザンパノの姿に、エンドマークＦＩＮＥが重なり、映画は終わる。

冒頭でも書いたフェリーニ監督の主題、人間の罪や悪に救いはあるのか！ その一つの答えがこのラストシーンに暗示されていると思った。救いはあるのである。しかしそれはいずれも死んでしまったジェルソミーナや、あの綱渡りの名手リチャードが象徴しているように死をもってしか贖《あがな》うことができぬものであった。とすれば人間の魂の救済は至難の業《わざ》だと、フェリーニ監督は暗示されている、と私は思った。

第三章　アメリカ映画――五人の名匠

① ウィリアム・ワイラー監督（一九〇二～八一年）

『大いなる西部』（一九五八年）

どんな題材を撮《と》ってもみな巧く面白い——映画作りの神様

外国映画の名匠を紹介する小著の旅も、ついに最終章の「アメリカ映画」に来た。周知のように私たちオールド映画ファンが生涯に見た外国映画といえば、断然アメリカ映画が多い。当然、私が尊敬し魅了された名匠やその作品も断トツに多い。しかし紙数の制約や他の章との均合《つりあ》いもあり、五名に絞らせてもらった。

トップバッターにこのワイラー監督を紹介するのは、氏が私の一番好きな、一番尊敬する監督であるからだ。氏は表題にも書いたように、どんな題材を扱っても実に見事に巧く面白い作品に仕上げられる。これが多くの専門家の共通する評価であり、私も全く同感、あえて「映画作りの神様」と呼ばせていただく。ちなみに、皆様もご存じのはずの氏の傑作を挙げてみる。

西部劇ではこの『大いなる西部』、メロドラマでは『ローマの休日』と、いささか喜劇調の『おしゃれ泥棒』。社会派作品では『噂の二人』や『友情ある説得』。サスペンスでは『コレクター』、歴史スペクタクルでは『ベン・ハー』。さらにはDVDで見た戦前の傑作『ミニヴァー夫人』（四二年）など、実に多彩な分野の傑作が目白押しでまぶしいばかりである。この氏の才能は、まさに「映画作りの神様」の名にふさわしい。

しかしこの名匠の特徴を「どの作品もみな巧い」と評するだけでは私は物足りない。氏を尊敬するファンとして一言、氏の作品の魅力について述べたい。

氏は私にとって、常にアメリカ人の健全な美風（美徳）の表現者として君臨される。感じがいいなあ、恰好《かっこ》いいなあと思わず惹かれてしまう、そんな主人公の作品が少なくないからである。その美風の中身については後の作品紹介の中で触れたい。

もっともこのアメリカ人の美風については、後に紹介する三人の名匠にも共通する（スティーヴンス、フォード、ヒッチコック各氏）。それらは正義、家族愛、男の友情、ユーモア性などとその重点は微妙に異なるが、アメリカ人讃歌という大筋では共通する。しかしワイラー監督の描く美風は、それらのすべてを視野にとらえた、アメリカ人だけにとどまらぬすべての人間存在の讃歌という趣、スケールを持つ。神様と呼ぶ所以《ゆえん》である。

その氏の魅力を象徴する二本の傑作を小著では紹介する。この『大いなる西部』と、次項の『ローマの休日』である。

一番大好きな氏の傑作『大いなる西部』

作品紹介に移る。二時間四十七分の西部劇《ウエスタン》の大作である。同時に広大なアメリカ社会がかかえる東部と西部の思想や慣習の違い（亀裂）に注目し、これを描き切った、一種アメリカ文明批判の映画という骨太の趣をも持つ社会派作品でもある。念のために言えば、従来の西部劇の旧弊——白人が先住民（インディアン）の襲撃を撃退して溜飲を下げる——などとは全く無縁の正当なアメリカ西部劇の、お手本のような珠玉の一本である。

●左よりグレゴリー・ペック、キャロル・ベーカー、チャック・コナーズ

それだけに見どころは多く、紹介する私としては、実は小著で一番選択に苦労した作品である。まず西部劇一般の魅力は満載で、牧童《カウボーイ》たちの乗馬の妙技、男たちの凄絶な殴り合いや決闘シーン、暴《あば》れ馬を乗りこなす苦闘や投げ縄の妙技など、すべて迫力満点、後世の語り草となる名シーンが目白押しだ。

それに加えて西部と東部の慣習の違い、さらには女をめぐる男たちの嫉妬と意地の争いが絡む。紹介したいエピソードや名シーンがあまりに多すぎて、予定の紙数をいつもオーバーする。短縮するため何度も書き直したが、それでも小著で一番長い紹介となった。お許しを乞う。

西部の荒くれ牧童が東部の男をさんざん愚弄する

この冒頭のシーンのエピソードが圧巻で、観客の度胆を抜く。広大な西部の原野（＝映画の原題、ザ・ビッグ・カントリー）を、一台の馬車が全速力で疾走する。やがてその後をカウボーイたちの乗った馬が三頭、これまたフルスピードで追跡し、やがて馬車に追いつき並走する。この馬車と三頭の馬の疾走シーンを、ジェローム・モロス氏の雄壮なテーマ曲がさらに盛り上げる。あの「ベン・ハー」の激走シーンを髣髴《ほうふつ》させるワイラー監督お得意の馬の競争シーンだ。

馬車に乗って二頭の馬を御《ぎょ》するのは、東部から来た男ジェームス・マッケー（グレゴリー・ペック）。隣に同乗するのは、婚約者マッケーを実家に案内するため家路を急ぐパトリシア・テリル、通称パット（キャロル・ベイカー）。彼女は地元のヘネシー牧場の牧童たちが、並走する馬の上で見せる自慢の曲芸（立ち乗りや後ろ向きに乗る）が我慢ならない。馬に鞭《むち》をあてて加速し、彼らを振り切ろうと必死だ。しかし馬扱いに慣れた彼らは少しもやめず、なんとその一人がマッケーらの馬車をひっぱる二頭の馬に飛び移り、手綱を引き絞って馬車を止めてしまった。パットの我慢が切れ、護身用の銃で彼らを撃ち殺そうと準備した。

するとマッケーがそれを静かにやめさせ、彼自身は馬を降り、三人の牧童と対峙した。それを待っていたかのように男たちの無法が始まった。マッケーの帽子――西部では珍しい山高帽――をかすめ取ると空中に投げ上げ、いっせいに乱射した。さらに別の男が投げた投げ縄が見事にマッケーにかかり、彼は身動きできず、ヨロヨロと引きずり回された。男たちがいっせいに卑《いや》しく笑った。東部の青白い腰抜けに西部男のたくましさ、怖さを思い知らせてやった。そんな傲慢と思いあがりがミエミエの、卑しく下品な嘲笑であった。

激怒したパットが顔面を蒼白にして、ついに伝家の宝刀を抜いてタンカを切った。

「こんなことをしてタダで済むと思ってるの！　あとでどうなっても知らないわよ！　覚えてなさい！」

この一声にさすがに男たちは怯《ひる》んだ。マッケーの投げ縄を外すと、それでも下品な笑いと気勢をあげて引き揚げて行った。

怒りのおさまらぬパットの横でマッケーが示した反応が興味深い。彼は平然と帽子を拾うと空に透《す》かして言った。「射撃の腕は大したことはないな」と。帽子に彼らの弾《たま》が命中した穴はひとつもなかったからだ。

パットの心中は複雑だった。せっかく来てくれた婚約者に、こんな西部の野蛮な振る舞いを見せて恥ずかしかった。しかし一方で彼らの無礼に少しも腹を立てぬマッケーの冷静沈着さを、口には出さなかったが怪訝《けげん》に思った。西部の男ならあんなことされて黙っているはずがないのだ。

この冒頭のエピソードに、早くも東西アメリカの亀裂が見事に暗示されていて、巧い序章だと感心した。

テリル家で早くも孤立するマッケー――西部の旧習に違和感を持つ

翌朝、パットの家に宿泊したマッケーは、起きてきてテリル一家の物々しい雰囲気に面食らった。パットの父テリル少佐（チャールズ・ビックフォード）が、これから牧童頭のスティーブ・リーチ（以下リーチと略称、チャールトン・ヘストン）を連れて「狩り」に行くと言う。狩り？　不審に思ったマッケーにテリルは胸を張って言った。

「昨日、娘のパットや婚約者の君にあのような無礼を働いたヘネシー一家をこれから懲《こ》らしめに行く。放置すれば奴らはつけあがり、テリル家の名誉に傷がつく」と。

どうやら昨日の手荒な「歓迎」は、テリル家と犬猿の仲らしいヘネシー一家の連中の仕業だったらしい。それにしても、そのヘネシー一家への仕返しを「狩り」などと称して恥じぬこの男の高慢、非人間性は常軌を逸している。

東部の人間マッケーの理性に火がついた。彼は即座にテリルに反対した。自分はあの程度の無礼は少しも気にしていないからやめてくれと、最初はおだやかに懇願した。実際、元船員の彼は、あちこちの港でその種のトラブルは体験ずみで慣れていた。しかしテリルは、あそこまでナメられてはこちらの面子が立たないとマッケーの話に耳を貸さない。

すると舅《しゅうと》（義父）になるかもしれないテリルに、マッケーが毅然として言った。

●テリル（チャールズ・ビックフォード）とマッケー（グレゴリー・ペック）

「あなたは間違っている。私やパットの名誉のための復讐だというが、パットはともかく当の私が必要ないと言っているのにあなたは耳を貸さない。それはあなた個人の名誉や面子が傷つけられただけの単なる個人の私怨にすぎない。そんなことのために何の関係もない多くの人間が争い、傷つけ合うのは馬鹿げている。ぜひ中止してもらいたい」

この娘の婚約者の思いもせぬ反論（正論である）に、テリルは一瞬タジタジとなった。しかし外ではリーチや彼に従う多くの部下（牧童）が聞き耳を立てている。彼らの手前もあってテリルは「西部のことはオレたちにまかせてもらおう！」と、とたんに威厳を示し、マッケーを無視して一行を引き連れると野蛮な狩りに出陣して行った。かくて東部の人間マッケーだけが館《やかた》に一人とり残された。

興味深いのはこの時、二人のやり取りを柱の陰から聞いていたパットの表情だ。私の大好きで一番尊敬する父を、あの人は公然と批判し否定した。彼女には信じられない生まれて初めての屈辱であった。婚約者《フィアンセ》との考え方との違いを知って、パットは初めて婚約を悔いた。彼女のマッケーへの愛は、この時点から急速に冷めて行った。

ところでこの二つ目のエピソード、冒頭で触れたワイラー監督の特徴が早くも垣間見られる。義父（？）のテリルを戒めるマッケーの勇気と信念。日本人にはまず考えられぬアメリカ人の美風ではないかと私は注目した。

暴《あば》れ馬サンダーと格闘の末、これを乗りこなすマッケー

ところでテリル家の連中が例の「狩り」に出かけたため、一人残されたマッケーは、することがなく退屈であった。その時ふと彼の心に、そうだ、この留守の間にあれを解決し

ておこうと思いついた課題があった。「あれ」とは昨日テリル家に到着早々、牧童頭のリーチがマッケーに見舞ったイヤガラセであった。思いつくとマッケーの足は、柵の中に数頭の馬が放し飼いにされている馬小屋に向かった。

　ここからこの映画の三つ目のエピソード（名シーン）が始まる。それはワイラー監督の無類の馬好きを想像させる、馬と人間の実に愉快で涙ぐましい格闘の物語である。この映画で観客が思わず笑い出し、最後にほのぼのとした感動に包まれる暴《あば》れ馬と人間（マッケー）の、心温まる熱演の物語である。順を追って箇条書きに要約して紹介する。

一、まず昨日のリーチのイヤガラセから。テリル家に着いたマッケーは東部の紳士らしく馬小屋の作男ラモン（メキシコ人らしい）のところへも礼儀正しく挨拶に行った。ラモンは恐縮して感激を隠さない。その時マッケーについて来たリーチが、「馬に乗れるのか」と横柄《おうへい》に聞いた。「最近は乗ってないが少しくらいは……」とマッケーが答えた。するとリーチはすかさずラモンに「サンダーを引っ張ってこい」と命じた。ラモンが眼をパチクリさせて仰天した。「いいから連れてこい！」

　リーチにせかされて馬小屋の中から評判の暴れ馬らしいサンダーが現れた。連れて来た作男の腰が早くもひけている。たちまち周囲はただならぬ空気に一変した。柵の周囲に作男や彼らの子供たちが好奇の眼で集まって来た。マッケーは一瞬にしてリーチの悪意（下心）に気づいた。暴れ馬に乗せて失敗させ、みんなの笑いものにする。そんな魂胆に安易に乗せられてはいけない。マッケーはしばらく考えてから「今度にする」と静かに拒否した。

思惑の外れたリーチが憎々しそうに呟《つぶや》いた。「フン、腰抜けめが、東部の青二才とはその程度だろう！」と露骨にマッケーを侮蔑した。今マッケーが「あれを解決しておこう」と思い立ったのは、その時リーチの言った暴れ馬サンダーの乗馬の件であった。

二、さて、その暴れ馬サンダーとマッケーの壮絶な格闘（死闘と言っても大げさではない）は、この映画の三本の指に入る見せ場（名シーン）である。まず、とことん人間を受けつけぬサンダーの「名演技」が実に堂に入っていて観客を愉しませ、感心させる。ラモンがマッケーに「あの馬だけはやめておいたほうがいい」と忠告しただけのことはある、徹底した人間嫌いぶりが可笑《おか》しい。

まずサンダーの背に鞍《くら》を固定させる作業が一筋縄では行かない。ラモンとマッケーが苦労して鞍を乗せると、首をまわしてその一部をくわえて難なくひきずり落とす。二度、三度と二人が試みても平然と振り落としてケロッとしている。その人を食ったような演技は、実は調教師の訓練や努力があったものと推測されるが、それにしても見事で観客は笑いを禁じ得ない。

次に何とか鞍が固定され、小屋の外に連れ出されたそのサンダーの暴れようが何とも荒々しく激しい。乗馬しようとするマッケーをことごとく振り落として乗せようとしない。

やっと鞍にまたがり手綱を握って振り落とされまいと懸命に耐えるマッケーを、今度は二本の後ろ足で仁王立ちになり軽々とはね上げて落下させる。前足の二本で逆立ちになり同じように墜落させる。この、マッケーをとことん乗せようとしないサンダーの「演技」も秀逸で、ここでも調教するスタッフの苦労や努力が偲ばれる。

気の毒なのはマッケーを演じるグレゴリー・ペック氏の、スタントマンなしの実演の悲壮である。氏は何度空中にほうり投げられ、何度地上にたたきつけられたことか。氏は途中大地にへたりこみ、何度も肩で大きく息をする。それでもあきらめることなく、またサンダーに挑戦する。映画俳優として一世一代の荒馬乗《あらうま》りの、それこそ命がけの実演ではなかったか。その氏が何度もの落下で、髪はバラバラに乱れ、顔や体は土と藁《わら》にまみれた、一見幽鬼のような姿でまたサンダーに挑む。するとついに思わぬ異変が生じた。

三、柵の外でマッケーのこの必死の格闘を見守るラモンは、あまりの悲惨、気の毒についに正視できず、顔をおおい、眼をつぶる。そのラモンが静かになった馬場に気づき、おそるおそる眼をあけた。嘘か夢か、信じられない光景があった。あのサンダーが先ほどまでの暴れようが嘘のように、マッケーを背に乗せて大人しく馬場を闊歩しているではないか。「ヤッター！」ラモンは思わず叫び、柵をこえて馬上のマッケーにころぶように駆け寄った。「マッケーさん、やりましたね！　凄いですよ、マッケーさん！」

狂喜するラモンの眼に感激の涙があふれ出た。私たち観客も、そのマッケーとサンダーの熱演ぶりに思わず拍手したい感動に襲われた。ラモンは知っていた。あのイジの悪いリーチにこの瞬間、マッケーがついに勝ったことを。

しかしマッケーは口にしない。さすがに疲れ切った表情で、それでもラモンの祝福に会心の笑みで応えた。馬から降りると優しくラモンの肩をたたき、「このことは誰にも言わないようにね、約束だよ」とだけ言った。

ここにもアメリカ人の美風が暗示されている。勇気とは人に誇示するものではない。彼はリーチの侮辱を克服した自分自身に満足、安堵したのである。しかし根が正直で人の好いラモンは、マッケーのこの快挙が嬉しくて、自分だけの胸におさめ切れず、後日親しい人にもらしてしまい、マッケーとの約束を破ってしまった。

テリルの宿敵、ルーファス・ヘネシーの登場──西部内部の対立が露呈

さて四つ目のエピソードは、アメリカの西部社会が内に抱える積年の対立、亀裂の紹介である。

その日テリルは、溺愛する一人娘パット（彼女に母親はいない）のため、近隣の住民を招待して、彼女の婚約成立を祝うパーティーを開いた。宴もたけなわとなり、楽団の演奏する音楽に合わせて人々がダンスに興ずるその最中に異変が起きた。

会場の裏口から一人の大男が銃を手に静かに乗り込んで来た。テリル家の宿敵であるヘネシー牧場の当主ルーファス・ヘネシー（バール・アイヴス）であった。

踊りを中断して人々が注目する中、彼は会場にひびきわたる胴間声で、テリルを名指しで呼び、演説を始めた。先日のテリル一家の「狩り」の卑怯を激しく糾弾し、罵《ののし》ったのだ。「オレがいない留守中に、罪もない女や子供の前で銃を乱射して、よくもオレの砦をメチャメチャに荒しまわってくれたな！　いつからお前はそんな卑怯な骨の髄までくさり切った男になりさがったのだ！　さあ、勝負してやる、オレを撃ってみろ」と、彼は手にしていた銃をテリルの前へ放《ほう》り投げた。テリルは返す言葉もなく動けない。するとルーファスは、「フン、前からじゃ撃てないか、それなら後ろからでも撃ってこい」と、悠然とテリルに背中を向けて、今入って来た裏口から去って行った。

この時の西部の男へネシーのその剛胆な存在感は圧巻であった。彼は曲がったことが大嫌いな、今では少なくなった西部の正義漢の一人だった。

マッケーは、先日テリルに諌《いさ》めた無法な「狩り」の結果がやはりそういうことだったのかとへネシーの怒りに共感を覚えた。しかし彼にとって先のへネシーの長い演説は、西部を知らない彼の無知を啓《ひら》いた。中でもテリル一家とへネシー一家の長年の対立、抗争の原因が、今は亡き彼らの盟友マラガンが遺した牧場の水源地をめぐる争いであったことが判明した。その一事は大きな収穫であった。

「そうか、水争いが原因か」。これを知ったマッケーの決断と行動は早かった。

水源地の所有者ジュリーと出会い、彼女の苦境に手を貸すマッケーの英断

マッケーは広大な西部の原野（ビッグ・カントリー）を単身踏査する決断をした。この男には地図とコンパス（磁石）があればこの地球どこへ行っても迷うことはない、そんな元船員のゆるぎない自信と信念があった。

その大胆な単身踏査の途中、彼は問題の水源地にも寄ってみた。偶然、ジュリーと名乗るマラガンの孫娘（ジーン・シモンズ）と出会った。これがこの映画四番目の一番美しいエピソードとなる。

彼女は祖父の牧場経営は断念して、今は学校の女教師であった。しかしこの土地の管理責任者として、時々祖父の残した小屋を訪れ、この土地の監視を怠っていなかった。

二人は先日のパットのパーティーでも顔を合わせていた（ジュリーはパットの親友）が、二人だけで話をするのは初めてだった。何故か馬が合った二人は、水源地の美しい川を見おろす丘の上で、腰を下ろしてしばし歓談した。この映画唯一の美しくロマンティックなシーンで、観客もつい見とれてしまう。

マッケーは先日のルーファスの演説で知ったテリル、ヘネシー両家の水争いの実態を尋

ねた。するとジュリーは気さくに包み隠すことなく、彼女の今の窮状を打ち明けた。

「祖父マラガンは、水を必要とする近隣の牧場主たちに分け距《へだ》てなく公平に川の使用を認めた。私もその平和主義を守り続けたい。しかし祖父の死後、何かと妨害が入り実は困っている。この水源地を一人占めしようとする両家のいさかいが絶えない。とくに最近は、テリル家の牧童たちが、水を飲ませに来たヘネシー家の牛を銃声で脅し、追い返す始末。水を飲まさなければ牛は死んでしまう。そんな大人気ないイヤガラセが増え、私の悩みは晴れる日がない。

祖父が生きていた時はそんな無法は許さなかった。結局私が女で独身である足許を見て、この土地を売れと双方がしつこく迫って来て、私は迷惑している。そうでしょ、どちらかに売ったら相手は怒り出し、この地は戦争になる。分かるでしょ。私の願いはみんなが仲良く水を使ってくれる平和主義なの。それが祖父の願いでもあるの」

この後のシーンがいい。ワイラー監督の「アメリカ人の美風」を象徴する名シーンだ。マッケーはジュリーの真剣な訴えに感銘を受けた。とくに彼女の主張する平和主義は彼の持論でもあり、いたく共感を覚えたようだ。彼はしばらく黙って考えていた。そして突然言った。「よかったらこの土地、私に売ってくれないか」

ところがジュリーは少しも驚いた風を見せず、彼女もうつむいてしばし黙考した。しかし決断は早かった。顔を上げてにっこり微笑《ほほえ》むと、さわやかに言ってのけた。

「あなたって聞き上手で、説得がお上手。いいわ！　決めた！　あなたに買ってもらう！」
さらに「気が変わらないうちに、早く登記しましょう」と腰を上げ、マッケーを促すのであった。

即断即決を絵に描いたようなこのジュリーの思い切りの良さ。相手の人柄を見抜き、この人なら間違いないと信じ、すべてをまかせて後悔しない。このアメリカ人女性の明敏な知性と果断な決断力の潔《いさぎよ》さ。日本人では考えられぬ、これこそアメリカ人女性の美風、美徳ではないかと私はまた感銘を受けた。ジュリーを演じるジーン・シモンズ氏の青く憂《うれ》いを秘めた瞳の美しさとともに忘れられない。

もちろんマッケーの、女性の苦境を知るやただちに援助の手をさしのべる、その思いやりと優しさの精神。これもアメリカ人の美風であろう。

テリル家を去るマッケーの決意——西部の壁（旧弊）に絶望する

ところで世の中いいことばかり続かない。ジュリーと出会い、マッケーは初めてこの西部で心を通い合わせる友と出会えた。そのはずむ喜びと幸福感を胸に秘めて、彼は単身踏査の帰途についた。ところがまたしても思いもせぬ西部の壁とぶつかった。

暗くなった林の中を馬に乗って一人テリル家に戻るマッケーの前に、なんと野宿中のリーチと彼の部下がいた。両者は偶然鉢合わせしたのだ。

「どこをうろついていやがった！」。リーチが近づき、いきなりマッケーを一喝した。

何のことか理解できぬマッケーは平然と、

「私は迷っていない、これから予定通り帰るところだ」と答えた。

これがまたリーチの癇《かん》にさわった。何故なら彼はテリルの命令で、マッケーの行方を捜す余計な仕事を二度も強いられて怒り心頭に発していたのだ。

こうしてマッケーがリーチら一行に囲まれて気まずい空気でテリル家に到着した時、深夜の館の前で彼が呆然とする事態が起きた。テリルやパット、さらに牧童たちが全員飛び出して来てマッケーを囲み、口々に不満や非難の言葉をあびせかけた。

「どこへ行っていた？」「みんな心配してたんだ！」「無謀すぎる！」「勝手な行動で余計な心配をさせるな」云々。

しかしこの彼らの非難の集中砲火にもマッケーは少しも動ぜず、毅然として答えた。

「私は迷っていない」。そこにはそちらが勝手に心配して騒いでいるだけだ、という口には出さないマッケーの怒りがあった。

するとリーチが一同の怒りを代表するようにマッケーを殴り倒そうと迫り、一触即発の険悪な空気がただよった。周囲にもそれを期待する雰囲気がありありだ。マッケーはまたかとうんざりした。

「オレを殴ってケンカしたところで何が証明される？　オレは道に迷っていない！」

マッケーが初めてテリル家の者に見せた厳しく断固とした怒りの表情だった。さすがにリーチは怯《ひる》み、暴力の行使は思いとどまった。怒りと憎悪の恐ろしい一瞥を投げつけると離れて行った。それを潮時に周囲の男たちも引き揚げ、マッケーだけが夜の闇の中に一人残った。

「オレはつくづく西部の連中に信用されていない」

東部の他所者《よそもの》の孤独、悲哀が身にしみた。

館の中に入ると、婚約者のパットが追い討ちをかけた。

「みんなあなたのことを心配してたのに、あんな言い草をして、どうして素直に謝らないの！」

そういうことかと、マッケーは改めて西部の流儀に絶望した。相手の意見や気持ちには毫も耳をかたむけず、一方的に自分の独断と誤解をわめきちらす。マッケーはついに言った。「二人のこと考え直した方がいい」。するとパットは売り言葉に買い言葉で「どうぞご自由に、私は平気よ」と寝室に消えた。マッケーがパットとの婚約解消を決意したのはこの時であった。

となれば、これ以上テリル家にとどまる理由は何もない。彼が町のホテルへ居を移したのはこの後すぐであった。彼は心中思ったのではないか。せっかくジュリーと話をつけて来た水源地取得の件、こんな連中に明かさなくてよかったと。

後にその件を友人のジュリーから知らされたパットが、慌ててマッケーのホテルを訪れ復縁を迫るシーンを映画は映す。パットにあったのはマッケーへの愛ではなく、水源地への欲望と打算だけだ。それを見抜いたマッケーが冷たく追い返したのは当然だった。憤然と帰って行った彼女を見て、彼の心にあのジュリーの素直で謙虚な人柄が美しく想い起こされた。同じ女性でありながら、何という品性の違いか。

宿敵リーチをぶちのめすマッケーの怒りのパンチ——映画一番の見どころ《クライマックス》

テリル家を去る前に、マッケーは仕残した宿題の一つを想い起こした。月の光だけの無人の草原を、彼は牧童頭リーチの眠る小屋に向かって歩いて行く。

リーチはドアをノックする音に目覚めた。うす暗い部屋の中に男が一人立っていた。目をこすってよく見るとマッケーではないか。「今頃何の用だ」と彼は不機嫌に応じた。相手は「この地を去るので挨拶に来た」と言った。「ならそれでいいじゃないか」とリーチ。「ここではせますぎる、もっと広いところで」とマッケー。相手の真意を悟ったリーチの目がさめた。

余談だが、この時リーチ役のヘストン氏がベッドを下り、傍の牧童ズボンをはく。その時の長い脚をズボンの中に一気に押しこむ、そのシャッ、シャッとひびく音と恰好の良さ。後世の映画ファンの語り草となり、日本の男たちもマネをしたとか。有名なシーンである。

二人は月の光だけが頼りの無人の草原に出た。距離をとり身構えた二人の男たちのフィスト（握り拳《こぶし》）パンチの応酬が始まった。パンチはマッケーの方が俊敏で正確、一日の長があった。海の男はさすがにケンカ慣れしていて、リーチの知らなかったこの男の秘めた一面を初めて存分に見せつけた。

リーチは驚いたが、彼も西部の男だ。日頃鍛えたカウボーイの足腰の強さで、猛然と反撃に出た。形勢優位だったマッケーも相手の野獣のような突進力に押し倒され、一時タジタジとなった。しかしマッケーの反撃も素早い。

こうして一進一退の男たちの格闘は果てしなく続いた。このハリウッドを代表する二人の人気男優（ペック氏とヘストン氏）の、吹き替えなしの生身の殴り合いの実演はさすがに迫力満点。近くで見るとあまりに壮絶で思わず目をそむけたくなる残忍さがある。そのためか、カメラは距離を置いた遠景シーンとして映すことが多い。それは広大な草原で組んず解《ほぐ》れつの争い（ジャレ合い？）を繰り返す二匹の動物を連想させる。実際、人間の争いや暴力の応酬など、所詮その程度の戯画にすぎない。そんな監督の人間観察の達観が垣間見える。

二人の格闘は、疲れ果てたリーチがついに音をあげたことで終わった。倒れて起き上がる気力をなくしたヘストン氏が、「長い挨拶だな」と苦しまぎれに皮肉を言った。

この一言、秀逸にうまいと私は感心した。立ったままのペック氏はまだまだ闘志十分。

「そちらがいいと言うのなら終わりにしてもいいぞ」とペック氏が言った。

「もうたくさんだ」とヘストン氏がついに降伏宣言した。

かくて西部の猛者《もさ》リーチは、自分が見下《くだ》し軽蔑していた東部の「青二才」に、完膚なきまでにブチのめされたのである。

しかしマッケーは少しもおごることなく、また言った。

「こんなことで一体何が証明された？」

呆然とするリーチを尻目に、マッケーは静かにテリル家を去って行った。

この二人の男の対決シーン、先の暴れ馬サンダーとの格闘シーンと共に、繰り返すがこの映画の白眉の名シーンとして忘れられない。ペック氏演ずるマッケーは実に頼もしく恰好いい。ワイラー監督の描くアメリカ人の美風の典型がこのマッケーであることは明らかだ。彼は寡黙な男である。理屈や言葉ではなく、すべて勇気ある行動で自分を表現、主張する。この点こそマッケーの最大の魅力である。

一方敗れたリーチについても一言補足する。彼は何故ことごとくマッケーに敵対したのか。彼は実はテリルの一人娘パットにひそかに恋していた。しかし彼女はリーチを無視して、あろうことか東部の男マッケーを婚約者として連れて来た。面白くないリーチがマッケーに好感を持つはずがない。マッケーに対する男の嫉妬心。これこそ彼のマッケーに対する底意地の悪さの原因のすべてであった。

彼はマッケーと存分に殴り合うことで今潔く敗北した。積年の恨みもいささか気が晴れたはずだ。しかもマッケーはパットと別れ去って行った。パットも彼への未練はたち切った。リーチにはマッケーを嫉妬する理由はすべてなくなった。彼の前途は明るくなったはずだ。

ルーファスの英断——不肖の息子を射殺してマッケーに未来を託す

いよいよこの大作も最後のエピソードとなった。この作品でアカデミー賞の助演男優賞（一九五八年）を受賞されたバール・アイヴス氏演じるルーファス・ヘネシーが大活躍する、実にさわやかだが、ちょっぴり悲哀の残る見事なラストのエピソードである。

それは剛毅な西部男ルーファスの、ただ一つの悩み（泣きどころ）から始まった。彼の一人息子バック（チャック・コナーズ）の、人には言えぬあまりのお粗末さ（出来の悪さ）である。ちなみに言えば映画の冒頭シーン、マッケーとパットの馬車をからかい、悪フザケして困らせた牧童たちの首謀者は実はこの男バックであった。彼は後のテリル家の復讐（「狩り」）の際にも、一人だけ隠れてリンチを免れた臆病な卑怯者であった。

さて、この日もバックは、テリル家の連中の妨害で牛に水を飲ますことができなかったと父親に泣きついて来た。

「どうして戦わない？　相手が銃で脅《おど》してきたら、こちらも発砲して相手を追い払えばいい！」

すると息子は「相手は二十人もいた」と、いつもながらの情けない言い訳だ。

ルーファスはついに決断した。かくなる上は水源地の所有者ジュリーと直談判して土地を買い取るしかない。ところが父親の準備した書類を見て、バックが「あの女はオレに気がある」と、ありもしないホラ話を口にした。「オレがジュリーを連れて来てやる」と、父親にいいところを見せようと名誉回復のための狂言を企んだ。

父親は「ホホウ、お前みたいな男にあの女が」と、疑念を隠さない。しかしそこは親馬鹿、「お前とジュリーが一緒になればこんな良い話はない」と、単純に息子を信じ、「ならば彼女を呼んでこい」と命じた。

かくてジュリー（ジーン・シモンズ）は、粗暴で下劣、顔を見るのも虫酸《むしず》がはしる大嫌いな男バックに脅され、拉致同然にこのヘネシー牧場の砦《とりで》に連れてこられた。バックはジュリーに言い含めた。

「いいか、お前は自分の意思でここへ来た、そう言うんだ、さもないと命はないぞ」と。

ジュリーは恐怖に体がすくんだが、必死に耐えて従った。

幸運だったのは、この異変をたまたま知ったのがあの正直者の作男ラモンであったことだ。彼は仲良しのジュリーの危機を知ると、早速尊敬するマッケーに急報した。かくてマッケーはラモンの道案内で初めてヘネシーの砦に現れた。

見上げるような峡谷に囲まれ、未知の人間にはまず近づきがたい自然の要害の地に、二人は馬に乗ってやって来た。これがこの映画でルーファスとマッケーの最初の正式な対面であった。

マッケーは、バックに腕を取られ身動きできぬジュリーに平然と言った。「さあ、いっしょに帰ろう」と。ジュリーはバックに命じられた通り、「私は自分の意思で来た、あなたとは帰らない」と言った。眼に恐怖と緊張の色をいっぱいにうかべて。マッケーは少しも驚かず馬を降りてまた平然と「いっしょに帰ろう」と促した。

二人のやり取りを静観していた父親ルーファスは、さすがに炯眼であった。瞬時に見抜いた。ジュリーが愛しているのは息子ではない。彼女が土地を売ったというこのマッケーとやらいう男だ。マッケーの見せた登記証を確認して、なおさらその思いを強くした。

さてどうする？　ルーファスは悩んだ。今さら息子の嘘（狂言）をバラして、彼の精一杯の親孝行に恥をかかせるのも忍びない。しかしルーファスの迷いは数秒で杞憂と化した。マッケーの果断な行動が先行した。彼は大胆にもバックの腕からジュリーをひき離し連れて帰ろうとした。バックも黙っていない。ついに二人の男が猛然と殴りあい、取っ組みあう喧嘩となった。ここでもマッケーのフィストパンチは的確で素早い。打ちのめされたバックが腰の銃を抜いて丸腰のマッケーを撃とうとした。卑怯を嫌うルーファスの銃がいち早くバックの銃を吹き飛ばした。見事な早射ちであった。

この後、映画は最後の見せ場を提供する。単発銃を用いた旧大陸式の決闘シーンだ。ルーファスが裁量した止むを得ない解決法だった。マッケーは平然と承知したが、小心者のバックは早くも動揺し全身がふるえていた。ルーファスは卑怯者の息子にせめて一度堂々と戦う、西部の男らしい雄姿を期待した。がその期待は空しく消えた。

一発しか弾の入っていない銃を持った二人の男が距離を置いて向かい合い、ルーファスの合図で同時に発砲する旧大陸式の決闘シーンで、観客も息をつめて見守る緊張の一瞬だ。ところが合図を待たず、焦ったバックが先に発砲した。弾丸《たま》はマッケーの顔をかすめて外れた。今度はマッケーが悠然とバックに狙いを定めて引き金に手をかけた。その時、父親ルーファスには信じられないぶざまが現出した。息子のバックが恐怖におののき、その場を逃げ出した。マッケーは仕方なく大地に向けて空しく発砲した。

ところがバックの醜態は懲りることなくさらに続いた。逃げ去ったはずのバックが、今度は近くにいた牧童の腰から突然銃を奪い取り、すでに弾丸のないマッケーを撃とうとした。これには卑怯を嫌うルーファスの堪忍袋の緒《お》が切れた。彼の銃が一瞬早く轟音を発した。ここでも見事な早射ちに、バックの体が銃もろとも空中に吹っ飛んだ。

この後、自ら手をくだした父親ルーファスが虫の息のバックを抱きしめた。恨めしそうに父親を見上げるバックに、父親の愛息への最後の手向《たむ》けの言葉は聞こえたであろうか。

「オレはお前に言ったぞ！　いつかお前を撃ち殺す時が来る！　と」

この時の愛息を抱きしめ、顔中に涙を浮かべながら絶叫するように叫んだルーファスこと、バール・アイヴス氏の演技は絶品であった。西部を生きる剛胆な正義の男と、一方でままならぬ息子を持った父親の悲哀、この矛盾する男の二面性を見事に体現されて観客も感涙した。先にも触れた氏のアカデミー・助演男優賞は当然であった。私事になるが、私はこのルーファス・ヘネシー（バール・アイブス氏）のスチール写真を何とか小著に掲載したいと願った。しかし入手できず、果たせなかった。ＤＶＤでぜひ一見してほしいと願う。

マッケーとジュリーに明日の西部を託し、潔く自死するルーファス

ラストシーンである。この後ルーファスは砦を去る三人の客人（マッケー、ジュリー、ラモン）を、自分も馬に乗って護衛する。要所要所で見張りを続ける牧童たちに発砲を禁止する指示も忘れない。

この時、ルーファスの胸には一つの重い決断があった。長年の抗争（水争い）はもうやめにしよう。賢いジュリーが信頼して土地を手放したあのマッケーとやらいう男。あいつ

はなかなか度胸もある、頭の良さそうな、西部には珍しい骨のあるしっかりした男だ。彼らにまかせておけばもう水争いもなくなるだろう。もうオレたちのような喧嘩することしか能のない、年寄りの時代は終わった。いや終わりにしなければいけない。砦の入り口にはまたぞろテリル一家の連中が集まってるらしい。テリルにもその事を教えてやらねばならない。

ルーファスは同行する三人にここで待てと言い置いて、馬を降りると一人で銃を持って、峡谷の中の一本道を下って行った。そして例の胴間声で、峡谷の入り口で待機するテリルを呼び出した。二人で男らしく一対一の対決をして、そして潔く死ぬ。あとは若い者にまかせる。これがルーファスの肚《はら》の中の決断であった。

その意が通じたのか、テリルもまた一人で峡谷の一本道を上って来た。やがてお互いの姿が見える距離になった時、二人の老牧場主は銃を持って向かい合い、やがて発砲した。銃声が二発峡谷にこだました。

その倒れた二人の男たちの横を、マッケーら馬に乗った三人が、峡谷の道を下って行く。やがて見晴らしのきく岩山の上に出た時、眼下に広大なビッグ・カントリー（「大いなる西部」）が展《ひら》けた。それは今までの古い西部ではなく、アメリカ社会の東西の亀裂を克服した新しい西部に生まれ変わるはずのビッグ・カントリーであった。その暗示を残してエンドマークが重なり、この二時間四十七分の大作西部劇は終わる。

私が生涯一番愛したアメリカの西部劇であったため、異例の長さの紹介となった。僭越だが遺言と思ってお許しいただければ有り難く思う。

『ローマの休日』（一九五三年）

別れることで永遠に輝く、そんな男女の至純・崇高な愛もあった

ウィリアム・ワイラー監督の代表作をもう一本紹介したい。この『ローマの休日』は日本人の誰もが今も愛する、アメリカ恋愛映画《メロドラマ》の最高傑作である。

そしてその評価は、女優オードリー・ヘプバーン氏の魅力が最高に輝いた名作、その一点に帰着するようだ。それに異論はない。しかし私はそれだけかといささか物足りない。

ヘプバーン氏の類《たぐい》まれな上品な美しさは、ワイラー監督がこの作品で描いた男女の愛の「質」の問題を離れては語り得ない。と、私はこの作品を何度も見るうちに気づき、確信した。

その「質」とは？　表題に書いた一文が私の結論である。従来の映画では男女が結ばれるハッピーエンドの愛や、逆にそれが結ばれぬ悲恋を描いたものが多い。この映画も一見後者のように思われる。しかしこの映画の悲恋は確かに悲しい。が、悲しさに留まらぬ人間の生きる勇気や理性の清々《すがすが》しさを暗示していて、その点が素晴らしいと思った。先の表

題に書いた人間の愛の「至純・崇高」は、人間に生きる力を与えてくれるのだ。この点に触れる専門家に出会えなかったことを私は残念に思う。

つまりこの名作の意義や魅力は、私の単なる妄想かもしれないが、男女の愛は結ばれないことで、かえって幸せになれる、そんな愛もあるという力強いメッセージにあると思った。一見矛盾した逆説のようだが、私はワイラー監督の禁欲主義を突き抜けた愛の極致、神のみぞ知る愛の真実や神秘の力を暗示した作品として、生涯忘れることができない。

ヘプバーン氏の美しさは、私たちが普段気づかぬ愛のそのような至純・崇高な力を象徴したものとして、まさに適役であった。こんな女優さんは氏を措いて他にはないと、私もまた賛辞を惜しまない。

連日の公式行事に倦《う》み疲れた王女アン姫は、たまらず宿舎を逃げ出した

この作品の物語《ストーリー》はおそらく多くの方がご存じのはずで、今さら逐一紹介するのは気がひける。しかし未知の方もおられるはずで、そのためにもあえて紹介させていただく。

まず作品全体の概要は、ＤＶＤなどの宣伝コピーが的確で解り易い。「某国王女アン姫の一日だけのお忍びの恋を描く」。あるいは「お忍びでローマの街へ繰り出した王女と新聞記者のたった一日の恋。映画史に残る傑作恋愛映画」など。私の紹介は、例によってこ

の作品の名シーンをいくつか追うことで紹介に代えたい。

冒頭のシーンは表題のエピソードから始まる。ヨーロッパ各国を親善旅行中（ロンドン、アムステルダム、パリ）の、さる小国の王女アン姫（オードリー・ヘプバーン）は、今度はローマを訪れた。

しかし彼女は連日の堅苦しい公式行事の繰り返しに、実は疲れ果てうんざりしていた。その夜、たまたま宿舎の窓から見下ろせる街中の人々の賑やかさや、聞こえてくる音楽の愉しさに心惹かれた王女は、思い切って一大アバンチュールを決心した。監視の目を光らす侍従たちのスキを狙い、こっそりその王宮のような宿舎を脱走した。

地上に降り立ったが、正門は門番がいるため通れない。すると運よく出入りの業者の小型トラックが入ってきた。運転手は後ろの荷台の荷物を届けるため、それをかつぎ出すと扉はあけたまま中へ消えた。王女はその荷台に素早くすべり込み、トラックに隠れ乗ったまま正門を通過し、トラックが停車した街中でまた素早く飛び下りた。

深窓の王女とは思えぬ素早い機転と行動力に、早くもアン姫の大胆なお転婆ぶりと無鉄砲が暗示され、観客は「オー、このお姫さまなかなかやる」と興味を持つ。しかし首尾よくローマの街中へ飛び出したものの、行く当てはなく地理も全く分からない。そのうち彼女は眠くなってきて、道端のベンチに倒れるように横になり眠ってしまった。このはしたなさはつい先ほど宿舎で、侍従たちが口論する彼女を早く寝かせてしまおうと、侍医に注

●王女アン姫（オードリー・ヘプバーン）

射させた精神安定剤（実は睡眠剤）が効いてきたからだ。

　その彼女を、偶然通りかかったアメリカのハンサムな新聞記者ジョー・ブラッドレー（グレゴリー・ペック）が発見した。こんな所で若い娘がと、彼は心配して送ってやろうとした。ところが相手は意識朦朧《もうろう》で会話が成り立たない。仕方なくタクシーに乗せて自分のアパートに連れて帰り、自分のベッドを提供して一夜の宿を貸してやった。

　この気さくで健全な親切心、まさにワイラー監督お得意のアメリカ人の美風である。そしてそれを演じるのがまたもやグレゴリー・ペック氏（『大いなる西部』の主人公と同じ）。この名匠はペック氏とよほど馬が合うらしい。オードリー氏とペック氏の共演というこの配役の妙もこの作品の貴重な魅力であったこと、ファンは先刻ご承知のはずである。

王女の正体を知り、特ダネになると狂喜する新聞記者

翌朝、ジョーは眠っている王女はそのままにして慌てて出社した。予定にあった王女アン姫の公式記者会見の時刻に遅れてしまったのだ。上司からさんざん小言を食らいながら、ふと机上の刷《す》り上がった朝刊に目をやったジョーの眼が紙面に釘付けとなった。『王女急病のため会見中止』の記事の横に、デカデカとアン王女の写真が載っていた。ん？　昨夜拾ってアパートに泊めてやった若い女性とよく似ている。まさか？　いやひょっとすると？　彼は即座に上司の部屋をとび出し、アパートの管理人に電話した。

「オレの部屋にいる女を逃すな！　他の人間を絶対に部屋に入れるな！」と厳命し、急いでアパートに戻った。

この時の管理人ジョヴァンニの、ジョーの命令を忠実に守ろうとする物々しい出立ちが傑作だ。彼は肩に銃をかけ、イタリアの衛兵よろしく直立してアパートの前で監視する。通りがかる子供たちがその大袈裟な姿を笑い、はやし立てる。しかし彼は生真面目そのものだ。ワイラー作品にはこの種のユーモアは常套《じょうとう》で、ああ始まったなと私はひそかに愉しくなった。

さて、アパートに戻ったジョーは、まだ眠っている王女の顔をそっと横向けて、新聞の

肖像写真と比較した。似ている、間違いないと確信するが、この特ダネの相手をこれからどう扱う？　となると事は厄介だ。うかつに相手の身元は問えない、こちらの職業も明かせない。彼女が警戒して逃げ出せば特ダネはパー、千載一遇のチャンスは消え去る。うーんとジョーは思案した。

その時王女が眼を覚ました。当然彼女は今の境遇が理解できない。豪華な王宮のような宿舎とは天と地ほど違う、狭く粗末な庶民のアパートだ。

「ここはどこ？　どうして私はここにいるの？」

無邪気に問う王女に、ジョーはすべて観念して昨夜以来の一件を正直に話した。

王女はさすがに聡明で育ちの良さがあった。昨夜の自分の前後不覚の失態を想い出すと、この眼の前の青年が自分の不始末を救ってくれた恩人であることを即座に理解し、改めて「サンキュー」と礼を言い、手を差しのべて握手を求めてきた。ジョーも分かってくれてよかったと、こちらも笑顔で握手に応じ、「ジョー・ブラッドレーだ」と自己紹介した。相手も「アーニャです」と率直に名乗った。これが二人の出会いの正式な始まりであった。

この後、彼女は家に帰らねばならないとアパートを出る。送ろうかというジョーの親切を、大丈夫と笑顔で断り出て行こうとした。が、ふと無一文の自分に気づいたのか、お金を少し貸してほしいと戻って来た。それを受け取るとお姫様らしい屈託のなさで、手を振って人混みの中に消えて行った。

ローマの街中を一人散策する王女……尾行するジョー

この後、王女はローマの人混みの中を一人で散策する。初めて見聞する庶民の世界の日常が珍しく、愉しくて仕方がないらしい。周囲の人々も、このロングヘアー、ロングドレスの上品な令嬢の美しさに注目する。どうやらこのシーン、隠し撮りらしい。ちなみに言えばこの映画は「すべてを実際にローマで撮影した」（冒頭のクレジットに出る）、当時のハリウッド映画ではまだ珍しかったすべて海外ロケの作品であったらしい（参考文献⑨）。道理で現地のイタリア人の通行人や観光客が作品の随所に顔を出し、注目する。

ジョーがそれらの人混みの中を、特ダネを見失うまいと尾行するその苦労も大変だったと思われる。さて王女はやがて美容院の前で立ち止まった。ショーウインドに女性の髪形を陳列した見本写真があった。それをじっと見つめる王女の横を、さっぱりとしたショートカットに整髪した女性客が今しも店から出て来た。それを見て王女の決心は決まった。

美容師のマリオが王女の注文を聞いて一瞬ひるんだ。この美しい長髪をバッサリ切ってショートにする？　もったいないと訝《いぶか》ったのだ。しかし相手の決心の固さを知ると、それならばと得意の腕をふるい、全く別人の感のする、ショートカットのオードリー氏に仕上げて見せた。観客も思わず溜息の出る、オードリー氏の見事な変貌ぶりで、そのショートカットが実に可愛く美しくよく似合うのだ。当のマリオがその美しさに感激して、抜け目なくこの日の夜の船上舞踏会に誘った。王女もそのショートカットがよほど気に入ったらしく、「行けたら行くわ」とハスッパな安請け合いをした。

さてジョーである。彼は店の中へ入るわけにも行かず、一人美容院の前の広場（トレビの泉）で、混雑する観光客にまじり、ひたすら王女の出て来るのを待機した。ここでもワイラー監督はユーモアを忘れない。美容院を出て来る王女の写真を撮りたいジョーは、観光客の少女のカメラを拝借しようとした。ところが母親か付き添いの先生らしい女が早速現れ、ジョーを怖い顔でにらみつけた。イタリアに多い観光客目当ての泥棒かと怪しまれたのだ。渋々カメラを少女に返すペック氏のバツの悪さが何とも可笑《おか》しい。

王女の一日だけのローマ観光を案内するジョーの機転

美容院を出た王女は、近くの屋台でソフトクリームを買い、それを長い階段（有名なスペイン階段）の途中に腰を下ろして、頬張った。ジョーはチャンス到来とばかりに、ここから彼の一世一代の名演技が始まる。

「あらっ」と驚く王女の前に、ジョーも「これは驚いた」と偶然の再会を装って立つ。彼女の許可を得て隣に腰を下ろした。すると「お仕事は？」と気遣う彼女に、「今外出中で偶然あなたを見かけたものだから」と巧みにはぐらかし、逆に「あなたはどうするの」と踏み込んだ。すると王女は「寄宿学校に戻る途中なの」と、こちらも尻尾《しっぽ》を出さず、つまらなさそうな表情を演技する。この王女もなかなかの役者である。そんなことは口に出さずジョーは「どこか行ってみたいところがあるの？」と親切そうにさぐりを入れた。「カフェテリア！」と王女が即座に答えた。「それじゃボクが案内しよう」とジョー。王女は一瞬考えたが、相手のこれまでの親切で優しい対応を信用したのか結局同意した。ヤッター！　ジョーは内心これで特ダネが手に入ると快哉《かいさい》を叫んだはずだ。

こうしてお互いの身分や立場を明かさぬ二人だけのお忍びのローマ観光が始まった。川本三郎氏の言葉を借りれば（参考文献⑨）、映画を見る観客もまた「オードリーと一緒に、夢のようなローマ旅行へ」出発するのだ。後にこの映画は「日本人にはローマ旅行への良きガイドになっている」ということらしい。

シャンパンを平然と注文する王女……ジョーは早くも軍資金不足

映画はここから佳境に入る。ローマの観光名所を訪れるオードリーとペック両氏の夢のようなローマ旅行に私たち観客も同行し、お相伴《しょうばん》にあずかるのだ。

まずは王女が希望したカフェテリアのシーン。彼女は飲み物を聞かれるといきなり平然とシャンパンを注文した。コーヒーのジョーはコケそうになった。しかし相手は王室の儀式や祝宴に馴れっ子のお嬢さん、彼女にはシャンパンが普通の飲みものらしい。お蔭でジョーは早くも手持ちの軍資金が足りなくなり、席を外してひそかに同僚のカメラマン、アーヴィング（エディ・アルバート）を電話で呼び出す破目となった。

このカメラマンのアーヴィングが、この後の王女のお忍びのローマ旅行の写真撮影（すべて盗み撮り）を担当するのだが、当初はジョーの思惑が理解できず二人はしばしば喧嘩となる。例えば電話で現れた彼がこの時王女を見て開口一番、

「この人（あの王女に）、そっくりじゃないか」と口走った。

するとジョーがいきなり彼の椅子を蹴り倒したため、アーヴィングはひっくり返った。

ムッとした彼は、「なんだ、オレが邪魔なら呼ばなきゃいいじゃないか」と気色ばんだ。彼はこの時まだジョーの意図（＝計略）が分かっていなかった。王女の身元は知らないという前提でジョーは彼女を案内している。そのせっかくの苦労を台なしにするアーヴィングの軽率な発言はおさえねばならない。これがこの時の二人の最初の衝突の真相だった。後にも二人はこの種の衝突をくり返し、そのたびに観客を笑わせる。しかし最後には彼もジョーの思惑を理解し、二人のローマ観光の良き協力者（写真撮影者）として目立たぬように同行する。

スクーターに乗った二人がローマの街中を疾走する名シーン

その二人の協同作業が軌道に乗ったのが、あの有名なスクーター事件のシーンだ。ジョーの運転するスクーターの後ろに王女が乗って、二人がローマの街中を疾走する。ペック氏が右や左に手を挙げて市内の名所を指示する。オードリー氏がそのたびに素直にその方角に顔を向ける。それを並走する車の中からアーヴィングがぬかりなくカメラにおさめて行く。

●ローマの街中を疾走する王女とジョー（グレゴリー・ペック）

ちなみにこのスクーターのシーン、実は伏線があった。王女が朝方、ジョーのアパートを出て美容院に入る前、人混みの中にスクーターに乗ったカップルを目撃していた。後ろの席の女性と目が合って、彼女がにこやかに王女に手を振ったのだ。王女も手をあげてにこやかに見送った。この時王女は、スクーターの二人をいつまでも羨ましそうに見送っていた。

あっ、このシーンが伏線だなと、後に私はやっと気づいた。王女は今ジョーのスクーターに乗せてもらって上機嫌だ。彼女がジョーに所望したことは間違いない。ワイラー監督の細心で周到な演出が光るところだ。

警察沙汰になり、巧みな狂言で釈放された

さて、このあまりにも有名な二人のスクーターシーンは、実はとんでもない事故を二つ引き起こし、警察から大目玉を食った。

一つはスクーターを運転するジョーの不注意だった。彼は王女への案内に夢中のあまり、信号や一旦停止の標識を無視して暴走した。警官の笛が鳴りひびき、停止を命じられてさんざんに油を絞られた。ところがその折も折、今度は王女が、警官も眼をパチクリして呆れ返る二つ目の事故をひき起こした。スクーターに興味を持った王女がまたがってハンドルをいじっている最中、突然スクーターが彼女を乗せたまま急発進したのだ。「キャアー！」王女が悲鳴をあげた時、スクーターは王女を積んで街中を迷走、暴走し始めた。気づいたジョーが慌てて追いかけ、今度は後ろの席に飛び乗った。しかし王女の慣れない運転でスクーターはローマの市中を大迷走。歩道に乗り上げ、絵を描く市民のカンバスを台ごとはね飛ばし、カフェテラスの中へ突っ込んでやっと停まった。

一度ならず二度にわたるこの交通事故で、二人は改めて警察に連行され大目玉を食ったこと、当然であった。ジョーはとっさに二人の運命の危機を予感しゾッとした。この不祥事が表沙汰になれば王女の身元はバレ、恰好のスキャンダルになる。王室の名誉にも多大の傷がつく。ジョーとて特ダネの手柄など吹っ飛び、責任問題は必至、下手をすれば記者生命も危ない。絶体絶命のピンチだ。

目まぐるしく頭を回転させ、必死に危機脱出の知恵を絞った。ここで彼のアメリカ人の美風が甦《よみがえ》った。彼は慌てず冷静に機転をめぐらした。

ジョーはまず平身低頭して警察官に謙虚に謝った。そして次に言った。

「実は二人は結婚するためローマに来た。その嬉しさについ有頂天になってしまい、こんな恥ずかしい失態を犯してしまった、申し訳ない」と。すると王女までがしおらしく婚約者を装う機転を示して、ジョーを暗に援護した。

その時、「結婚」という一語が、警察内にいた一群の人々――おばさんやおじさん――の耳に届いたらしい。なんと彼らが笑顔で二人に近づいてきて、口々に「おめでとう！よかったわね！」と大袈裟に祝福しに来たではないか。この人々の歓喜の祝福と同情の嵐で署内の雰囲気が一変した。警察官たちのそれまでのいかめしい表情がゆるみ柔和になった。幸い人身事故は免れていたこともあって、仕方ないなあと結局は無罪放免、見逃してくれた。日本では考えられない庶民の声に寛容なイタリア警察の柔軟さだと感心した。

イタリア人は愛や恋が大好き、どんな時でも好感や祝福を隠さない。その明るく情熱的な国民性を知悉し、これを生かし切ったワイラー監督の絶妙のエピソードであった。

さて、警察を出た二人の関係がこの後、急速に親密になったことは言うまでもない。お互いに相手に言えぬ危機を脱することができ、二人はヤレヤレと胸をなでおろしたはずだ。その安堵感が王女に思わぬ軽口をたたかせた。「私も嘘、うまいでしょう」と、彼女は会心の笑みを見せてジョーにささやいた。ジョーは、この女性《ひと》は素直で可愛い女性だと初めて思った。二人の距離が一気に縮まった瞬間であった。

「真実の口」の前でペック氏が見せた絶妙のトリック（即興劇）

二人のローマ観光のピークをなす、一番愉快なエピソード（名シーン）の登場だ。

「真実の口」と呼ばれる有名な観光名所の前に二人は来た。さる教会にある、恐ろしい形相の怪物（人間？）の口にあたる小さな穴である。嘘をつく人間はその穴に手を入れると抜けなくなり、かみちぎられてしまう。そんな恐ろしい伝説のある「真実の口」。

ジョーが王女に「試してみたら？」とイタズラっぽく提案した。二人は先に嘘をついて警察を釈放されたばかり。絶妙のタイミングだった。王女は真に受けてその無気味な穴に手をさし入れようとした。が、怖くなってやめた。すると「ボクがやってみよう」とジョーが、故意に表情をひきしめて挑戦した。

王女はジョーの後ろに立って不安気に見守る。おそるおそる手首を穴の中に入れて行くジョー。と突然「ウワァー」と大声の悲鳴をあげて、手が抜けないままノタウチまわった。王女もつられて「キャアー」と悲鳴をあげ、思わずジョーの体にしがみつき、手を抜こうと必死に協力した。ジョーが穴からやっと手を抜いた。手首がない!!　王女はまた悲鳴をあげ、卒倒せんばかりにふるえ上がった。と、ジョーが上着の袖の中に隠していた握り拳《こぶし》を出してサッと五本の指をひらいて見せた。

●「真実の口」の前の二人

「もおーっ」と王女がジョーの体を激しくブッた。彼のイタズラのトリックに王女はまんまと一杯くわされたのだ。

この時のジョーのトリックは、ワイラー監督もオードリーも誰も知らされていないペック氏の独創であったらしい。そのためオードリー氏のこの時の悲鳴や驚きは、すべて演技ではなく彼女の本当のそれであった。このオードリー氏の地《じ》の姿が実に可愛く愛《いと》しい。

それにしてもペック氏のこの時の当意即妙のトリック、実に愉しく素晴らしい。氏が日本の映画ファンに誰よりも好かれる秘訣は、この無類のユーモアのセンスにあるのかもしれない。

同様にワイラー監督や脚本（アイアン・マクレラン・ハンター氏）の巧さにも脱帽した。嘘をついて警察を煙《けむ》に巻いた直後に、二人を「真実の口」の前に立たせて試練させる。その痛烈な皮肉とユーモアが実に巧いと脱帽した。

ジョーと別れたくない王女の未練――船上の舞踏会のドタバタ劇

二人の愉しかったローマ観光も、いつしか日が暮れて夜になった。てっきり宿舎に帰ると思っていた王女が、なんと船上の舞踏会へ行きたいと言い出した。昼間の美容師マリオとの約束を思い出したらしいが、それは口実で王女の本音は別にあった。ジョーとこのまま別れたくなかったのだ。スクーターの疾走、警察沙汰をケムにまいたスリルの面白さ、きわめつけは「真実の口」のジョーの愉快なトリック。王女にはすべてが愉しく幸せな思い出であった。そんな夢のような愉快な一日を過ごさせてくれたジョーと、このまま別れてしまうのは惜しく哀しい。

ジョーは王女の頼みをむろん快諾した。アーヴィング（カメラマン）に目くばせをして三人は、河岸につながれた船の上の舞踏会の会場に向かった。この日最後の王女のローマ観光であった。ところが思いもせぬ異変が待ち構えていた。王女の失踪に焦った本国の秘密の捜査員（密偵）が王女をひそかに迎えに来ていた。

王女は愉しく踊った。約束したマリオや、優しいジョーなどと。そんな時、全身黒装束の男が割り込んで来た。彼は王女の踊りの相手を装いながら、彼女の耳もとで冷たく厳しく囁《ささや》いた。「外で車を待機させています、一緒に帰るのです」と。

王女は一瞬にして夢の世界から現実にひき戻された。「イヤです！」と男から逃げ出そうとしたが男は離さない。「ジョー！　助けてえ！」王女は悲痛な叫び声をあげた。ここからである。舞踏会は一転して男たちの乱闘の場と化した。

ジョーが駆けつけ、王女を離さぬ男と取っ組み合いの喧嘩となった。アーヴィングも加勢に来た。すると相手側も同じような黒装束の男があちこちから集まって来て、ついに船上は多くの男たちが入り乱れて殴り合う修羅場と化した。

注目は男たちの乱闘の中で、健気にも闘う王女の勇ましいお転婆ぶりである。彼女は自分にからみつく黒衣の男たちに激しく抵抗し、傍に見つけた楽団員のギターをふり上げ、ポカリと相手に一撃をくらわす一幕もあった。

ジョーが相手の一人を素早いパンチで、船の下の川へ吹っ飛ばした。しかし彼もまた別の男のパンチを食らい、川の中へ突き落とされた。これを見た王女までが、ジョーの身を案じてなんと川の中へドブンと飛び込んだ。そのとっさの行動に、彼女のジョーへの信頼と愛が垣間見えた。

船上の乱闘は結局、地元のローマ警察の出動を呼び、黒装束の一団はだらしなく捕まり連行されて行った。騒動は沈静化した。

危機を脱した二人が、初めて愛を確認する

問題は川に落ちたジョーと王女である。二人は追手の追跡を恐れて必死に泳いで逃げた。ズブ濡れになった二人は、川岸に着いて初めて一息ついた。王女は二人で危機を脱したスリルと満足にまだ興奮がおさまらない。濡れた髪のオードリー氏の眸《ひとみ》がキラキラ輝き、その会心の笑みが美しく切ない。ジョーは寒いとふるえる王女を優しく抱きよせた。彼女も拒まない。二人がこの映画で見せた最初の抱擁とキスシーンであった。

さて、王女は宿舎に帰らねばならない。ジョーとの幸福だった逢瀬《おうせ》は今日一日。間もなく二人は別れねばならない。映画は名残の尽きぬ二人の惜別のエピソードを二つ描く。一つは、王女がズブ濡れの髪や衣服をかわかすため寄ったジョーのアパート。サッパリとして身綺麗になった王女に、ジョーは何か言って別れの挨拶をしたい。しかしうまく言葉が

出て来ない。すると敏感に察した王女が「何も言わないで」と制止して、やにわにジョーに抱きつき熱い接吻を求めた。

二つ目は、ジョーが車で王女を宿舎まで送り届けるその車中のシーン。

「ここで降りる、この先は追って来ないで」と王女が言った。黙ってうなずくジョー。すると今度は王女が別れ際に、今日一日の幸福の感謝の言葉を述べようとしたが、万感胸に迫って言葉が出てこない。興味深いのは、先のアパートのシーンとは逆に、今度はジョーが何も言わなくていいと制止し、抱擁と接吻で二人の思いを代弁したことだ。

狭い車の中でひしと抱き合う二人。これが今日一日の束の間の二人の恋の終幕であった。車を降りた王女の姿がやがて角をまがって、宿舎の門の中へ消えた。ジョーは約束通りに車の中から見送った。

このローマでの愉しかった思い出を、私は一生忘れません……王女の別れの挨拶

いよいよこの名作のラストシーンとなった。淀川長治氏が「二人の目と目での別れ、あらゆる映画ファンが涙したでしょう」と絶賛された名シーンである。私もこのラストシーンにこの名作のすべての魅力、就中《なかんずく》二人の愛の美しさ（気品と崇高美）が凝縮されていたと共感する。以下箇条書きに要約して記す。

一、王女アン姫はローマを去る日、内外の記者たち二十余名を前に、お別れの挨拶（記者会見）をした。その時、居並ぶ新聞記者の一群の最前列に、なんとジョーとアーヴィングがいた。あの人は新聞記者だったのか。彼女は初めてジョーの正体を知った。その驚きと動揺は隠せても、こみあげてくる親しみと懐かしさは抑え切れない。彼女はいつもの無難で紋切型の公式挨拶はやめて、「ローマの思い出が一番だった」と、異例の真情をこめた挨拶に切り替えた。それが表題の「一生忘れません」となった。

二、記者団の一人が陳腐な質問をした。

「ヨーロッパ各国の友好・平和についてのお考えは？」と。

すると聡明な王女は、ここでも親しかった二人の記者を意識して、

「人と人との友情や信頼がある限り、国と国の関係も平和と友好が維持されると信じます」

と巧みに暗示した。その時、会場内のジョーがすかさず挙手をして、

「王女様の信頼と友情は決して裏切られることはないでしょう」と宣言した。

王女は微笑をたたえてかすかに肯《うなず》いた。そこには二人だけに通じる無言の謝意が秘められていた。ありがとうと、その眼は語っていた。

三、記者会見の最後に、王女は侍従たちの驚きを無視して、記者の皆様の挨拶（自己紹介）を受けると、自ら彼らの前に歩み出た。この異例の行動も、その目的はジョーにあっ

た。それは隠して、王女は端から順番に一人ずつの各記者の改まった自己紹介に丁寧な微笑の目礼を返し、やがて二人の前に現れた。

まず隣のアーヴィングが、無言で素早く小さな紙袋を王女に手渡した。彼が苦労して隠し撮りした王女の特ダネ写真集だ。王女はその一枚を取り出してチラッと見た。なんと先夜の船上の騒動で、彼女がギターで相手の男をポカンと一撃くらわした、一番傑作な王女の武勇伝の写真ではないか（演出の巧さが光る）。

王女は苦笑をかみ殺して、ついにジョーの前に立った。

「アメリカ時報、ジョー・ブラッドレー」と、彼は姿勢を正して、この時初めて自分の職業を正式に明かした。そのジョーを見つめる王女の眼に、儀礼の微笑だけでない真摯な光が一瞬甦《よみがえ》った。私はこの人と一緒に生きたいと思った。しかし王家の娘としてその責任を果たすため愛を断念した。先夜、宿舎に帰還した時、単純に喜ぶ侍従たちと口論したことが想い出された。私は嬉しくて、喜んで帰って来たわけではない！

しかし今王女はそれらを忘れ、何も言わずにジョーを見つめた。ジョーも王女を見つめた。これでお別れね！　王女の言葉にならない言葉が聞こえたのか、ジョーが優しく頷《うなず》く。二人の「目と目の別れ」であった。

四、王女が退場し、記者会見は終わった。誰もいなくなった静かな会場にただ一人ジョーが残った。彼は王女の消えた正面を見つめて動こうとしない。このシーンが秀逸に素晴らしい。ジョーだけでない。この映画を見た観客の誰もが動きたくない。それほどこの映画の感動と余韻は大きく深い。

世の中にはいろいろな恋や愛がある。しかしこういう男女の愛もある。未練を断って別れること、断念することで永遠に輝く、至純の恋や愛もある。ワイラー監督は人間の持つはてしない欲望や執着に対置して、大人の持つ分別や理性の清廉《せいれん》さや崇高さを描かれた。ここにこのメロドラマの持つ気品があると思った。人間の愛は、煩悩を抑制する禁欲主義を欠いては至純のものとならない。そんなメッセージを私は感じ取った。

さてジョーである。彼はやっと思いを吹っ切れたらしい。ペック氏の脚の長いスマートな姿が、静まり返った会場に靴音だけをひびかせて会場から消えていく。その無人の会場を背景にエンドマークが浮かびあがり、映画は終わる。

五、王女もジョーも、二人は今後間違いなくそれぞれの人生（＝役割）を力強く生きて行くはずだ。そんな確信を私に与えたのは、繰り返すが、この映画が「別れることで永遠に輝く男女の至純の愛」を描いているからだ。愛は感情だけでなく、人間が生きる力や糧《かて》となり得る。この傑作に、ワイラー監督のそのようなメッセージを読み取るのはファンのうがちすぎであろうか。

②ジョージ・スティーヴンス監督（一九〇四～七五年）

『シェーン』（一九五三年）

氏の代表作三本に魅せられる

スティーヴンス監督は、私が若い頃（学生時代）から敬愛する、先のワイラー監督と並ぶアメリカ映画の名匠である。私の好きな氏の作品三本が、この名匠の魅力や偉大さのすべてを象徴する。その三本とは、この『シェーン』、次項に予定する『陽のあたる場所』（五一年）、そして『ジャイアンツ』（五六年）である。

いずれも一世を風靡した名作である。さらにそれらの三本がすべてアカデミー賞の監督賞を受賞した栄誉に輝くと記せば、この名匠の力量のほどがたちどころに理解されようか。私の氏への心酔、私淑もあながち的外れではなかったと安堵する。

ところで問題は、このスティーヴンス監督の特徴である。ここでも私は先のワイラー監督と同じ壁にぶつかる。この名匠の特徴の全体像を正面からきちんと解説、論評した専門家諸氏の著作に、残念ながら出会えなかったことである。

その特徴の一端に触れたものはあった。例えば淀川長治氏は作品『シェーン』の紹介文の中で、「ジョージ・スティーヴンス監督は家庭劇の名人だ」と寸評される（参考文献②）。あるいは双葉十三郎氏も『ママの想い出』（四八年）という作品を例にあげて、「心温まるホームドラマ」と称賛されている（参考文献⑥）。つまり両氏に共通するスティーヴンス評は、どうやら「家庭劇《ホームドラマ》の名手」という点にあるらしい。念のため淀川氏も称賛されるその『ママの想い出』を私はＤＶＤで見た。確かにホームドラマではあったが、今見ると古色蒼然、先に挙げた三本の傑作とはその迫力や感動の点ではるかに及ばないと思った。

つまり私はスティーヴンス監督を家庭劇の名手と規定することには違和感があり、賛成できない。早い話、『陽のあたる場所』などホームドラマの要素など全くない。アメリカの豊かになった格差社会が生んだアメリカ社会の悲劇という印象が強い。そんなわけでここでも私はこの名匠に対する私見を、未熟を省みず以下一言述べさせていただく。

先の私の感激した三本に限って言えば、氏はアメリカ社会の現実を、その歴史が生んだ当時の社会の亀裂に注目してこれを正面から描かれた「社会派」監督という印象が強い。同時にアメリカの雄大な自然風景の美しさや、上流社会の華麗な日常をも活写された抒情派リアリズムの作家という印象も併《あわ》せ持つ。しかし主眼は、例えば『シェーン』では開拓時代のアメリカの、『ジャイアンツ』では石油が噴出した成金時代のアメリカの、『陽のあたる場所』では豊かになったアメリカの、それぞれの時代や歴史が抱える矛盾の摘出、描写にあった。その視野の広さや物語のスケールの大きさは、とても「家庭劇の名手」の枠には納まらない。私にとってのスティーヴンス監督は、あくまで詩情豊かな社会派（リアリズム）の名匠であった。詳細は物語紹介の中で補いたい。

アメリカ西部劇《ウエスタン》の永遠不滅の古典的名作

●シェーンを演じたアラン・ラッド

『シェーン』の紹介に移る。オールド映画ファンならこの作品をご存じでない方はないはず。それほど人口に膾炙《かいしゃ》した、今見ても少しも古さを感じさせぬ、アメリカ西部劇のお手本のような一本である。ちなみに言えば、この『シェーン』を知らずしてアメリカ映画伝統のお家芸、「西部劇」を語る資格はない、とつい生意気を口にしたくなるほどの、一種金字塔的、不朽の名作で、若い世代の方々にもぜひ必見をお薦《すす》めしたい一本である。

生意気ついでに一言余談を。この「アメリカ映画の名匠」の章では、私は四本の西部劇を紹介する。先の『大いなる西部』、この『シェーン』、そして後に紹介する『荒野の決闘』（ジョン・フォード監督）と『真昼の決闘』（フレッド・ジンネマン監督）である。この選択は私の乏しい経験によるもので、これら以外にも西部劇の名手と呼ばれる監督は少なくないはず。例えば痛快な西部劇で有名なハワード・ホークス監督（『リオ・ブラボー』『赤い河』『エル・ドラド』など）を紙数の制約で外したことは痛恨の極みであった。

愚痴はさて措いて、早速『シェーン』の物語紹介に移る。

ワイオミング州の美しく広大な草原に、一人のガンマンが現れた

冒頭のシーンの自然風景が美しい。アメリカ西部のワイオミング州が舞台。遠くに雪を残した山々が見え、その広々とした草原に美しい川が流れる。折しも大きな角《つの》をはやした野性の鹿が水を呑みに現れた。すると草かげから一人の少年（九歳）がライフル銃で狙いを定め、パンパンと口で空包を撃《う》った。子供にまだ実弾の発射を許さぬ親の配慮が窺《うかが》える。と、鹿が子供の発射を無視して遠方に顔を向けた。それにつられて少年も視線を移した。馬に乗った一人の見知らぬ男が、少年の家の方角に向かって進んで来るではないか。こ

●左からシェーン、マリアン、ジョー

の男こそこの映画の主人公、流れ者のガンマン（拳銃の使い手）のシェーン（アラン・ラッド）であった。少年は家に走った。見知らぬ男が来たと父親に告げるために。

謎の男は父親に、「馬に水を呑ませたい、ここを通っていいか」と許可を求めた。父親は一瞬警戒したが黙認した。

その時だった。別の方角から馬に乗った男たちが数名、荒々しく少年の家にやって来た。男たちは、この近くで、牛を放牧して牧畜業を営むボスのライカー（エミール・メーヤー）とその手下の連中だった。彼らは少年の家族らの開拓農民の存在が邪魔で、何とかこの地から立ち退《の》かせようと、連日いやがらせにやって来る無法者の一味だった。

ところがライカーはこの日は珍しくおとなしく立ち去った。見慣れぬ男シェーンに、開拓農民とは異なるガンマンの風貌、威圧を感じ取ったからだ。少年もまた敏感にシェーンの存在感に惹かれ、一瞬のうちに好感を持った。

父親はシェーンに自分の誤解を詫びて、改めて「ジョー・スターレット（ヴァン・ヘフリン）だ」

と自己紹介した。彼はシェーンを先のライカーの一味かと怪しんだのだ。シェーンも名乗り、二人は改めて明るく和解した。

この時、ジョーがシェーンに、人手不足のため、ここで働き、手伝ってくれないかと誘った。折から彼の美しい妻マリアン（ジーン・アーサー）も姿を見せ、ジョーはまず彼女の手料理の夕食にシェーンを招待した。シェーンに否はあるはずもなく、彼は快く応じた。かくして旅の流れ者シェーンは、しばしスターレット家に逗留《とうりゅう》し、ジョーと一緒に農作業に汗を流す日々となった。

少年ジョーイ（ブランドン・デ・ウィルデ）は、この強くて頼もしそうな男、シェーンの滞在が嬉しくてたまらない。早速シェーンに銃の撃ち方の腕前の一端を披露してもらうと、そのあまりの早撃ちの厳しさと轟音の凄さにびっくり仰天する。など、この少年とシェーンの束の間の交流がこの映画の物語の一つの柱をなす。

ライカー一味とシェーンの対立……彼らの挑発に最初は耐えたが……

シェーンはある日、スターレット一家から買物を頼まれて、単身、馬に乗って近くの町の店（雑貨屋で酒場もかねる）へ出かけて行った。丸腰（銃を身につけない）だったのは、ガンマンの分別であった。無用のケンカや殺し合いは避ける。これがシェーンの信条だ。

案の定、酒場にいたライカーの配下のクリス（ベン・ジョンスン）が、この見馴れぬよそ者シェーンに、早速悪態をあびせ、難くせをつけて絡《から》んで来た。シェーンはこの時は黙ってただじっと耐えた。最後の買物ソーダ水（少年の希望）をすませると黙って店を出た。シェーンの弱腰を嘲笑《あざわら》う男たちの悪罵を背にあびながら。

しかし二度目は違った。独立記念祭が近づいたその日、開拓団の農民たちは楽しみにしていた買物に、近隣同士誘い合って一緒に先の店にやって来た。用心もかねた集団行動で、シェーンもスターレット一家に同行した。すると先のクリスが目敏くシェーンを見つけて、またもや絡《から》んで来た。「二度と顔を見せるなと言ったはずだ」と。

シェーンには今度は覚悟があったようだ。彼はジョーイ少年らを酒場から遠ざけると、毅然としてクリスに向かい合った。周囲の者や観客までが思わず固唾を呑んで見守るシーンだ。

シェーンは悠然と、「一杯おごってやろう」とウイスキーの入ったグラスを二つ持ってクリスに近づいた。「ふざけるな、とっとと失《う》せろ！」と、クリスがグラスを無視して熱《いき》り立った。するとシェーンはそのウイスキーをクリスの胸と顔にあびせた。一瞬クリスが怯《ひる》んだ。その隙《すき》を逃さない。シェーンの電光石火のパンチが炸裂《さくれつ》した。その一撃にクリスの体が吹っ飛んだ。

ひそかに見守っていた少年ジョーイが、「ヤッター」と狂気し、破顔一笑した。しかしクリスにも悪党らしい意地と根性があった。すぐ起き上がると猛烈な反撃に出た。両者の激しいパンチの応酬は迫力満点だが、所詮シェーンはクリスの敵《かな》う相手ではなかった。ノックアウトされて彼は沈没した。が、今度は彼の仲間が黙っていない。シェーンは数名の荒くれ男たちに囲まれ、俄然形勢不利となった。少年ジョーイが、シェーンの危機に思わず「逃げよう！」と叫んだ。しかしシェーンは逃げない。今度は複数の男たちを向こうにまわして孤軍奮闘した。

息子の訴えで騒ぎを知った買物中のジョーが、敢然とシェーンの応援に加わった。彼もシェーンに劣らず悪を憎む熱血漢だった。

かくて酒場は二人の男がライカー一味を向こうに回して殴り合う大乱闘の場と化した。男が倒れ、椅子やテーブルが破壊され、収拾がつかない西部劇名物の修羅場となった。たまりかねて酒場の主人が割って入り、シェーンとジョーを退散させた。二人は思い切り暴れてライカー一味を打ちのめした満足と快感に、会心の笑みをかわして引き揚げた。

二人はこの後、ジョーの妻マリアンにそれぞれの傷の治療をしてもらった。共に戦った男同士の友情は増し、少年ジョーイは二人の男の勝利に感激して、スターレット一家は久々に明るい雰囲気に包まれた。しかし勝利の裏には敗者の屈辱がある。

ライカーはだらしない部下の敗北に激怒した。ついに彼は復讐の奥の手を使う。彼はひそかに使いをやり、名うての殺し屋（ガンマン）のウィルスン（ジャック・パランス）を呼び寄せた。そのウィルスンが、黒ずくめの衣裳に長身の身を包み、馬に乗ってライカーのところへひそかに現れたのは間もなくだった。

ウィルスンの手を借りて、ジョーを始末したいライカーの罠《わな》

ライカーはウィルスンの到着に自信を得て、かねてよりの野望実現——開拓団農民を追い出す——に早速着手した。まず店に一人でやって来た開拓団の男を、ウィルスンが挑発して、いとも簡単に射殺した。その遺体が馬に積まれて開拓村に戻って来た時、さすがに人々は恐怖と衝撃で色めき立った。恐れをなして村を逃げようとする農民家族が続出した。これこそライカーの思う壺だった。

　開拓団のリーダー的存在だったジョーは、仲間を必死に説得して踏みとどまらせようと奔走、努力した。しかし開拓団の動揺はおさまらない。そんな時、ライカーの使い（弟や手下）が、ジョーに話し合いたいことがあると、ジョーとの一対一の会談を持ちかけて来た。

　ジョーとて望むところであった。仲間の動揺を静めるためライカーと話をつける時期だった。彼はライカーなど少しも恐れぬ勇気を持つ、開拓団ただ一人の正義漢であった。逆に言えば、そんなジョーの存在こそ、ライカーの唯一の目障りな男、つまり難敵であった。

一方、ジョーはライカーの申し出を、迷うことなく承知した。

ライカーの罠を急報して去るクリスの友情

この映画で私の一番好きなエピソード（シーン）が登場する。夜になって人々が寝静まった頃、たまたま外にいたシェーンの眼に、馬に乗った一人の男が駆けつけて来た。なんと先日殴り合った一番の仇敵クリスではないか。シェーンは不審に思って身構えた。ところが近づいて来たクリスは馬から降りずに一気に告げた。

「ジョーを行かすな！　ウィルスンに殺される。話し合いなどウソだ、だまし討ちにする罠《わな》だ！」と。

シェーンが怪訝に思い、「何故オレに言う」と訊《き》いた。するとクリスは、

「オレはもうライカーのところへは戻らぬ、足を洗う！」と薄暗闇の中で言った。

シェーンはやっとこの男の親切と好意を今初めて理解した。クリスはライカーのあまりにきたない卑怯なやり方に、悪党ながら愛想が尽きたらしい。その置き土産に敵方のシェーンに、ライカーの罠を密告、急報してくれたのだ。

シェーンは警戒を解き、表情を和らげると馬上のクリスに近づき握手を求め、「達者でな」と一言別れの挨拶を告げた。すると相手もその悪党そのものの形相にこの映画で初め

て見せる苦笑をうかべ、「オマエもな」と応じて、馬と共に闇の中へ消えて行った。

一番仲の悪かった、一番烈しく殴り合った男が、一転して敵に塩を与えて立ち去る。アメリカ映画にしばしば見られるこの男同士の偏屈だが潔い友情に、私はいつもながら心打たれる。日本人にはまず望めない西部の男たちのこのさわやかな友情。これもアメリカ人の美質の一つのように思えてならない。

シェーンは聞き分けぬ盟友ジョーを殴打、失神させて出陣する

映画は大詰め、ラストのクライマックスに向けて急展開する。

ライカーの誘い（話し合い）に敢然と出かけようとするジョーを、妻のマリアンが必死に止めた。「行けばあなたは殺される。あたしやジョーイはどうなるの？」

彼女は女の直感で夫の死を予感する。しかし人一倍責任感の強い夫は、妻の必死の頼みにも耳を貸さない。「あとのことは面倒見てくれる奴がいるさ」と、暗にシェーンの存在を示唆する始末だ。

一方シェーンは、先のクリスの通報を聞いた手前、断じてジョーをライカーのところへ行かすわけにはいかない。彼は日頃の穏やかな口調や表情を一変して、冷たく厳しくジョーを止めた。

「ライカーには勝てても、早射ちの殺し屋ウィルスンには勝てない！　ここはガンマン同士のオレに任せろ！」と。こう言われれば、この血の気の多い正義漢はなおさら引き下がれない。ついに二人はマリアンやジョーイの眼の前で殴り合いの格闘を始めた。ジョーの執拗な抵抗に手を焼いたシェーンは、仕方なく腰の拳銃の銃身でジョーの頭を一撃し、気絶させた。「大丈夫、しばらくしたら意識を取り戻す」とマリアンを安心させると、彼は馬を引き出し出陣の準備に入った。

ここでこの映画唯一の淡いロマンス（恋物語）が描かれる。夫の身代わりとなって出陣するシェーンに、「これでお別れなのね」と、女は万感の思いを秘めて囁く。そしてシェーンへのほのかな好意を、「銃とは縁を切ると言ってたのに」と甘えるようになじる。シェーンはあっさりと、「考えが変わった」と取り合わない。すると女は「生命《いのち》だけは大切にしてくださいね」と慎《つつし》み深く精一杯の愛の告白に代えた。シェーンも相手の意を察知して、「あなたの料理は本当に美味しかった、ありがとう」と、胸の中の好意を謝辞に託した。そして最後に、「あなたの一家の幸福《しあわせ》を祈っている」と月並みな言葉で惜別の挨拶をすると、馬上の人となった。これがマリアンとの最後の別れとなった。

実はシェーンは、いつしかジョーのこの妻マリアンに密かな愛を感じ始めていたらしい。その点でもこの地にこれ以上とどまることは一家の平穏を乱す。そろそろ立ち去る潮時だと自覚していた。そこへウィルスンという同業のガンマンが現れた。奴《やつ》と対決することで世話になった盟友ジョーに恩返しをし、美しい人妻への未練を断つ、これ以上の機会はなかった。

ただ一つの心残りは、自分に異常になついてくれた少年ジョーイにきちんと別れの挨拶ができなかったことだった。そんな思いを秘めて、シェーンは馬に乗ってスターレット家を去って行った。

ところがそのシェーンの心残りを察知したかのように、なんと少年ジョーイと彼の愛犬が、シェーンの乗った馬の後を追っかけて一目散に走り出したのであった。

初めて早射ちの秘技を見せるシェーン

ラストシーンである。うす暗い酒場の中で、ライカーとウィルスンがじっと待機していた。他の手下はどこかに潜《ひそ》んでいるらしい。シェーンは静かに注意深く酒場に足を踏み入れた。追いついた少年と愛犬が、入り口の下方に姿を隠して息を呑んで注視する。

「ジョーはどうした？」とライカーが意外そうに口を切った。シェーンは答えず、二人の動きから目を離さない。ウィルスンが椅子から立ち上がり、シェーンに向き合った。いよいよガンマン同士の決闘だ。観客も少年も固唾《かたず》を呑んで見守る一瞬だ。

ウィルスンの手が腰の銃にかかった瞬間、いち早くシェーンの銃が火を噴いた。轟音と同時にウィルスンの体がふっとび、加勢しようとしたライカーの銃も、シェーンの眼にも止まらぬ早射ちに間に合わず、あっけなく吹っ飛んだ。ジョーイ少年は噂に聞いたシェーンの早業《はやわざ》と轟音のすごさに眼をまるくして度胆を抜かれた。

その時、少年の位置から二階の男が見えた。「危ない！　シェーン！」

とっさに少年が叫んだ。転瞬、腰をかがめたシェーンが向きを変え発砲した。二階から撃たれた男がどさっと落ちて来た。こうして早射ちガンマンの対決はシェーンに軍配が上がった。

勝ったとは言え、シェーンに喜びの色はなく、彼は苦悩の表情で酒場を出た。ジョーイが駆け寄り、「もう帰ってこないの？」と淋しそうに尋ねた。

「一度人を殺したら、もうあとへは引けない」とシェーンはガンマンの宿命を語り、最後に表情をやわらげて少年の肩に手を置いて、「父さんや母さんを大事にするんだぞ」と言った。この言葉を最後に、彼は映画の冒頭シーンと同じワイオミングの山野を、今度は来た方向とは逆に、遠く小さくなって消えて行った。その後ろ姿に少年が声を限りに叫んだ。「シェーン、帰って来て！」。この「シェーン、カムバック！」の一声こそが、この名作のあまりにも有名なラストシーンとなった。そしてこの映画の大ヒットしたらしい主題歌「遥《はる》かなる山の呼び声」（作曲はヴィクター・ヤング氏）が、シェーンを見送る少年の遠景に流れ、映画は終わる。

付記。シェーンを演じたアラン・ラッド氏一世一代の名演、恰好の良さであった。氏の出演作品は他にも何本か見たが、正直言って全く覚えていない。この『シェーン』の氏の印象が強烈すぎて、他の作品が割をくっていると思った。それがいいことかどうか私には分からない。しかし私たち映画ファンには『シェーン』といえばアラン・ラッド氏、アラン・ラッド氏といえば『シェーン』。この両者の名は不即不離の関係として、いつまでも記憶に残るのである。

『陽のあたる場所』（一九五一年）

アメリカの上流社会に憧れた、貧しい家庭の青年の悲劇

スティーヴンス監督の作品からもう一本紹介したい。この『陽のあたる場所』が、生涯私の忘れられぬアメリカ映画の一本となった理由は二つ。

その一は、恥ずかしいほど単純な理由である。学生時代にこの作品を初めて見た時、主人公の富豪の娘アンジェラを演じたエリザベス・テーラー氏という女優さんに、私は一度に魅せられてしまった。世界にはこんなに美しく可憐な女優さんがおられたのかと。若い時の男性にありがちな一種熱病のような一目惚れであった。

お蔭で私はこのテーラー氏にのぼせ上がって、以後、氏の作品のほとんどを見た。しかし幸いというか皮肉というか、この作品を超えるテーラー氏の美しさに出会うことはなかった。つまりこの作品のテーラー氏は当時十九歳で、私にとっては氏が女優としての生涯の中で一番美しく輝いた時のテーラー氏であった。私はテーラー氏（愛称はリズ）の格別のファンではない。しかしこの『陽のあたる場所』のテーラー氏は生涯忘れられぬ熱烈な

ファンである。そのことをまず告白したい。

その二。ところでテーラー氏の美しさや魅力だけがこの作品の取り柄であれば、私はこの作品を取り上げない。テーラー氏のその美しさを生かしたスティーヴンス監督のこの作品の主題にこそ私は大いに眼を啓《ひら》かれ、深い感動を覚えたのである。

●アンジェラ（エリザベス・テーラー）とジョージ（モンゴメリー・クリフト）

その主題とは？　先の表題に掲げた、豊かになったアメリカ社会の、陽のあたる世界が、日のあたらぬ日陰の世界の若者を翻弄《ほんろう》する、アメリカの暗部が生んだ悲劇である。この点に関して映画紹介のプロ、猪俣勝人氏の以下のような絶妙な比喩《ひゆ》の一文があった。

「陽あたりの悪い場所に生まれ育った、それだけ幸福に恵まれることの薄かった青年が、にわかに陽のあたる晴々しい場所に出て眼がくらみ、思わずもよろけ、つまずく哀れさ」（参考文献④）。全く同感である。

一言補足させてもらえば、その「つまずいた青年の哀れさ」に、私は他人事とは思えぬ、一種身につまされる共感と同情を覚えた。そしてその人間の挫折の姿にこそ、私を含めた人間に共通の性《さが》――上昇志向を捨て切れぬ弱さや愚かさ、悲哀など――を垣間見て、さらに胸を突かれたのである。

伯父の大会社に就職できた貧しい母子家庭の青年

物語《ストーリー》に移る。上流階級の好意に翻弄される下層階級の青年の悲劇。あくまでこの主題に沿っていくつかのエピソードを紹介したい。

冒頭のシーンは、主人公の青年ジョージ（モンゴメリー・クリフト）が上京して、伯父イーストマン（亡き父の兄）の経営する巨大企業（水着や衣料品のメーカー）に面接に行き、早速翌日から働くことが決まったシーンだ。

彼が伯父の息子から配属されたのは、女子工員が大半を占める単純作業の現場であった。オートメーションで送られてくる水着などの衣料品を手際よくボール箱に梱包する、慣れてしまえば何でもない単純な仕事であった。

しかし真面目なジョージはいやな顔ひとつ見せず黙々と働いた。そんなある日、仕事を終えた彼は他にすることもなく一人で映画館に入った。すると隣の席に、社内で一緒に働く女性社員アリス（シェリー・ウィンタース、好演）がいた。彼女も退屈と孤独を持てあましていたらしい。この偶然の出会いがきっかけで二人は急速に親しくなった。

聞けば彼女も貧しい実家に仕送りをするだけで、恋人もいない、淋しく張り合いのない日々に耐えて生きる女性であった。

「会社の水着を着て泳ぎにいかないの？」ジョージの軽い質問に、

「わたし、泳げないから水着など着たくないの」と、アリスは淋しそうに苦笑した。

わたしは泳げない。このアリスの一言をジョージは覚えていたか。後に問題になる一語であった。

さて、二人の関係は急速に親密化した。社内の規則——社員の男女交際は禁止——を気にするアリスの躊躇を、ジョージの性急な求愛が押し切り、ついにジョージは送っていったアリスのアパートに一泊する深い関係にまで踏み込んでいった。そこには二人の貧しく孤独な境遇の共通点があった。陽のあたらぬ世界においても、人間は仲間（＝愛）のない孤独な暮らしに耐えられない。一夜を共にした二人は、翌日から工場内で人目を忍ぶ特別な関係となった。

伯父の好意は二人の愛に亀裂を生む

そんな時、伯父チャールズ・イーストマンが久々に工場に姿を見せ、ジョージに好意（善意）の朗報をもたらした。彼はツルの一声で息子のアールに、ジョージの配置換えを命じたのだ。伯父は甥のジョージが、女子労働者の中でただ一人単純労働に甘んじる現状に憤慨したのだ。

「イーストマン家の者には、それにふさわしい責任ある仕事を与えるべきだ、この現状はなんだ！」と。

かくてジョージは以後アリスと離れて別室で事務を担当する、イーストマン社の管理職の一員に昇格する。傍で聞いていたアリスはこのジョージの昇進を、「よかったわね」と素直に祝福した。注目は、この伯父が帰り際にさらにジョージを喜ばせる吉報を伝えていったことだ。

「週末にイーストマン家でパーティーを開く、おまえも出席しろ！　いいな！」

この一言が、ジョージに深い関係を許したアリスの愛に亀裂を生む。しかし彼女は知る由もない。

パーティーで美しい令嬢アンジェラに魅せられ陶然となるジョージ

アリスの悲劇が始まる。その日ジョージはイーストマン家のパーティーに嬉々として出かけて行った。その同じ日アリスは、実はジョージの誕生日を祝う二人だけのささやかな祝宴をアパートで準備していた。その彼女のせっかくの心尽くしを、早めに帰るからと気休めを言って、ジョージは振り切って出かけて行った。

そして映画はこの後、生まれて初めて上流階級のパーティーに出席したジョージの当初の当惑と、その後の思いもしなかった幸福の悦びを描く。この映画の主人公アンジェラ（エリザベス・テーラー）が登場し、彼女と出会ったジョージの夢のような恋の誕生のエピソードである。一言触れる。

ジョージのパーティーへの期待は当初一瞬にして消えた。せっかく慣れない正装までしてきたのに、誰も彼に注目する人はいない。知った人も誰もいないのだから当然だった。仕方所在なしに彼は誰もいない部屋に隠れるように入った。たまたま撞球《ビリヤード》の台があった。仕方なしに球《たま》を撞《つ》くと、偶然クッションした球が隅の穴に決まった。その時、「あら、お見事！」と明るい声がして「天使」が現れた。この映画のヒロインで、この夜のパーティーの主賓《しゅひん》でもあるらしい、ヴィッカース家の評判の令嬢アンジェラ（十九歳のエリザベス・テーラー）であった。

ジョージは呆然として口もきけず、ひたすらこの「天使」の美しさと気品に見とれた。彼が生まれて初めて目にした上流社会のお嬢さんであった。

ジョージだけではない。実は観客の私自身も一瞬にしてこのアンジェラの美しさに魅せられてしまった。思わず「天使」という表現を使った、それほどの彼女の輝くような美しさであった。

その時二人のいるその部屋に、偶然伯父のイーストマンが顔を出した。うまい演出である。何故なら二人を知る彼が、未知の双方を紹介して緊張をほぐす恰好の仲介者を演じたからだ。この後二人はアンジェラの先導で「踊りましょう」と、パーティーの会場に飛び出し、舞踏会の紳士淑女の渦中に参加した。そしてなんと二人は抱き合ったままパーティーの終わる最後まで踊り続けた。

この出会ったばかりの二人の急速な意気投合ぶりは、いささか信じ難い気もする。しかしそこは映画である。ヤボは言わず、アンジェラが上流社会に珍しいこの男ジョージの飾らぬ人柄、その素朴で社交慣れせぬ寡黙な内向性に、異常な興味を持ったと、その一目惚れの原因を推測しておく。いずれにしても二人はこのパーティーで出会い、相手に好感を持った。この映画の二人のラブストーリーの始まりであった。

待ちくたびれたアリスの怒りと不安

映画は一転してその後、薄暗いアリスのアパートを映す。待ちくたびれた彼女はベッドで一人眠っていた。傍のテーブルには、彼女の心尽くしの祝宴の準備が空しく放置されていた。

足音を忍ばせてジョージが帰って来た。気づいたアリスに彼は開口一番弁解した。

「いやあ、まいったよ、三時間も足留めされてしまった」と。

するとすかさず「四時間よ！」と、アリスの尖《とが》った声が反論した。男の見えすいた言い訳に女の直感は鋭く厳しい。真面目で小心な男は素直に謝った。

実はアリスにはそんなことより、もっと気がかりで心配なことがあった。

「あたし怖いの！」とジョージに突然抱きついて来た。

「どうしたの？」怪訝《けげん》に思って問い返す彼に、アリスは途切れがちに訴えた。

「この間の晩、あなたがここに泊まった夜のこと……」

なんとアリスは懐妊していたのだ。ジョージは言葉を失った。その狼狽ぶりは暗い室内の中でも明らかで、表情が凍結していた。

つい先ほどまでのアンジェラとの夢のような幸福と歓喜のひとときが、一瞬にして冷水をあびせられたように今無惨に足元からくずれ去って行く。上流社会への出世を

ジョージ（モンゴメリー・クリフト）とアリス（シェリー・ウィンタース）写真協力　NBC ユニバーサルエンターテイメント

夢見た貧しい下層社会の青年の野望が早くも断ち切られた、不運な、しかし非情な暗雲の到来であった。この女と一緒にいる限り、アンジェラとの幸福はない。男の、女には言えないエゴイズムが頭をもたげる。

二人の女が迫る明暗二つの運命に、動揺、苦悩する男の身勝手《エゴイズム》

真面目で小心な正直者ジョージは、まずアリスの不安を宥《なだ》め解消する努力から着手した。彼女の同意を得て、堕胎を認める医者を二人は捜しまわった。しかしすべて徒労に終わった。アメリカの医師は堕胎を認めない。彼らは一様に、「結婚して子供を産みなさい、それが一番の幸せだ」とアリスに説いた。彼女はそれらの忠告に励まされ、ジョージと結婚して子供を産む意志を固めた。

しかしジョージは不満でそんな意志は微塵もなかった。自分のアパートで一人悶々と頭を抱える彼に、そんな時、何も知らない無邪気なアンジェラが、明るくはずんだ声で電話をかけてきた。「いい知らせがあるから会って話したいの」と。すると暗く沈んでいたジョージの顔が一変した。彼は信じられないような喜色を浮かべてアパートを飛び出して行った。

外ではアンジェラが自分の乗って来た車の中でジョージを待ち焦がれていた。二人は先

夜のパーティーの延長のように、今度はためらうことなく抱擁と接吻の愛の交歓に酔った。

一息つくとアンジェラが嬉しそうに言った。

「両親があなたに会いたがっている。今度の週末に私の家の別荘に来てほしいの。うまく行けば二人の仲は許され結婚できそう」

さすがのジョージも、この何の苦労もない良家の令嬢の、あまりの短兵急に面くらった。すぐに返事ができない。すると相手は男の戸惑いを敏感に見逃さず、

「どうしたの？　別荘に来るのはいや？」と詰問調で迫った。

ジョージは慌てて否定した。

「そんなことはない、嬉しいよ、行くよ、絶対に行く！」と。今の彼にこの女の機嫌を損じこのまま別れてしまうことなど死んでも考えられない。

こうしてジョージはアリスとの重苦しい難題を秘したまま、アンジェラとの甘美な夢に引きずり込まれていった。これこそ先の猪俣

アンジェラ（エリザベス・テーラー）NBCユニバーサルエンターテイメント

氏の言う「陽あたりの悪い場所に生まれ育った」青年が、突然まぶしい光にあたり、「目がくらみ、よろけつまずく哀れさ」の始まりであった。

ジョージの背信を知ったアリスの逆上

この後、映画はヴィッカース家の別荘に招待されたジョージの、アンジェラとの夢のような至福の光景を映す。

森の中を馬に乗って散策する二人、その森の中でアンジェラが見つけたという静かな湖で遊泳する二人等々。極めつけはアンジェラの父親と面接したジョージが、その正直に告白した貧しい生い立ちや苦労の多かった雑役労働の体験話が父親の感動を呼び、アンジェラの花婿として合格点を得たことだ。もちろんアンジェラは狂喜した。

しかし、ジョージのそのあまりにうまく行った天国のような「おとぎ話」は長く続かない。なんとアリスが彼の嘘を知ったからだ。彼女はジョージからその別荘訪問の話を打ち明けられた時、不審を持った。しかし彼の必死の説得に、

「あなたも偉くなったのだから、会社の上層部による招待なら仕方がないわね」と、渋々折れた。

ところが彼女の読む地元の地方新聞が、この地の名士で富豪のヴィッカース家の週末の

一日を記事にした。その中に多くの若者たちがモーターボートに乗って海の疾走を愉しみはしゃぐ写真があった。その中央に肩を寄せ合って笑顔をふりまく男は、まぎれもなくジョージであった。隣にいる女は、噂に聞くヴィッカース家の娘アンジェラらしい。

アリスはこの時、ジョージの背信、裏切りを知った。上司のやむを得ない招待などと嘘をついて、実はこの私よりも美しいヴィッカース家の娘と逢い引きするために、私をだまして出かけて行ったのだ。あの人は私を妊娠までさせておいて、その私を棄ててあの美しい女と一緒になるつもりだ。逆上したアリスの心は決まった。

「私はジョージと結婚する！　いやと言うなら全部あの女にブチまけてやる！」

その夜、アリスは別荘に怒りの電話をかけ、ジョージを呼び出した。皮肉にも別荘では、二人の正式の婚約を祝福する、招待客一同の集まった晩餐会の最中だった。席を外してこっそり電話を聞くジョージの耳に、アリスの罵声のような怒りが炸裂《さくれつ》した。

「今バス停に来ている。これから結婚届けに行くからあなたもすぐ来て！　来ないならそちらへ乗りこんですべてブチまけてやる！　今すぐによ！」

ジョージは観念した。内心の動揺を押し隠して席に戻ると、彼は沈痛な表情で「母親が危篤らしい、今すぐ帰らねば」とまた嘘を言い退席した。何にも知らないアンジェラが単純に心配して見送った。「必ず戻ってきてね、待ってるから」と、いつもの優しく健気な表情で言った。

ジョージが誘ったボートが転覆した、アリスだけが溺死した！

これがこの映画一番の事件（クライマックス）である。どうしてそんな大惨事が？

二人は結婚届けのためバスで最寄りの裁判所を訪れた。ところがあいにく休日で結婚届けは受理されなかった。アリスは落胆した。内心ホッとしたジョージが気休めを言った。「結婚届けは明日また来たらいい。せっかくここまで来たんだ、ボートでも乗ってのんびり過ごそうか」と、近くの湖に誘った。アリスは反対しなかった。結婚届けに黙ってここまで同行してくれた男の誠意を信じ、それまでの怒りは消えていた。しかし男の心に恐ろしい殺意が生じていたことに女は気づかない。

ジョージは自分の運命を決める瀬戸際に立たされていた。アンジェラの両親の許可も得られた今、彼女と結婚して憧れの上流社会（陽のあたる場所）の一員になれる、そのチャンスは目前にあった。その好運を逃さないためには、妊娠したアリスがどう考えても邪魔だった。彼女を殺すしかない。魔がさしたようにこの真面目な男に狂気の殺意が芽生えた。

二人の乗ったボートが、他の誰も人影のない静かな湖上に出た。アリスはすっかり安心して、二人の今後の結婚生活の幸せや夢について愉しそうに語り出した。ところがボートを漕《こ》ぐジョージの表情を見て不審に思った。彼はアリスの話をまるで聞いていない。おし黙ったまま険しく恐ろしい表情で心はうわの空、何か別のことを考えている。

たまらずアリスは叫ぶように言った。

「やっぱりあなたは私が邪魔なのね、私が消えていなくなることを望んでいるのね！」

この図星にジョージはハッとしてうろたえ、我に返った。

「そんなことはない！」彼は慌てて表情をやわらげ強く否定した。アリスの自分によせるひたむきな愛情を知って、殺意を改悛した瞬間であったか。

しかし少し遅すぎた。また逆上したアリスがボートで立ち上がり、男の方に詰め寄って来た。ボートが揺れた。「あぶない！」ジョージも立ち上がってアリスを阻止しようと二人はもつれあった。二人が立ち上がったため、ボートは重心を失い平衡を欠いてそのまま転覆した。二人は一瞬のうちに湖の中へ投げ出された。予想もしない偶然の大事故、大惨事の発生となった。

ところがその後が悪かった。ジョージはアリスのことなど全く眼中になく、自分一人だけ岸に泳ぎつき災難を免れた。そして暗くなった湖畔の道を逃げるように脱出して、アンジェラの待つ別荘にたどり着いた。何も知らぬアンジェラが飛び出して来て、彼の帰還を喜んだ。ここでも彼は事故のことは秘した。

問題は泳げないアリスだった。見捨てられた彼女は無惨な溺死体となってやがて発見された。警察や検事が動き出すのにさほどの時間はかからず、やがて新聞が「殺人事件」と一方的に書きたてた。静かな湖畔の別荘地が一転して慌ただしくなった。

それにしてもと私は残念に思う。先に紹介した生前のアリスの言葉、「私は泳げないから水着など着たくないの」。これをジョージは覚えていなかったのであろうか。だとすれば、この一点における彼の過失や責任は免れない。

裁判で有罪（死刑）と決まったジョージの悲運と不満

さて、映画はこの後一転して法廷劇の様相を呈する。アリス溺死事件の容疑者として逮捕されたジョージが殺人犯として起訴された。その裁判（陪審員制）の実態が、法廷を舞台にして延々と描かれるからだ。

結局、裁判の帰趨《きすう》を決めたのは、マーロウ検事（レイモンド・バー）が熱弁をふるった以下の論告であった。彼は言った。

「被告ジョージが、泳げない女を溺れるにまかせて、つまり手を貸さなければ溺れ死ぬと知りつつ、あえてそれをしなかったのは未必の故意で、そこに殺意があった」と。

ジョージは、当初殺意を抱いたことは認めた。しかしアリスのひたむきな愛情を知って殺意は消えた。断じてアリス殺害の犯行はやっていないと否認した。それは先に私が描写したように、アリスが不安にかられ、ボートから立ち上がったため船が転覆した偶然の事故によるものだと、ジョージは主張した。この、殺意は認めても殺害の犯行は断じて犯していないとする彼の正当な反論は結局、通用しなかった。陪審員の評決は有罪となり、死刑（電気椅子）が宣告された。ジョージは当然不満であった。

彼が正直に当初殺意のあったことを認めたその点が、陪審員の印象を悪くしたことは確かだ。それにしても荒っぽいズサンな裁判ではないかと私は義憤を禁じ得なかった。何の証拠もない、目撃者も一人もいないこの事件。マーロウ検事の勇ましい論告にしても、所詮は現場を目撃していない一人の人間の想像や推論にすぎない。あるのは被告の「殺意を初めは持った」という自白証言だけだ。客観的な証拠は何もなく、本人の自白証言だけで死刑を宣告する。今の裁判常識では考えられぬ時代錯誤も甚だしい誤審ではないか。

しかし私のこの怒りや疑問は、案外スティーヴンス監督ご承知の、予定の演出方針であったのかもしれない。アメリカの弱者や貧者に対する裁判は所詮この程度のものだという、皮肉や風刺が暗示されていたのかもしれない。

そう思って考え直すと、いくつか思い当たる節《ふし》があった。まず一つは、被告ジョージの立場を擁護する弁護側陣営のあまりの弱腰、無能である。国選弁護人のせいであろうか。何故被告の殺人罪は無罪（事故による過失致死罪の有期刑が妥当）を堂々と主張して戦わないのか。金を払って依頼した有能な弁護士であれば、マーロウ検事の穴だらけの論告などたちどころに論破できたはずである。金のない「日のあたらぬ」世界に生まれた人間は裁判でも差別される！

二つ目は、ジョージにこれまで人一倍親切に面倒を見た伯父イーストマンや、ジョージの人柄を認め娘アンジェラの花婿に同意した彼女の父親ヴィッカースが、共に手のひらを返したようにこの裁判から手を引き、援護のための法廷に現れなかったことだ。

自分たちの名誉を汚す不祥事には、とたんに背を向ける。「困った時はお互い様」と援助の手を差しのべる庶民世界には当たり前の、温かい人の情《なさけ》や思いやりは微塵もない。これこそ上流階級の人間が下層社会の人間に対して持つ、冷酷で無慈悲な侮蔑、差別性の何よりの証左ではなかったか。ここに来てついに、豊かになったアメリカ格差社会の暗部、腐敗が露呈したと私は思った。スティーヴンス監督が、この作品に託した真意（狙い）もここにあったと、私は推測する。

気を取り直して刑場に向かうジョージ

ラストシーンが近づく。殺意は認めたものの殺人は犯していない。そんな自分が何故死刑という極刑を受けねばならないのか。拘置所の独房の中でジョージは鬱々と苦悶した。

そんな時、三人の面会者が永別の挨拶に現れた。まず母子家庭で育った彼のただ一人の肉親の母親が、彼女の奉仕する宗教教団の牧師と連れ立って現れた。母は相変わらず月並みで、子供の頃から聞かされて耳にタコの出来た常套句しか言わない。「罪を犯した者はすべて神の摂理に身を委《ゆだ》ねなさい」などと。彼の今の苦悩に役立つものは何もなく、改めて母親に他人以上の疎遠を感じた。

ところが母に付き添って来た牧師が意外なことを、静かに穏やかに言った。

「あなたは船が転覆し溺れ死ぬかと思った時、アリスのことだけを思い浮かべましたか？　もしそうではなく、誰か別の女性《ひと》を思ったのだとしたら、あなたはその時、罪を犯していたのです（＝アリスを殺していたのです、とジョージは受けとめた）。いかがですか？」

この牧師の言葉に、ジョージは虚を衝《つ》かれた。

何故ならあの時、彼の心に即座に浮かんだのは、アンジェラとの愉しく幸せだった愛の交歓の情景ばかりだった。映画がそのシーンをすぐスクリーンに復元した。そう言えばアリスのことなど全く思い浮かべなかった。

そうか、アンジェラのことしか頭になかったオレは、その時点でアリスを見殺しにしていた。殺意だけだと思っていたが、実はアリスを殺していた。これは立派な罪だ。

彼の心に今初めて死刑を受け容れる二つの覚悟が固まった。一つは自分が夢中になったアンジェラへの愛の確信と自己肯定である。アリスを裏切ったとはいえ、アンジェラを好きになり愛した自分は、嘘いつわりのない真実の自分の姿だ。自分の短い一生でただ一人心を奪われた女性は彼女しかいなかった。この事実は唯一誇りにしていい自分の生きた証だ。これに殉じよう。

二つ目は、自分と同じ幸せうすい境遇で、それでも懸命になって優しく親切に尽くしてくれた亡きアリスの愛と献身への贖罪の覚悟だ。お前がボートの中で言った最後の言葉をオレは無視したが覚えている。「無事に可愛い子を産んで二人で仲良く育てて愉しい家庭を作る」。待ってろ、今度こそそのお前の夢に協力する。馬鹿なオレは死刑の罰を受けた。死んでお前のところへ行く。今度こそお前の夢のため一緒に生きよう！

ジョージの二つの覚悟が定まり、心の中の迷いが解けた時、なんと三人目の訪問者アンジェラが現れた。ジョージは嬉しかった。自分の不祥事にもかかわらず、密かに一人心を痛め、苦悩してくれた「陽のあたる場所」のただ一人の味方であった。

彼女は今にもあふれそうな涙をこらえて、必死に永別の一言を言った。

「ジョージ、あなたのこと、いつまでも愛しています。決して忘れません」

ジョージも今や明るく力強く誓った。

「アンジェラ、ぼくが生涯愛した女性はあなた一人だった。これまでも、これからも誓うよ」

二人は、離れて立つ看守の眼を憚《はばか》りながら、それでもひしと抱き合い、最後の熱いくちづけを交わした。それでも二人は別れねばならない。名残惜しそうにアンジェラが何度もジョージの方を振り返りつつ去って行った。ジョージだけでない、私も魅了されたエリザベス・テーラー氏十九歳の時の一番美しく可憐な姿の、これが見納めであった。

一転してラストシーンだ。ジョージを演じるモンゴメリー・クリフト氏が前後を数名の看守に囲まれて、電気椅子の待つ処刑場に向かって歩いて行く。その表情や足取りにはもはや何の暗さも動揺もなかった。

理不尽な裁判にもかかわらず、この日陰者に毅然と死刑を覚悟させたスティーヴンス監督の演出に私は脱帽した。氏はこの健気な若者の毅然とした受刑の姿を描くことで、アメリカ上流社会の、つまり「陽のあたる場所」の秘める残忍で狡猾な悪（恥部）を告発された。

同時に氏は、貧しい境遇の若者にも人間の誇り（愛と責任）を自覚させる配慮を忘れない。人生の名匠でもあったと敬服した。

③ジョン・フォード監督（一八九五〜一九七三年）

『怒りの葡萄《ぶどう》』（一九四〇年）

「西部劇の神様」は、働く庶民を描いても超一流

三人目の名匠、このジョン・フォード氏はアメリカ西部劇の神様、第一人者としてあまりにも有名である。

しかし私が氏の偉大さに気づいたのは、若い頃見る機会のなかった氏の戦前の作品『怒りの葡萄』や『わが谷は緑なりき』（四〇年）をＤＶＤなどで見た、つい近年からであった。

若い頃、氏の西部劇は映画館の上映作品の人気最盛期で、私もお蔭でそのほとんどを見た。しかし繰り返すが、先住民のインディアンを「悪玉」に仕立て、これをやっつけて凱《がい》歌《か》をあげるアメリカ人（白人）の能天気のマンネリになじめず退屈した。世間のいう西部劇の神様の偉大さが、今ひとつ理解できなかった。

しかし後年、先に書いた氏の初期の力作を見て、私は自分の無知を恥じ、考えを改めた。生きるため懸命に働く農民や炭坑労働者を真摯に見つめ、これを温かく描く氏は、イタリアン・リアリズムに劣らぬ人間ドラマの名手だと感激、脱帽した。

そんなわけで『怒りの葡萄』と、氏の西部劇の中で唯一私の愛する作品『荒野の決闘』の二本を小著では選んだ。『わが谷は緑なりき』の、あの病の癒《い》えた少年と牧師が野草の咲き乱れる丘の小道を散策する美しいシーンは、フォード監督の詩情の豊かさを垣間見た貴重なシーンとして忘れられない。しかし紙数の制約もあり、残念ながら外させてもらった。

アメリカ資本主義の矛盾を正面から描いた名匠の勇気と人間愛

この作品は、凶作と農業の機械化などによって土地や家を奪われて無一文となった農民一家が、住みなれたオクラホマの故郷を捨て、なんと西方のカリフォルニアに職を求めて延々二千マイル（三千キロ）の大陸横断の長旅を続ける移住労働者の物語である。

当時のアメリカ社会が抱える深刻な社会不安（不景気による失業や貧困）を正面から見据え、その赤裸々な惨状を、イタリアン・リアリズム顔負けの的確なリアリズム手法で描き切った社会派作品の傑作である。資本主義国家の代表をなすアメリカのお膝元で、その資本主義の持つ負の側面を堂々と暴《あば》いてみせ、しかも人間の愛や友情の美しさを忘れないフォード監督の勇気と人間愛《ヒューマニズム》に、私は深く敬意を表したいと思う。

一九四〇年度、アカデミー監督賞、助演女優賞（ジェーン・ダーウェル氏）受賞。早速この「アメリカ・リアリズムの傑作」（参考文献④）の物語紹介に移る。

無人の廃村に立ちすくむトムの前に、二人の浮浪者が出現

映画は冒頭、殺人容疑で入獄していた小作農の息子トム・ジョード（ヘンリー・フォンダ）が、四年振りに仮釈放の身となり、一家の待つオクラホマの故郷に帰って来たシーンから始まる。

しかし誰もいない。無人の廃村のような荒野を一望して、彼は茫然自失、言葉がない。

幸い二人の男が浮浪者のような風体でこの地に残っていた。まず一人と出会った。この男はトムが子供の頃、洗礼を受けた牧師のケーシー（ジョン・キャラダイン）だった。トムは洗礼のことは覚えていなかったが、この牧師が逆立ちして説教をしたり、面白い恰好で子供たちを笑わせる、一風変わった異色の牧師であることは覚えていた。

そのケーシーがいきなり言った。

「オレは堕落した。祈りで失神する女と性交するのが愉しみになったらオシマイだ。だか

らオレは牧師をやめた」と。

四年振りに刑務所から帰って来たトムに、しかも年下の彼にいきなりこんな自虐を口にする元牧師は、正直者らしいがどこか変わっている。しかしトムは何故か親しみを覚え、ポケットからウイスキーの小瓶を取り出すと気さくに飲ませてやった。ちなみにこのケーシーという男、この後トムに一番の感化を与えた友人として、この映画の中で重要な脇役を演じる。

●左からトム（ヘンリー・フォンダ）とケーシー（ジョン・キャラダイン）、ミューリー

トムがケーシーと一緒に自分の空き家となった古家に行ってみると、もう一人ミューリーという男がひっそりと隠れ住んでいた。この男が、入獄中のトムが知る由もなかった彼の留守中のこの村の異変、惨状のすべてを明かしてくれた。映画はそのミューリーの語る村の惨状を、そのまま回想風に映し出して観客に紹介する。周到で親切な演出である。

実はアメリカ中南部のこのオクラホマ地方は、この何年かものすごい砂嵐に見舞われ、作物は出来ず凶作続き。その赤字経営のため銀行や企業

（の資本家）に土地を取り上げられ、あげくの果ては住居まで追い出される農民が続出した。彼らは故郷を捨て村を立ち去って行った。

映画が再現する立ち退き作業で私が息を呑んだのは、村に出現した巨大なトラクターの一群だ。それらは戦場に現れた戦車のような無気味さで農民の土地や家屋を片っ端から踏みつぶし、さら地に変えて行く。砂嵐に代わるトラクターの来襲だ。ミューリーの家も例外ではなかった。映画はその時の光景もまた再現する。

彼は勇敢にも銃を持ってそのトラクターの前に立ちはだかった。後ろで彼の家族が不安気に見守る。祖父以来何十年も守ってきたオレの土地だ。一歩でも侵入してきたら撃ち殺す！　と彼は銃を構えて抵抗しようとした。するとトラクターを停めて運転手が言った。

「オレにも妻や子供がいる、一日三ドルの収入は手放せない。撃たれたくはないが、撃ちたければ撃て！　オマエも死刑だぞ！　オレを殺したところで替わりの者がまた来る！」

資本の横暴の前に、それでも生きねばならない人間の性《さが》が哀しい。結局ミューリーも運転手の言葉に反論できず、直進するトラクターにあっという間に住みなれた住居を眼の前でつぶされてしまった。この後、彼の家族は村を出た。が、頑固な彼は意地でも同行せず、住む所がないためまだつぶされていないこのトムの空き家に、こっそり一人で隠れ住んでいたのだ。

「アコギなことをしやがる」

トムが怒りを押し殺して嘆息した。そのミューリーがさらに警告した。

「ここも危ない、会社の手先が不審者が残っていないか銃を持って巡回に来る」と。

トムとケーシーは、残って戦うというミューリーと別れて先を急いだ。トムにとっては、離散した彼の家族を捜し出すことがまず急務であった。

それにしてもトラクターが象徴するこの冒頭のシーン、資本主義の酷烈を描くフォード監督のリアリズムが見事で、氏の巧さが早くも光る。

オンボロトラックに家財を満載して、一家はカリフォルニアを目指す

幸いトムは、叔父の家で同居する家族に再会した。一番喜んだのは一家の柱の母親（ジェーン・ダーウェル）だ。彼女はこの刑務所帰りの倅《せがれ》の帰還を「ありがたや、ありがたや」と涙を流して感激し、ひしと抱きしめるのだった。

「脱獄して来たのかい？」母はそれが当然かのように気丈に訊《き》いた。

「違う、仮出所だ、証明書もある」と、トムは母の不安を解いた。

興味深いのは、家族の誰もがトムの帰還を脱獄したと勝手に推測し、それを手放しでほめたたえることだ。「よくやった」と祖父や父。「凄い」と尊敬のまなざしを向ける弟や妹。幼い子供たちまでが嬉しそうにはしゃぎまわる。

●母親（ジェーン・ダーウェル）と息子トム（ヘンリー・フォンダ）（中央）、父親（右）

　喧嘩っぱやいが曲がったことが大嫌いなこの正義漢トムを、家族の誰もが愛し、頼りにしている。それに何より刑務所（入獄や脱獄）にさほど罪悪感を持たぬこの一家の屈託のなさ。アメリカ人の持つ大らかな国民性の一端を垣間見たようで、私は考えさせられた。これも伝統の開拓者精神《フロンティアスピリッツ》の賜物であったか。

　さて、トムが帰って来たことで、一家はかねてよりの計画に踏み切った。オクラホマから二千マイルも遠い西方のカリフォルニアに、職を求めて移動するのだ。そこでは豆つみや果物狩りの人夫を募集しているという、手にした求人広告のビラが唯一の頼りだ。

　なけなしの金をはたいて中古のトラックも買った。そのトラックに家財道具のすべてと、家族全員（十人の大家族とケーシー）を乗せて出発した。トラックはその積み荷の重さに、今にもパンク寸前、押しつぶされそうだ。それでも彼らには新天地カリフォルニアでの新しい仕事や生活への期待、夢があった。

題名『怒りの葡萄』とは？

ここで映画の題名について一言。映画にはブドウの実物やブドウに関する話はひとつも出てこない。ちなみにこの映画の原作はジョン・スタインベック氏の同名小説（ピューリッツア賞受賞）。淀川長治氏の解説が有り難い。

「この題名は聖書からの言葉ですね。じわじわと怒りが広がっていくことなのね。葡萄の汁が布にしみ込んで広がっていくことですね」（参考文献①）

なるほど、一種の比喩《ひゆ》らしい。この映画の描くオクラホマからカリフォルニアまでの長い旅物語のエピソードは、実際、一家の期待を裏切る辛く悲しい出来事ばかりだ。しかし彼らはその失望や不満を決して表面に出さず、じっと耐える。彼らの心の中に「怒りや哀しみがじわじわと広がっていく」、まさに苦いブドウの汁をかみしめる苦渋の旅そのものだ。

そんな辛く苦い「怒りの葡萄」の旅を描いて、フォード監督は一体何を表現したかったのか。これこそこの映画の最大の主題である。それはいささか先走るが、この映画の最後のシーンで、母親役のダーウェル氏がにこりともせず毅然として言い放つ「庶民は雑草だ、誰も根絶やしにできない」、この一語に尽きると思われる。

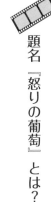

つまり人間が生きるということは、雑草のようにしぶとく日々を生きる。川に流されてもいい、雨風に吹き飛ばされてもいい、それでも人は生きて行ける。この覚悟があれば人生それほど苦痛でもない、結構愉しいことだってある。この腹のすわった楽天主義こそ、この映画の何よりの主題、メッセージだと私は考える（後にラストでも紹介）。

ケーシーの友情（博愛主義）と母親の豪胆……この作品の二つの救い

この映画が紹介する一家の苦難の物語は、以上のようなわけで「苦く酸っぱいブドウ」のようなエピソードが目白押しだ。どれも秀逸で心に残る。しかしそのすべてはとても紹介し切れない。そこで私は表題に掲げた「二つの救い」に絞って以下点描したい。

その一。出発して一家が最初に一夜を過ごしたキャンプ場で、早速彼らの前途に暗雲を投げかける不快な男が現れてトムをムッとさせた。しかしケーシーが「あれは嘘ではない、本当のことだ」とトムの怒りをなだめた。

その男は、トムらの目指すカリフォルニアに一足先に行き、あまりの惨状に絶望して今再び故郷に戻る不運な敗残者だった。

「そんな求人ビラは五千枚は出まわっている。向こうへ行ってみろ、八百人の募集なのに五千人を超す失業者が殺到して長い長い車の列だ。オレは待ち切れず他所《よそ》で仕事を探したが、そんなものあるはずもなく、お蔭で二人の子供と妻は食うものもなく栄養失調で死んだ。オレは飢え死にするならまだ故郷の方がましだと思い、今帰るところだ。オマエらを止める気はない」

トムはあまりの話の暗さに男に殴りかからんとしたが、ケーシーは「あいつに悪気はない、話は事実だろう」とトムをおさえたのだった。

その二。トラックの長旅はまず老人にこたえる。トムの祖父が息を引き取る前、狭いトラックから地上に降ろしてくれとせがみ、土の上に寝かされた時、やっとこれで楽になったと満足の笑みを浮かべ、そのまま眠るように逝《い》ってしまった。出発する時、オレはここを絶対に離れないと、一家の者を手こずらせた祖父であった。

この老人にとってこの世で生きる最後の幸せは、何と土の上で手足をのばしてのびのびと横になれる、その平穏の一瞬であった。同じ世代となった私は、この祖父の最期の至福の一瞬に深い共感と憐憫《れんびん》を覚えた。

ここでもケーシーがトムに手を貸した。葬儀の金もないトムは近くの空き地に穴を掘り、ジイさまを埋めた。何もしてやれない彼は、ケーシー（元牧師）にせめて別れの手向《たむ》けの言葉をと頼んだ。オレはもう牧師じゃないと彼は一度は断ったが、さすがに一家の不憫を見ていられず、即興で祈りの言葉を手向けた。この時の彼の、聖書の言葉など一切使わず、生き残ったトムの一家の今後の安全だけを思いやる、即席で飾らぬ言葉が実に良かった。

「善人も悪人も生きとし生ける者はすべて神聖だ。祈りは死者のための弔いではない。ジイさんはもう楽になって神に召された。われわれは生きてる者のこれからの幸いについて祈ろう。それがジイさんを見送ることになる、アーメン」

たしかこんな趣旨のケーシーの言葉だったか。私はここにケーシーという男の真骨頂が暗示されていると思った。彼は死んだ人間よりも今生きている人間の不幸を重視し、彼らの苦難に寄り添いこれを救出する。それがこの後、彼が身を以て示す彼自身の生き方で、トムを大いに感化し、彼に大きな感銘を与えるからだ。

祖母の老衰死を隠し、一家の危機を救う母親の勇気と機転

トムの母親（演じるのはジェーン・ダーウェル）の豪胆な勇気を示唆するエピソードに移る。ちなみにこの母親の作品中の名は不詳であるため、名で呼ぶ時は演じる女優さんの名を借り「ダーウェル」を使用させていただく。

先の祖父の死後、彼の後を追うように祖母がダーウェルの膝の上で抱かれたまま、「ジイさまに会いたい、会いたい」とうわ言をもらして老衰死した。彼女にもトラックの中の長旅はこたえたのだ。しかしダーウェルはその祖母の死を誰にも明かさず、どっしりと彼女を膝《ひざ》の上に抱きかかえたまま少しも取り乱さず隠した。

何故なら一行のトラックは、今このコースの最大の難所――カリフォルニアの手前アリゾナ州の砂漠越え――にさしかかっていたからだ。この砂漠を何が何でも乗り切るためには、トムを中心とした一家の結束が必要だ。余計な心配で一家の士気に水をさしてはならない。早速その配慮が生きたエピソードが登場する。この映画一番の危機である。

砂漠に突入する道の入り口に検問所があった。係官がトラックの前に現れ、果物や植物を積んでいないか調べるから荷物を全部下ろせと命じた。そんなもの積んでないのだが、面倒なことになったと一同は困惑した。その時、死んだ祖母が役に立ってくれた。

ダーウェルが機転をきかせて係官に哀願した。病人を抱えているため見逃してもらえないかと、暗にぐったりしている祖母（実は息絶えていた）を指さした。相手はそれを見て嘘ではないと判断したらしく、念のため果実や野菜は積んでいないなと形式上の再確認だけで一行の通過を許してくれた。

こうして一行は砂漠を乗り切り、最後は全員でトラックを押して（ガソリン切れ）、眼下にカリフォルニアの果樹園が見渡せる坂の頂上に着いた。トラックを降りた一人一人が感嘆の声をあげた。

「スゲエ！　緑（果樹栽培）がいっぱいだ！　カリフォルニアだ！　万歳！」

まるで待ち望んでいた楽園を発見したかのような一同の興奮、ハシャギようだ。

しかしトムは、トラックの傍にすわり込み沈んだ表情の母親を見逃さない。駆け寄った彼に、母は初めてバアさんの死を明かした。トムは敏感だ。するとあの検問所の時にもうすでに？　母はうなずいた。そして言った。

「何が何でも砂漠を越えねばならない。バアさんには我慢してもらったの。でもこんな緑の美しい所（カリフォルニア）に一緒に来《こ》れたんだもの、きっと喜んでいてくれると思うよ」

そう言った彼女は、実は祖母の死が一家をここまで運んでくれたと内心で感謝していたのだ。

トムの危機を救うため身代わりの犯人を引き受けるケーシーの友情

一家はやっと目的地のカリフォルニアに着いた。案の定、期待した新天地ではなく街には失業者があふれ、さながら「難民」の居住区だ。トラックを押して来た一家に警官らしき男が目敏く気づき、早速忠告した。

「綿狩りの仕事は終わった、宿は一杯で泊まれない、仮設のキャンプ地へ行け」と。

映画はここからカリフォルニア州を転々と移動する一家を追う。まずキャンプ地のエピソードを二つ。

失業者のテントが立ち並び、トラックの通行もままならぬキャンプ地に、それでも一家は空地を見つけて何とかテントを張った。母親は早速家族の空腹を案じ、屋外で火を起こし簡単な食事（スープらしい）の準備を始めた。するとその匂いをかぎつけた子供たちがどっと押し寄せ、遠巻きに彼女をとり囲んだ。母親が一家の一人一人に配る食器の料理を食い入るように眺めた。

その子供たちの視線にたえられず、トムは「おれはいい」とテントの中へ姿を消した。母親は仕方なく、見かねて子供たちに「食器を持っておいで」と声をかけた。すると彼らはすぐさま四散して、各自がゴミの山から空き缶などを見つけて走って戻って来た。彼らも空腹だったのだ。鍋の中の料理は一瞬にしてなくなった。この悲しいエピソードがその一である。

その二は、翌朝起きたトラブルである。仕事を紹介する手配師が二人車に乗って現れた。どっと失業者の男たちが取り囲む。この時、失業者の一人の骨のありそうな男が手配師に注文をつけた。賃金のインチキ（現地へ行けばいつも値切られる）を防ぐため契約書を作れと迫ったのだ。手配師は「そんなものは必要ない。こちらが決めることだ」と横柄に無視した。すると件《くだん》の男が、「この業者は怪しい、仲介業者の免許証を見せろ」とさらに迫った。ついに喧嘩となった。

車の中のもう一人の男（用心棒らしい）が銃を持って車を降り、男に迫った。すると男はすかさず相手にパンチを見舞い、相手が倒れたスキに逃げ去った。用心棒も黙っていない。男を狙って発砲した。弾はそれて道端の婦人に当たり、彼女は悲鳴をあげて倒れた。

この暴挙に喧嘩を恐れぬ正義漢トムが黙っていない。やにわに彼は用心棒にとびかかり、相手を殴り倒すとその銃を奪い取った。周囲は騒然となり、やがて警官が車で乗り込んで来た。この時だった。今やトム一家の一員となったケーシー（元牧師）が、ひそかにトムに近づき耳打ちした。「警察が来た、お前は逃げろ、あとはオレが引き受ける、仮出所のお前は捕まったら身が危ない」と。

このケーシーのとっさの機転に感謝してトムは逃げ去った。この後のケーシーが愉快だ。彼はトムの持っていた拳銃を捨て去ると、何くわぬ顔で警官の前へ自首して出た。手錠をかけろと、自らの両手を差し出して。事態をのみこめぬ警官は困惑したが、それでもケーシーを連行した。この時のニンマリと微笑するケーシーの余裕の表情が印象に残る。それにしても、トムに代わって犯人を名乗り出るこのケーシーという男、ただ者ではない。

その夜、みんなが寝静まったテントにトムがこっそり戻って来た。このキャンプ地にこれ以上留まる危険を告げ、弟のアルにトラックの運転を命じ（自分はトラックの底に身を潜める）、翌朝早く一家はひそかにこのキャンプ地を脱出した。

一家は初めて仕事（桃摘《つ》み）にありつく……しかし再会したケーシーが殺された

トム一家はカリフォルニアを北上した。この時一家の構成員は四人減って七名となった。トムのすぐ下の妹ローザの夫コニーが、前途に希望を失い、ひそかに出奔したのだ。トムは夫を失ったこの身重の妹を慰め、励ました。それにしても祖父・祖母の死、ケーシーの自首、そして妹の夫コニーの出奔と、男手の減ったトム一家の前途の不安は隠せない。

しかしよくしたもので、天は一家を見捨てない。その日タイヤ交換の作業中の一家に、高級車に乗った男が通りかかり、

「桃摘みの仕事でよかったらこの先のキーン農場へ行け、オレの名前スペンサーを出せば雇ってくれるはずだ」と親切気に言った。失意の一家は狂喜した。

こうしてトム一家はその農場で、やっと初めての仕事にありついた。桃摘みの労働で一日一人5セントの賃金も得た。あてがわれた粗末な小屋で、オクラホマ出発以来、初めての食事らしい食事に、一家の団欒《だんらん》も復活した。しかしいいことは続かず、翌日には一家はまたしてもこの農場をひそかに脱走する運命となった。実はこの農場、着いた時から何故か警戒が物々しく不穏な空気が漂う。銃を持った男たち（農場が雇った用心棒らしい）があちこちに立ち監視の目を光らせる。

トムは不審に思って夕食後、監視の網をくぐって偵察を試みた。農場の裏に明かりのもれるテントを発見し覗《のぞ》こうとした。「誰だ?」という声に本名を名乗るとテントが開いた。車座にすわって相談する男たちの中に、なんとあのケーシーがいた。驚くトムを、ケーシーは歓迎して招き入れた。ケーシーはトムの不審を解いてくれた。彼自身は逮捕されたものの入獄は免れて、州外追放の軽い処分ですんだらしい。それよりケーシーは、今この農場で起きている物々しい警備の謎を説明してくれた。

「農場主は一日5セントの約束の賃金を半額2セント半に切り下げて来た。そのためダマされた労働者たちは怒り狂い、今ストライキで闘っている最中だ。オレはその主謀者と見なされ、ヤツらに追われている。オマエもストに参加しないか?」とケーシーはトムを誘った。

しかしトムは彼の話に乗らなかった。やっと手に入れた一日5セントもらう生活を失いたくなかったからだ。ケーシーは寛大に理解を示し、それ以上自分の考えを強要しない。ただ一言だけ言った。

「今は5セントだ、しかしヤツらは2セント半に引き下げてくる。それがいやならここを出て他所《よそ》へ行けと追い出す。替わりの失業者はいくらでもいるから、オレたちの足元を見てナメきっているのだ」と。

その時、テントの外の見張りが「ヤツらが来た、逃げよう」と声を殺して伝えた。明かりを消して一同は素早く近くの橋の下へ逃げた。この時、明かりを持った用心棒の男たちにケーシーらは見つかり、乱闘となった。その時、ケーシーが棍棒を振りまわす彼らの一撃をまともにくらって昏倒、即死した。トムは自分の大切な恩人を殺したその相手に狂ったように襲いかかり、撲殺してケーシーの仇《かたき》を討った。トムは仮出所の身を忘れ、またもや殺人犯となった。

彼は何とか逃げのびて小屋の中の母親に、その痛々しい傷痕を治療してもらった。母親は何も言わずにすべてを察した。彼女は、悪を許さぬこの息子の無鉄砲を、常に愛し、許すのであった。

用心棒の男たちは仲間を殺されて、翌朝から下手人《げしゅにん》（トム）を血眼になって探し始めた。ここに居ては危ない。弟アルにまたトラックを運転させて、トム一家は何とか厳しい監視網を突破、脱走した。この時トムはトラックの積荷の下に身をひそめていたが、隣の小屋の男が激しく憤慨する声を聞いた。

「2セント半⁉　バカにするな！」

どうやら昨夜ケーシーが予告した賃金の切り下げを通告されたらしい。トムはここでもつくづくケーシーは正しかったと、昨夜の誘いに応じなかった自分を恥じた。そのケーシーも今や死んでいないのだ。

トムはまた母親に別れを告げて逃走する

農園脱出に成功したトム一家は、この映画が描く最後の寄留地「国営農場」に身を寄せた。国営と言うだけに、ここは建物も瀟洒《しょうしゃ》、設備も整っていた。しかし安住の地とはならない。

ある夜、保安官らしい男が、この施設の所長に付き添われて巡回に現れた。トラックの登録ナンバーを調べているらしい。その様子を目撃したトムは、てっきり自分が疑われていると早合点した。前の農場で殺人を犯した彼は、その追跡、逮捕の恐怖が念頭を去らない。ここに居ても危ない！　彼は単身家族と離れて別行動を取る決断をした。

一家が寝静まった中、いち早く気づいた母親とトムが、月の光の明るい屋外で別れの挨拶をかわす。この映画で私が一番忘れることのできない感動の名シーンである。

注目は、日本映画のようなお涙頂戴式の感傷などまるで無縁であることだ。確かに母親ダーウェルは、息子がいなくなりその声が聞こえなくなる淋しさを嘆き悲しんだ。それは世界共通の母親の情、母性愛だ。しかし彼女は息子を決して引き止めようとしない。

一方、息子のトムがこの時口にした別れの言葉が素晴らしい。彼は二つのことを言った。

一、「心配しないで母さん、ボクはどこにもいる。飢えて戦う人々の中にも、食事にありつけて喜ぶ子供たちの中にもいる。どこにでもそれらの人々の中にボクはいる」

この言葉、日本人には決して言えない人間の生きることの孤独と連帯を暗示していて、私はいい言葉だと心打たれた。

二、「ケーシーはボクのランプだった。彼の言ったこと、したこと、その死に方、そのすべてをボクは忘れない」

この時、母もまたしみじみと言った。「あの人はいい人だった」と、初めてケーシーのことを褒《ほ》め、偲んだ。一家にとってもケーシーは貴重な「ランプ」であったのだ。

二つの言葉を残すとトムは、潔く母から離れて闇の中に消えて行った。それを見送る母親の胸中を去来したものは、感傷よりも息子を信頼して送り出す慈愛のような勇気と決断ではなかったか。心配しないで、母さんもあなたに負けずしっかり生きて行くから。そこには親子といえどもそれを超えた、独立した人間同士の持つ敬愛と信頼、そして連帯があった。二人は親子というより同志、盟友を思わせた。

庶民は雑草だ！　不屈を誓う母親の言葉

いよいよこの映画のラストシーンだ。一番頼りにしていた倅《せがれ》、トムに去られても母親は少しもくじけない。国営農場が紹介してくれた新しい仕事先をめざして、一家は再びオンボロトラックの旅を続ける。運転するのはトムの弟のアル。その隣に母親と父親が乗り、彼ら三人の姿を、カメラが正面から至近距離でフロントガラスごしに映す。

まず疲れはてた父親が「痛い目にあったな」と弱音を吐く。するとすかさず母親が「だから女は強いのさ」と反論する。以下彼女の独白である。トラックの前方を見据えたまま、気丈で逞しい母親役のジェーン・ダーウェル氏の顔が大写しになり、彼女が口にする以下のセリフとともに映画はエンドマークとなる。

「男は無器用ですぐ立ち止まる。女は男より変わり身が早い。川の流れに流されて行くのさ」

「庶民は雑草のようにしぶとい。だから誰も根絶やしにできない。永遠に生き続けるのさ」

雑草のように生きる、その人間の不屈の強さと柔軟さを母親に説かせて映画は終わる。

ちなみにこの映画が作られたのは一九四〇年。鬼畜米英の軍国主義の日本に輸入されるはずもなく、日本公開は戦後の一九六二年。それでもこの八十年も昔の作品が今も少しも古さを感じさせぬのは、人間の永遠不変の真実を描いたこの名匠のリアリズムの重さ、素晴らしさにあったと私は思う。

『荒野の決闘』（一九四六年）

フォード監督の西部劇で、私が唯一愛した傑作

西部劇の神様に敬意を表して、今度はこの『荒野の決闘』を選ぶ。私の一番大好きなこの名匠の西部劇である。

ところで専門家の間では、氏の戦前の作品『駅馬車』（三九年）の評価が高い。なるほど面白い作品であるが、ラストの先住民インディアンの襲撃を銃で撃ち殺して快哉を叫ぶシーンに、またかとうんざりした。このアメリカ人の能天気がこの作品の瑕瑾《かきん》をなすため、私はこの作品を取り上げない。

さて『荒野の決闘』（原題は邦訳『いとしのクレメンタイン』）である。この作品はフォード監督が第二次大戦から復員後、最初に撮られた西部劇らしい。この作品に対する大方の評価は、淀川長治氏の以下の賛辞につきると思われる。早速だが拝借させていただく。

「『駅馬車』から七年、ジョン・フォードは、ウエスタンを芸術に磨きあげました。まさに第一級の名作ですね。（中略）フォードの西部劇は、何故いいのか。単なる撃ち合い、

戦い万歳！　ミリタリズムではありません。男の哀しさが詩的に出ているんです」（参考文献①、傍点は奥井）。

この、西部劇を「芸術に磨きあげた」という淀川氏の指摘に、私は全く共感する。芸術の本質の一つが人間の真実を描くことにあるとすれば、ここには私たち日本人のあまり知らない西部の人間の厳しい真実が見事に結集されている。それは悪を許さず命がけで戦う男たちの勇気と倫理感（正義）の厳しさであり、一方、フォード監督お得意の男たちの友情の美しさと悲哀である。早速、具体的な作品紹介に移る。

アメリカ西部（アリゾナ州）でかつて実際にあった話に基づく

この映画の物語は、これまでに何度も映画化されていてご存じの方も多いはずだ。例えば後の作品『ＯＫ牧場の決闘』（ジョン・スタージェス監督、一九五七年）など。それもそのはず、アメリカではすでに人口に膾炙《かいしゃ》された、西部史に残る実話が題材である。

伝説の保安官ワイアット・アープが、親友で医者くずれの賭博師ドク・ホリデイの協力を得て、自分たちの牛を盗んだクラントン一家とＯＫ牧場で対決し、死闘の末、彼らを全滅させ復讐をとげる話である。

この男たちの対決のドラマに、二人の女性の悲しい恋が絡み、この映画の詩情を盛り上げる。一人はドクに惚れている酒場の女チワワ。もう一人はドクのかつての許婚者《いいなずけ》で、彼を探し当てて来たものの、ドクからすげなく追い返される破目となるクレメンタイン。この気の毒だが美しい白人女性クレメンタインに、ワイアットが同情し恋をする。

ちなみに言えばこの映画の原題『マイ・ダーリング・クレメンタイン』（＝いとしのクレメンタイン）」は、この映画のあまりにも有名な主題歌（同名のアメリカ民謡）とともに、いずれもこの女性の名に由来する。

保安官になる前は、四人の兄弟で牛を売りに行く牧童《カウボーイ》の長男

物語に移る。一八八二年というから一世紀以上も昔の話だ。ワイアット・アープ（ヘンリー・フォンダ）は同じ牧童の弟たち三人と共に、メキシコで買った何百頭もの牛をひき連れて、今カリフォルニアにそれらを売りに行く途中だ。この冒頭のシーンに、ワイアットらを小高い丘の上から見下ろす、見るからに人相のよくない二人の男が現れ、早くも緊張がただよう。ワイアットが馬を寄せて彼らに水場の所在を訊《き》いた。年取った方の男が、まだ先で遠いから、近くの町トゥームストーンで一泊していけと教えた。

この男たちがまさか後にワイアットが対決する運命となるクラントン父子だとは、ワイアットはむろん知る由もなく、観客も気づくはずはない。つまりこの映画は冒頭から運命

の宿敵を対峙させている、大胆な演出だ。すると先の二人の年上の男クラントン（ウォルター・ブレナン）が抜け目なく老獪《ろうかい》に「牛を売らないか」と話を持ちかけた。その値段を聞いてワイアットが平然と「安すぎる」と断った。このさりげないシーンが後のドラマの伏線をなす。が、先の二人の男を除いて誰も予測できない。

その夜、トゥームストーンの近くでワイアット一行は野営し、簡単な食事をすませた。その後、末弟のジェームズ（十四歳）を見張りに残して、上の兄たち三人は、賑やかな夜の街トゥームストーンに出かけた。髭《ひげ》をそるため理髪店に入った。その時だった。外で銃声がし、なんと理髪店の中まで銃弾が飛んできた。ワイアットらはヒゲをそるどころではなく身の危険を感じ、思わず床にはいつくばった。何という治安の悪さ！　しかし長兄ワイアットは豪胆だった。スキを見て表に飛び出し様子をうかがった。なんと酔っ払ったインディアンが銃を乱射しているらしい。群衆がその酒場の方角を遠巻きに注視していた。誰も止めようとしない。肝心の保安官がいるのに、彼は安月給の身でこんな騒動で命を落としたくないと尻ごみして傍観している。何という体《てい》たらく。ワイアットの生来の正義感がムクムクと頭をもたげた。

彼は単身、酔っ払いのいる酒場に向かった。正面を避けて暗い横道に入り階段をのぼって行った。どうやら敵の背後にまわって相手を仕留める心積もりらしい。銃声が止んで、しばらく街の中が静かになった。固唾《かたず》を呑んで見守る群衆の中に、インディアンをかついだワイアットが正面から姿を現した。ワイアットにのされたらしい、フラフラに酔った前後不覚のインディアンを、彼は馬に乗せると、慣れない酒なんか飲むなと一喝して馬の尻をたたいた。すると馬は酔っ払いを乗せたまま街の外の暗闇の中へ疾走して行った。

このワイアットの鮮やかなお手並みに街の人々は狂喜し、驚嘆した。保安官が面目を失いワイアットに職を譲ると申し出た。しかし牛を売る仕事を持つカウボーイのワイアットにその気はなく、彼は先の理髪師を見つけると、平然とヒゲそりの続きを頼むのであった。

この保安官になる前のワイアットのエピソード、秀逸に巧いと感心した。田舎から出てきた、もっさりとして地味なカウボーイが、人々の恐れる難題を、難なく解決して見せた。その一見静かな男が内に秘めた並々ならぬ勇気と度胸のよさを、図らずも披露して見せたシーンで、ヘンリー・フォンダ氏がその物怖《お》じしないカウボーイをさらっと演じて好演であった。氏の穏やかで冷静な風貌を生かしたフォード監督の演出も、また絶妙だと思った。

見張りの末弟ジェームズが殺され、牛はそっくり盗まれていた

ヒゲそりを終えて帰って来たワイアットら三人の兄弟が目撃した異変がこれであった。雨が降り出し、びしょぬれになって先の野営地に、末弟のジェームズが、雨の水たまりの中に、無惨にうつ伏せになって動かぬ死体となっていた。牛もそっくり盗み去られていた。

痛恨の惨事にワイアットら三人の兄は、年端のいかぬ弟を一人見張りにさせた自分たちの迂闊、軽率を悔い涙をのんだ。しかし後の祭りに愚痴を言う彼らではなかった。雨の中、ズブぬれになりながら三人は、押し黙ったままジェームズの遺体をシートでくるみ、翌朝近くの空き地に、粗末な墓標（十字架）を立てて埋めてやった。

その時、ワイアットがその墓標の前に跪《ひざまず》き、三人の兄を代表して手向《たむ》けた言葉は以下の一語だけだった。

「オヤジには連絡する、悲しむだろう。お前のいるここへはオレたちが交代で墓参りに来る。淋しいだろうが我慢しろ！」

一見、実に素っ気ない、冷淡とも映る弔辞《ちょうじ》だが、これが西部を生きるカウボーイたちの普段の流儀らしい。彼らの関心はただちにジェームズを殺し、牛を盗んだ犯人を捜し出すことに集中した。ワイアットがこの後トゥームストーンの町に留まり、先に話のあった保安官の職を引き受ける決断をしたのもこの時であった。

実はこの時、聡明な彼には犯人の目星はついていた。しかし確証がなかった。それをつかむためには保安官の権限を利用することが最適だった。他の二人の弟たちもそのワイアットの心意を理解し、保安官の助手として協力を惜しまなかったことは当然であった。

賭博師《とばくし》ドク・ホリデイとの出会い

その確証は意外に早く、また思わぬ女性から見つかった。それに触れるためには、保安官ワイアット・アープが出会い、何故か馬の合った元医師の賭博師ドク・ホリデイ（ヴィクター・マチュア）について触れねばならない。女は彼の情婦であったからだ。

ドク・ホリデイ（以下ドクと略す）は、この町でその名を知らない者はいない強面《こわもて》の遊び人、つまり賭博師だった。眼光鋭くまず笑わない。喧嘩や銃撃を少しも恐れぬ度胸のよさは、一種無頼漢や悪党の風格さえ漂う。この男ににらまれると大抵の男は威圧されて視線を外す。彼のワイアットとの出会いが秀逸に面白い。

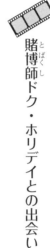

ワイアットが酒場でポーカーに興じていた時だ。姿を現したドクがワイアットの隣の男を見つけるとやにわに近づき、男の胸ぐらをつかみいきなり殴り倒すと、「オマエなんかの来る所じゃない」と外へ追い出してしまった。その後、何事もなかったかのように静かにカウンターに戻ると、彼は一人悠然と酒をあおった。周囲の客がドクを恐れて離れた。

一人ワイアットだけが静かにカウンターに近づき、ドクと並んだ。ワイアットは何か声をかけた。するとドクが「お前が保安官か」と、ニコリともせずギョロ眼でにらんで不敵に言った。そしていきなり銃を抜いて相手を脅《おど》した。ワイアットは上着を開いて見せ、丸腰であることを示した。これではドクも撃てない。ワイアットは相手の銃をしまわせると、平然と言った。

「お前は法を犯している。酒場から勝手に人を追い出す権限は保安官しかない。今回は眼をつぶる。相手はインチキ賭博師だったからな」

すると、なんとドクが黙ってワイアットのグラスに酒を注《つ》いだ。てっきり喧嘩になると思いきや、二人の男の無言の乾杯に周囲の客もホッとした。中断していたピアノ演奏が鳴り出し、酒場はまた以前の賑やかさを取り戻した。

それだけのシーンであった。しかしこの映画白眉の名シーンとして私は忘れない。

彼らは一瞬にして、相手を骨のある男と見抜き、一目置いたのだ。この時の互いの好感が、この後の二人の男の友情を生む。

酒場の女チワワが事件犯人の確証を持つ

さて保安官ワイアット・アープの先の犯人捜しに話を戻す。ある日彼は、ドクを愛する酒場の女チワワ（リンダ・ダーネル）が身につけていた銀製のブローチに注目した。なんと殺された一番下の弟ジェームズが大切にしていた品ではないか。

ワイアットは激しく追及した。「一体誰にもらった？　どこでもらった？」

チワワは保安官の思いもせぬ険しい表情の追及にたじろぎ、「ドクにもらった」と嘘を言った。当然ワイアットの疑惑はドクに向かった。彼は今ではすっかり親友となっているドクに問い質した。ドクはさっぱり要領を得ず、女が言った濡れ衣に激怒した。

　こうして二人の男は改めてチワワの部屋を急襲した。なかなかドアを開けないチワワに、ドクがいきり立った。実はこの時、彼女の部屋には男がいた。それを窓から逃《のが》すための時間稼ぎだった。

●左・ワイアット・アープ（ヘンリー・フォンダ）、中下・ドク・ホリデイ（ヴィクター・マチュア）、右チワワ（リンダ・ダーネル）

　二人の男の烈しい追及、詰問にチワワはたまらず、自分の嘘を白状した。そこには愛するドクが自分に優しくしてくれぬ女の不満、悲しみがあった。

「あんたが冷たくするから、淋しくて別の男を部屋に入れた。その男からもらった」と彼女は言った。「そいつは誰だ！」とドクが迫った時、部屋の外から銃声が二発、チワワの胸を射た。クラントンの息子の一人、ビリーからもらったと彼女が白状しかけた時、先に窓から逃げたビリーが、外から様子をうかがい狙い撃ったのだ。ビリーは素早く自分の馬に飛び乗り、暗闇の中へ逃げた。

　ワイアットはすかさず二番目の弟バージルに追撃を命じた。バージルにも下の弟ジェームズを殺された怨みがあった。彼は逃げるビリーを、怒りと憎しみの固まりと化し、必死に懸命に追った。こうして誰も寝静まって静かな深夜の暗いトゥームストーンの町を、二頭の馬が前後して猛スピードで駆け抜けて行った。

　追跡するバージルの執念の弾丸はビリーに命中した。負傷したビリーはそれでも必死に逃げ、父親クラントンの待つ家に何とかたどり着いた。が、そのまま息絶えた。追っかけて来たバージルも、待ち構えるクラントンに容赦なく撃ち殺された。

　そのバージルの遺体が、ワイアット保安官の事務所の前で馬から投げ捨てられた。静まり返った深夜の闇の中に、バージルを捨てた男の怒声がひびきわたった。

「ＯＫ牧場で待ってる！　いつでも来い！」

　敵の宣戦布告であった。ワイアットは落ち着いて腹をくくった。来るべき時がついに来た。二人の弟ジェームズとバージルの弔い合戦、ＯＫ牧場の決闘の始まりだった。

チワワはドクの懸命の治療に感謝し、至福の笑みを残して逝《い》った

　ここでビリーの凶弾に倒れたチワワの最期について触れる。この映画が西部劇の古典と

してだけでなく、後世メロドラマの古典として語り継がれることになる名シーンであるからだ。

ワイアットは医者を探したが、遠方で間に合わない。そこでチワワの体から銃弾を摘出する手術を、かつて医者を志したドクに頼んだ。ドクは愛する女チワワのため、昔とった杵柄《きねづか》に挑戦することを厭《いと》わなかった。

彼はこの映画で初めて見せる優しい表情でチワワに言った。

「麻酔がないから少し痛いかもしれない、我慢できるね」

チワワは感謝して、笑顔で「大丈夫」とうなずいた。彼女は愛する男ドクの手で手術を受けることにすっかり安心、満足していた。その表情にはこの男の許で死ねる幸福感すら漂わせていた。

手術はいったん成功し小康を得た。周囲の者は安堵した。しかしドクは医者の直感でチワワの危篤を察知していた。案の定、彼女はまもなく帰らぬ人となった。

ここで生前のチワワがひそかに胸にいだいていた、生涯唯一の最後の夢（幸せ）について一言触れる。それはこの映画に登場するもう一人の女性、クレメンタイン（キャッシー・ダウンズ）のエピソードとも関連するからだ。

チワワはこのトゥームストーンの町に現れた、ドクの昔の婚約者クレメンタインにひそかに心を痛め嫉妬していた。家柄も出身も酒場女の自分とまるで違う彼女の気品と美しさに、チワワはとてもかなわないとドクのことを一時諦めていた。ところがドクは、彼に復縁を迫るその許婚者《いいなずけ》を、「オレは昔のオレではない、あきらめて帰ってくれ」とけんもほろろに追い返した。「オマエが帰らないならオレがこの町から出て行く」とさえ言った。

その直後だった。ドクはチワワを抱いて、メキシコへ行って二人で結婚しようと囁《ささや》いた。チワワは夢かと狂喜した。メキシコはこの混血女の故郷でもあったらしい。そこまで思いやってくれたドクの気持ちが嬉しかった。

しかし彼女は今、ドクの手術に身を任せながら、つくづく自分の一時の気まぐれを恥じ後悔した。ドクへの当てつけもあって、あんなビリーと付き合い、あげくの果てはビリーに撃《う》たれてこのザマだ。ドクとメキシコへ行く夢は叶わなくなった。それも自業自得だ。でも今こうしてドクに見守られ、その夢を一生の思い出として死んでいける自分は幸せだ。ドクを見つめるそのチワワの満足と至福の笑顔が美しい。

酒場で働くこの薄幸な女性のせいいっぱいの悦びと幸せを、リンダ・ダーネル氏が好演される。彼女の気丈な性格と可憐な美しさが、チワワの末路の哀れを体現して見事で、心に残った。

ＯＫ牧場で対決するワイアットら三人の男と、クラントン一家

映画はラストのクライマックスを迎える。

チワワが死んだその悲哀を押し隠して、ドクもワイアットらの決闘に加勢した。こうしてワイアットと、彼の弟でただ一人生き残ったモーグ、そしてドクの三人が、クラントン一家の待ち構えるＯＫ牧場へ乗り込んで行く。世に言う「ＯＫ牧場の決闘」である。

西部劇ではお馴染みの壮烈な銃撃戦がラストを飾る。この死闘でワイアットらは敵を殲《せん》滅《めっ》した。しかしドクは持病（肺病）の発作が出て苦しむ、そのスキをつかれ、撃たれて死んだ。

画面は一転して、平和でのどかなラストシーン。勝利したワイアットと弟のモーグが、馬に乗ってトゥームストーンの町を去って行く。見送るのはドクのかつての婚約者クレメンタインただ一人。

彼女は、いろいろ親切にしてもらったワイアットに礼をかねて、自分はドクの死んだこの町にとどまり、学校の先生をして生きると告げた。するとワイアットが、それまで秘めていた彼女への恋情をチラリと明かす。

「この町へ戻って来たら会ってくれますか？」。相手は「ええ悦んで」と満面にまぶしそ

うな笑顔をうかべて快諾した。ワイアットはさらに踏みこんで言った。

「オレはクレメンタインという名前が好きだ！」

西部の牧童らしい、少しも飾らぬ、そのぶっきらぼうな一言が、彼のせいいっぱいの愛の告白であった。

やがて馬に乗ったワイアットの後ろ姿が遠く小さくなって行く。その彼をいとおしむように、この映画の主題歌（有名なアメリカ民謡）「いとしのクレメンタイン」がスクリーンに重なり、館内に流れる。これが、このいつまでも語り継がれるであろうフォード監督の、西部劇とメロドラマ（恋愛物語）の、古典的名作の最後であった。

●ワイアットとクレメンタイン（キャッシー・ダウンズ）

最後に余談を一つ。この作品でドク・ホリデイを演じた男優ヴィクター・マチュア氏の圧巻の魅力、迫力である。先の淀川長治氏は「生涯に一度の最高の名演」と絶賛される。私も全く同感で、マチュア氏の他の出演作品も何本か見たが、この時のドクの印象が強烈すぎて、それらは影がうすく物足りなかった。あの『シェーン』のアラン・ラッド氏と同様に、マチュア氏の俳優生涯のピークをなす一本ではなかったかと、僭越を顧《かえり》みず付記させていただく。

④ アルフレッド・ヒッチコック監督（一八九九～一九八〇年）

『裏窓』（一九五四年）

サスペンス映画の神様はユーモアを忘れない

アメリカ映画四人目の名匠として、このヒッチコック監督に登場してもらった。氏は周知のように人間の恐怖心をあおるサスペンス映画（＝恐怖心理映画）の神様、第一人者としてあまりにも有名である。

しかし私にとってはいささか異色の選択である。何故なら私が小著で取り上げる名匠はすべて恐怖映画とは無縁、人間の生きることの哀歓、つまり人生の縮図を淡々と描く、そういう監督さんがほとんどであったから。

しかしヒッチコック氏の関心はそんなところには全くない。人間の心にひそむ恐怖心（恐《こわ》いもの見たさ）を掘り起こし、これに火をつけて震《ふる》え上がらせる。この一点に氏は映画監督としての全生命をかけられたからだ。

こんな特異な監督は私の知る限り、氏以外にない。異色の名匠と呼ぶ所以である。さらに私事を許してもらうなら、私は生来の臆病癖（怖《こわ》がり屋）もあって、恐怖映画などの怖い体験は苦手、嫌いである。早い話がお化け屋敷などに好んで入りたがる人々の気が知れない。

そんな私が氏を名匠と崇《あが》め惹かれるのは、明らかに矛盾している。何を隠そう、私は氏の恐怖映画すべてのファンではない。二度と見たくない作品の一つに『レベッカ』（四〇年）がある。この映画は専門家の間では評価が高いらしく、淀川長治氏などはこの作品の怖さこそまさに「ヒッチコックの命。ヒッチ研究する人には教科書です」（参考文献①）と絶賛され、必見を薦められている。

私はこんな無気味で怖い映画、もう一度見たいとは思わない。中でもこの映画に登場する家政婦のダンヴァース夫人の、能面を思わせるニコリともせぬ冷酷で無気味な怖さは、私には恐ろしすぎて気持ち悪く、後味が悪かった。二度と見たくない作品の典型であった。

しかし、それでも私はヒッチコック監督の作品に今も惹かれる。それは氏の恐怖映画の中には巧まざるユーモアと、見て愉しかったと私の心をハッピーにさせる一種のカタルシス（心の浄化）を与えてくれる、そんなサスペンス映画の傑作がいくつかあったからだ。

私は正直に言うが、ただ怖い、恐ろしいだけの氏の作品には惹かれない。ハラハラドキドキの緊張や恐怖のあとに、それらを癒《い》やすユーモアやカタルシスが欲しいのである。

そんな氏の作品を私は二本選んだ。これから紹介する『裏窓』と、次項で予定する『知りすぎていた男』である。まずは『裏窓』の紹介から。

他人の私生活《プライバシー》を覗《のぞ》き見したい、人間の不謹慎に便乗した傑作サスペンス

さてこの『裏窓』は文字通り、人間の舞台裏を覗き見するスリルを描いた傑作サスペンス映画だ。学生時代に初めて見て、こんな面白い映画があったのかと衝撃を受け、一度にヒッチコック監督の名人芸に魅了された作品であった。以来半世紀を超えるが、何度見ても飽きることのない、私の一番好きな作品である。

さて、物語紹介に入る前に、私が最近購入したＤＶＤの宣伝コピーが、この映画の特徴を見事に要約していたので、そこから始めたい。

「卓越した手法で描く覗き見のサスペンス」

実にうまい紹介だと感心した。注目は「卓越した手法」にある。

この映画の主人公ジェフ（ジェームズ・スチュアート）は報道カメラマン（写真記者）だ。ところが事故で片足を骨折したらしく、ここ数週間アパートでギブスを付けた不自由な車椅子生活を強いられていた。訪問者は二人の女性のみ。毎日やって来る年上の看護婦ステラ（セルマ・リッター）と、時々顔を見せる美人の恋人リザ（グレース・ケリー）で

ある。

ジェフは外に出ることもできず、毎日退屈をもてあます。その退屈しのぎに愛用のカメラや望遠レンズを使って、自分の部屋（二階）から向かいのアパート（三階立て）に見える住人の私生活（舞台裏）を眺めて日がな一日過ごす。その単調で刺激のない日常に、ある日変化が生じた。向かいの一室に気になる光景が見えたのだ。ここからこの映画のドラマ、つまりサスペンスが始まる。それは今は措く。

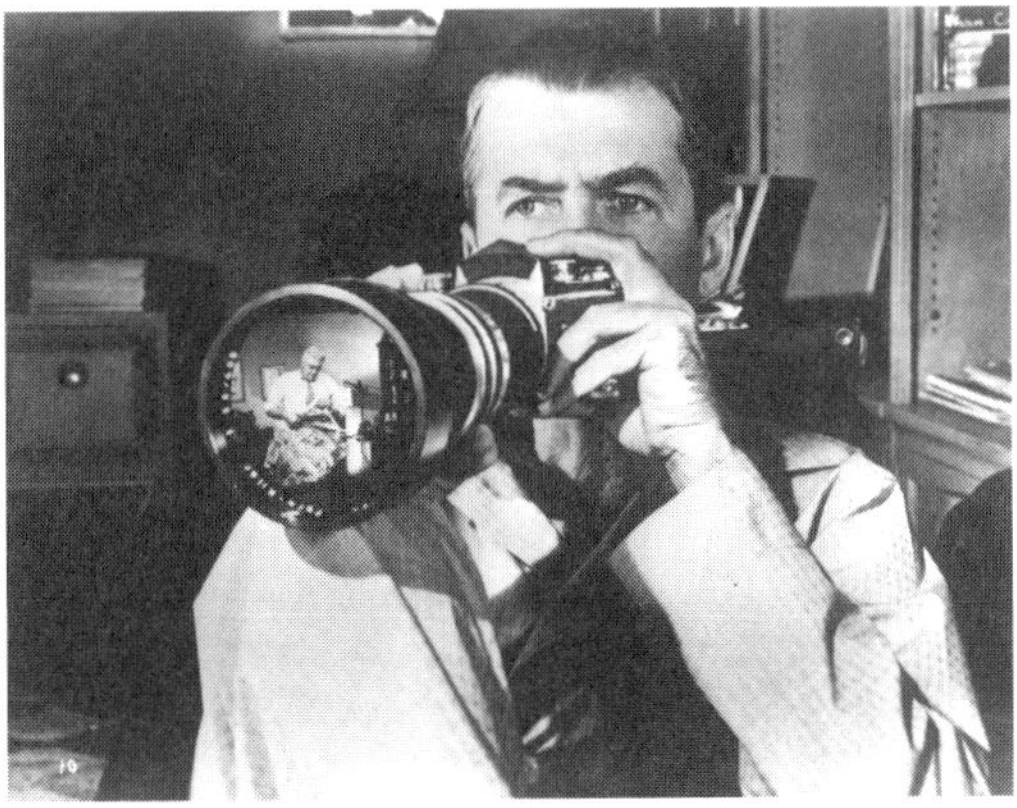

●カメラマン・ジェフ（ジェームズ・スチュアート）

注目は、これから始まるこの作品のドラマは、すべてこのジェフのカメラに映った光景であることだ。分かりやすく言えば、この映画がスクリーンに映し出すシーンのほとんどは、ジェフのカメラや望遠レンズがとらえた向かいのアパートの住民の私生活の実態ばかりだ。つまり、それらのシーンは姿や形は見えても距離が離れているため、互いの声は届かない。この設定こそが先のコピーの言う「卓越した手法」の中身である。この点を頭に置いて、以下物語の紹介に移る。

向かいのアパートのアメリカ市民の日常の私生活を覗き見する

冒頭のシーンが愉しい。ヒッチコック監督は、ジェフがとっくに見飽きているはずの向かいのアパートの人々の私生活を、もう一度ジェフにカメラを持たせて、私たち初めての観客にも案内、紹介してくれる。お蔭で、他人の私生活の覗き見など滅多にできない私たちも、早速、そのいささか不謹慎な悪趣味のお相伴にあずかることになる。ヒッチコック監督の心憎いばかりのサービス精神が有り難い。

ジェフのカメラは、まず日頃から彼の一番お気に入りの部屋を覗き見する。正面二階の左側の部屋には、一人の若い独身女性が住む。彼女は踊り子《ダンサー》かバレリーナであろうか。毎朝、そのはち切れそうな肉体もあらわに元気よく室内で体操をする。その水着姿のようなグラマーな肢体は、ジェフがいつも眼の保養にしているらしい。ジェフならずとも男なら眼を奪われる。

その隣には、独身者らしい音楽家（作曲家）の男が住む。彼がピアノに向かって奏でるメロディーは、いつも甘美で美しい。その音色は部屋の外のアパートの住民全体にも聞こえるため、さながらこの映画の背景音楽をなす。彼の仕事は交友関係が広いらしく、夜になると多くの男女の客が集まってくる。そのため彼らの歌声が一種のパーティーのような賑やかさで部屋の外にも聞こえてくる。

しかし、住民の中には寂しく孤独な人もいる。二階から目を下ろして一階を見ると、その婦人の部屋が見渡せる。彼女は夜になると着飾って、招待客の準備をする。テーブルに飲みものを準備し、グラスを二つ置く。やがて客が来たらしい。彼女はドアをあけて客を招じ入れ、テーブルに座らせると相手と乾杯をする。ところがこのシーン、私には衝撃だった。よく見ると客など誰もいないのだ。すべて婦人の自作自演（一人二役）の一人芝居ではないか。こんな狂態を演じてでも人生の孤独に耐えねばならぬ人がいる。私は胸を衝《つ》かれた。しかしジェフには見慣れた光景らしく、彼はこの婦人をミス・ロンリー（孤独）と呼ぶだけで、あっさりカメラを次の部屋へ移してしまった。

その上の三階に住む老夫婦の光景は、ジェフならずとも私も苦笑させられた。暑くて寝苦しい彼らは、外のベランダにベッドを持ち出して寝る。ところがにわか雨だ。彼らは慌ててまたベッドを室内に運び込む。どこにでも見られるありふれた庶民の生活風景が何ともほほえましい。

そして問題の部屋が映される。ジェフの場所からはちょうど正面にあたる二階の一室だ。ここには中年の夫婦が住んでいた。ジェフがこの部屋で目撃した夫婦の奇怪な動きこそが、ヒッチコック監督お得意のサスペンスドラマの始まりとなる。

向かいの部屋で殺人事件が起きた⁉——ジェフの退屈が吹っ飛ぶ

その部屋の主人ソーオルド（レイモンド・バー）は、眼鏡をかけた中年の白髪の大男だ。職業は装身具のセールスマンらしい。ジェフはかつて、彼が病床の妻と激しく言い争うのを目撃した。よくある夫婦ゲンカだろうとその時はさして気に留めなかった。ところがどうも様子が変だと今気づいた。何故ならその妻がいつの間にかベッドから姿を消して、部屋の中にはソーオルドの姿しか映らなくなったからだ。

しかもである。その一人になったソーオルドの行動が何とも奇怪だ。彼は夜中に大きなトランクをひっさげて外出して行く。それも一度ではなく二度、三度と。……？　ジェフは疑惑を抱いた。彼は望遠レンズを使って、さらにソーオルドの室内を拡大して覗いた。なんとソーオルドが肉切り庖丁《ほうちょう》とノコギリを新聞紙にくるんでいるのが見えた。

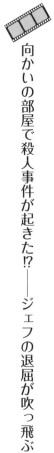

ここに来てジェフの疑惑は一気に強まった。あの男は変どころではない、実に怪しい。彼は病妻を殺し、死体を切断してトランクに詰め込み、それを捨てるため深夜の外出をした。これがジェフの推理であった。休職中のカメラマンが一転して素人の「探偵」に早変わりした瞬間だった。

それにしても、もし殺人事件なら放っておけない。素人の手に余る。彼は早速、友人のドイル刑事（ウェンデル・コーリー）に電話して、アパートの部屋まで来てもらった。ドイルは興奮するジェフの話を冷静に聴いた。しかし素人の市民の通報の常としての確証の不足（証拠不十分）を指摘すると、それ以上の興味は示さない。「念のため調べてみよう」と、この友人の通報の労はねぎらったが。

こうなるとジェフ「探偵」の相談相手は、先にも触れた彼のアパートへの二人の訪問者（女性）しかなかった。年上の看護婦のステラと、ジェフの恋人リザ（グレース・ケリー）である。ところがこれら二人の女性は当初、まるでジェフの話に乗ってこなかった。覗き見するしかない暇人《ひまじん》の妄想、タワゴトと無視して聞き流していたのだ。

ところがジェフの真剣で執拗な観察報告や疑惑説明を聞かされると、さすがに彼女たちの心にも殺された夫人への女性としての同情心や、相手の男への怒りが芽生えた。こうなると女性の変わりようは早い。一転して二人はジェフ探偵の味方、協力者に豹変した。中でもリザ（グレース・ケリー）が、恋人で花婿相手と決めているジェフに、女性の直感から貴重な助言をして知恵を貸した。

失踪したその夫人がもし旅行に出たのなら、彼女は結婚指輪や宝石などの貴重品は身につけて出ていくはず、女とはそういうものだ。もしそれらの貴重品がまだその怪しい夫の部屋に残されていたら、あなたの推理は間違っていない、夫人は殺されたのだ。まずそれらの証拠品を探し出すべきだ、と。

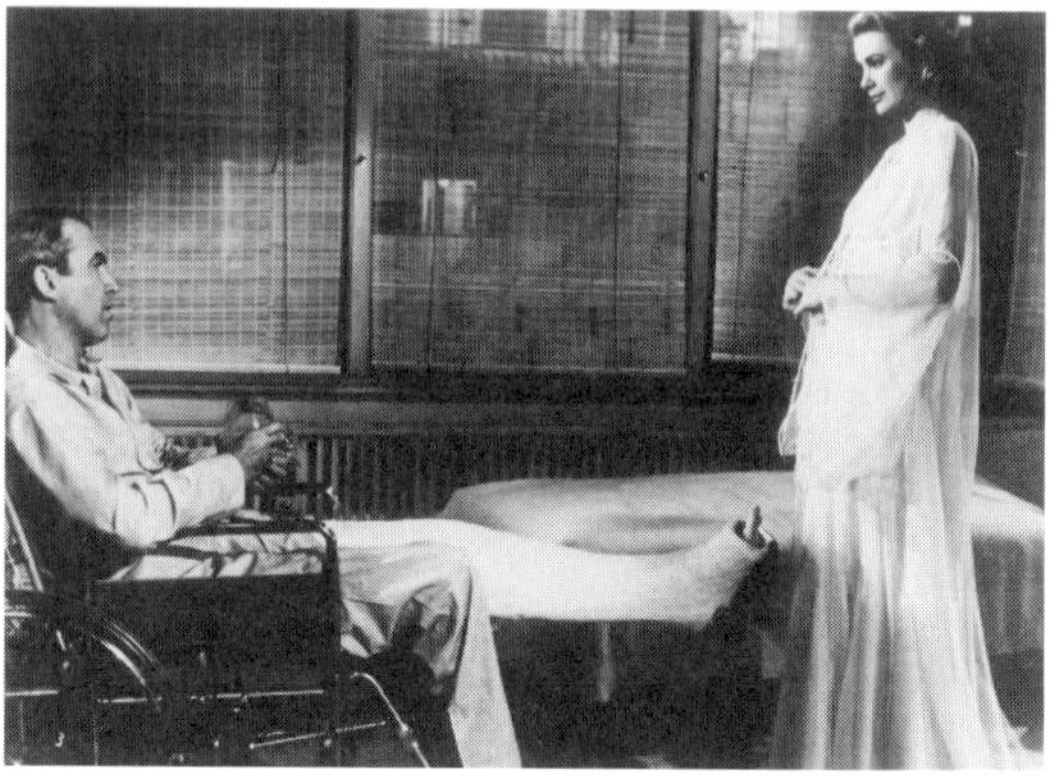

●ジェフと恋人リザ（グレース・ケリー）

「うーん」とジェフは唸《うな》った。その通りだが、あの男の部屋に踏み込んで家捜《やさが》しするなど、そんな危険で恐ろしいことなどできるはずがない。彼は思案にくれてしまった。

そんな時、団地内を震撼させる異常な事件が起きた。これがジェフの行き詰まった推理や、先のリザの助言を生かす一つのヒントを与えた。その団地内を揺るがせた異常事件とは？　先に紹介した三階の老夫婦のベランダに立った夫人が「キャアー！」と周囲をつんざく悲鳴をあげた。彼女の愛犬だった子犬が、地上で死体となって横たわっていたのだ。

悲鳴を聞いた住人たちが、何事かとそれぞれの部屋のベランダに姿を現した。ジェフは誰も出てこない二階の一室に注目した。あの怪しい男ソーオルドの部屋だ。ここでジェフの推理が一挙に飛躍した。彼はかつてその子犬が、花壇の手入れに下りてきたソーオルドに近づき、じゃけんに追い払われる現場をたまたま目撃していた。あの子犬はソーオルドが花壇に埋めた何かをかぎつけ、それを掘り出そうとして殺された。とジェフは推理した。あそこには殺人事件の証拠となる重要な何か（夫人のバラバラ死体の一部？）が埋められている。ぜひ掘り起こしてみたい！

するとや今やジェフ探偵の片腕、助手気取りの二人の女性が、「あたしたちがやってあげる、車椅子のあなたには無理だろうから」と有り難い申し出。しかしソーオルドに万一見られたらどうなるか。その危険はあまりも恐ろしい。しかし二人の女性の勇気あるせっかくの提案を無にするのは惜しい。ジェフはここでも探偵顔負けの一計を思いつき、早速実行に移した。

空振りにくじけぬリザの大胆不敵と危機

ジェフは、ソーオルドをアパートの外へおびき出す妙案を思いついた。電話帳で彼の住所と電話番号を調べ出すと、「話したいことがある」と未知の男を装って彼に面会を求めた。電話を受けたソーオルドが不審顔でアパートを出て行った。しめた！　チャンスだ！　彼の外出中に二人の女性がスコップを持って地上の花壇に向かった。ところが花壇からは何も出てこなかった。女性たちが「ダメだった」とその徒労を身振りで二階のジェフに知らせた。ジェフ探偵の推理は見事に外れたのだ。

ところでこの拍子抜けの空振りシーン、実はヒッチコック監督のいつもながらのお遊び、ユーモアであった。何か事件の鍵が見つかるだろうと、観客に思わせぶりたっぷりに真面目なエピソードを描いておいて、実は残念でした、何もありませんでしたと肩スカシを食わせる。この空振りエピソードは他の作品でもおなじみである（次項『知りすぎていた男』など）。

しかしこの映画では、その空振りがとんでもない「ヒット」を生む。年上のステラはあきらめて潔く引き揚げた。ところが若いリザは持ち前の向こう意気の強さを発揮して、なんとそのままソーオルドの部屋、敵陣に踏み込んで行ったのだ。

リザは花壇の近くに二階につながる非常用梯子《はしご》を見つけると、何臆することなくスルスルとこれを登り、ソーオルドの部屋のベランダの柵をひとまたぎすると、彼の部屋に大胆にも侵入し、彼女の言った貴重品を探しにかかったではないか。ソーオルドはまだ戻っていない無人の部屋とはいえ、ジェフは向かいの棟の二階の部屋から双眼鏡でこの彼女の無謀を見て肝をつぶした。「危ない！　リザやめろ！　帰ってこい！」

彼は思わず叫んだが、そんな声が向かいの棟に届くはずはない。このもどかしさ、ハラハラドキドキのスリルこそ、冒頭で紹介したこの映画の「卓越した手法」の賜物だ。

リザのこの勇気ある無謀にジェフは万策尽きて、ついに警察にソーオルドの住所を伝え、救援を依頼した。一方、リザはジェフのそんな取り乱しようなど知る由もなく、こちらはますます大胆、ついに夫人のハンドバッグを見つけ、ついにその中から指輪やネックレスの証拠品を手に入れた。「やったわよ！」とそれらを手にした得意満面の表情を、彼女は遠方の部屋のジェフに送った。

ジェフは嬉しいよりも、彼女の無邪気な能天気ぶりが恨めしく、泣きたかったはずだ。いざとなった時の女性の神経の太さと、男の細さを象徴する興味深いシーンだと思った。

その時、ジェフが恐れた最悪の事態が起きた。ついにソーオルドが部屋に戻って来たのだ。彼は電話の相手が現れずスッポカされてカンカンだ。その上、今度は部屋の中に見かけぬ女がいてゴソゴソしているではないか。「お前は誰だ？　こんなところで何してる？」とでも言ったか。リザは動転しながらも気丈に、「見たら分かるじゃない、あたしは宝石狙いの空き巣よ」とでも居直ったか。いずれにしても双方の声が聞こえぬため、映画は一瞬サイレント（無声映画）の様相を呈する。

この両者の声の聞こえぬ対決と緊迫のシーン、この映画一番のサスペンスのクライマックスである。

男が動き出した。リザの隠し持っていた装身具に気づき、それを取り上げようと迫る。女は必死に逃げまわるが、狭い部屋の中、結局は大男の太い腕にむんずとつかまれ身動きできない。一瞬、あたしも殺される！　とリザの頭に、殺された夫人の悲劇がよぎったか。リザはその恐怖におののき、思わず絶叫した。「助けてぇ！　ジェフ！」

この時だった。リザの視線の方角を見たソーオルドが、敏感に初めて向かいのアパートに注目した。こちらを注視しているジェフの存在に初めて気づいたらしい。その一瞬のスキに、リザは男の腕をふりほどき逃げた。幸いジェフの電話で駆けつけた警官と鉢合わせした彼女は、空き巣狙いの犯人を装って逮捕されて、何とか難を逃れた。

しかし、男ソーオルドの怒りが、この時から一転して、向かいのアパートのジェフに向けられたことは明らかだった。不審は女だけではなかった。この女の裏に男がいた。奴らはグルになってオレに絡《から》んで来る！　何故だ？　彼の不審は怒りと憎悪に変わった。

こうしてこれまで覗き見の対象でしかなかった白髪の大男が、ついにギブスと車椅子で身動きできぬカメラマンの部屋へ、怒りの形相で襲って来た。ジェフ、絶体絶命のピンチであった。

フラッシュの閃光《せんこう》で戦うカメラマン——恐怖に戦慄する名ラストシーン

かくて映画はこの作品一番のクライマックスを迎える。ヒッチコック監督のサスペンスの最高の見せ場である。観客も固唾《かたず》をのんで見守る、一番の怖いシーンだ。

ソーオルドの不気味な靴音が近づいてきた。ジェフは部屋の明かりを消して、暗闇の中で息をひそめて待つ。しかしこのカメラマンは、最後まで抵抗を諦めない勇気があった。

ドアをあけて男が部屋に侵入して来た。「一体何が望みだ！」闇の中で男が呻《うめ》くように言った。ジェフはすかさずフラッシュを焚《た》いて目つぶしをくらわせた。そのまぶしさに男は一瞬視界を失い、たじろぐ。しかし目が慣れるとまた迫って来た。ジェフも負けじと必死にフラッシュを連発する。カメラマンの特技を生かした絶妙の演出だ。そのたびに暗闇の中に、鬼のような形相をしたソーオルドの恐ろしい顔が浮かび上がる。レイモンド・バー氏の不敵で残忍な容貌がピッタリで、これも巧い演出だ。

ついに二人はつかみ合いの格闘となった。こうなると車椅子で体の自由が利かないジェフに勝ち目はない。男の剛腕にジェフは車椅子からひきずり下ろされ、なんと部屋の窓から外へ突き落とされてしまった。万事休す？　観客の誰もがジェフの哀れな最期に同情、瞑目《めいもく》したはずだ。

その時、警察への電話で急を知ったドリル刑事が、他の警官と共に部屋へなだれ込んで来た。ソーオルドはその場で逮捕されたが、ジェフの救援には一足遅かったか？

いや、ジェフは地上に落下せず、窓の外の一角に両手でしがみつき、しぶとくぶらさがっていた。この宙吊りのジェフはどうなった？　映画はその実事は描かず、翌日の彼のアパートの平穏なシーンに一転する。リザが何事もなかったかのように優雅に雑誌を読む。その横のベッドにジェフが生き残って横たわる。カメラがそのジェフの全身をなめるように映す。最後は下半身だ。観客がドッと爆笑した。なんと昨日まで片足だけだった彼のギブスが、今や二本の両脚《あし》にしっかり装着されていた。

この皮肉、このユーモア、そしてこの見事なオチに、私はヒッチコック監督の至芸を見たと感心、愉快になった。ちなみに言えば、ソーオルドの妻殺しの真相はどうなったのか？　映画は全く描かず不問に付す。観客はそんな事は全く忘れて、ジェフの両脚骨折のオチに爆笑し、満足、溜飲を下げるのだ。ここにこの名匠の名人芸の凄《すご》さが図らずも実証されていると、私はまた脱帽した。

付記。この映画でジェフの恋人リザを演じたグレース・ケリー氏（一九二九～八二年）。その美しさは「溜息が出るほど！」と絶賛され、以後の人気を不動のものにした。しかしモナコ国王と結婚後、自らの車を運転する途中、脳梗塞を発症し、道路横の崖を転落、意識不明のまま急逝された（享年五十三歳）。合掌。

『知りすぎていた男』（一九五六年）

主題歌「ケ・セラ・セラ」を生かした、サスペンス映画の傑作

先の『裏窓』に次いで、私が二番目に愛するヒッチコック監督の傑作である。しかし私ほどこの作品を評価する専門家は少ないらしく、既刊の名画案内書を見てもこの作品を取り上げているのはほんの一、二例しかない。残念に思うが、これも好みや美意識の相違であろう。

この作品を愛する私の理由は以下の二つ。

一、この映画はヒッチコック氏の作品中では珍しく、音楽を本格的に使ったサスペンス映画であること。まずドリス・デイ氏というアメリカ人歌手をヒロインに抜擢《ばってき》して、徹底的に主題歌「ケ・セラ・セラ」を歌わせて観客を楽しませてくれる。彼女の演じる母親ジョーが息子のハンクにこの歌を教えて二人で愛唱するシーンは、何とも愉しくほほえましい。注目はこの歌が映画のラストシーンで事件解決の重要な役割を果たすこと。その点も見どころだ。

音楽の魅力はもう一つあった。この映画の後半のクライマックスに登場するロンドン交響楽団のオーケストラ演奏の圧巻の迫力だ。しかもその豪華なオーケストラ演奏は、その演奏中の会場で勃発する殺人事件の一つの背景描写にすぎない。観客は一瞬事件のことなど忘れてその豪華な演奏に見入り、聴き入ってしまう。それほど豪勢な臨場感があった。

二、この映画を推《お》す二つ目の理由は、この作品がヒッチコック監督のかつての旧作『暗殺者の家』（三四年）のリメーク版（再映画化）であること。淀川長治氏の言葉を借りれば、名匠と呼ばれる監督の中には「自分が昔につくった映画をもっともっと磨《みが》いて、もう一度磨きあげてつくる」そんな野望を捨て切れない人が少なくないらしい（参考文献①）。どうやらこの映画はヒッチコック氏のそのような執念の一本らしい。私はその旧作を見ていないのだが、その「磨きに磨きあげた」氏の意欲や努力に期待した。

案の定、私の期待は全く裏切られることはなく、氏の作品の魅力が集大成された（空振りの可笑しさやユーモアの駆使など）、文字通りサスペンス映画の傑作であった。氏の名人芸の凝縮した一本として推す。

休暇旅行の旅先で、怪事件に巻きこまれたアメリカ人市民の一家

物語の紹介に移る。主人公のアメリカ人医師ベン・マッケンナ（ジェームズ・スチュア

ート）は、パリの学会の帰り、夫人のジョセフィン、略称ジョー（ドリス・デイ）と一人息子のハンクを連れて、ここアフリカ仏領モロッコのマラケシュという町まで休暇の家族旅行にやって来た。白衣やベールで全身や顔を覆《おお》ったアラブ人が目立ち、馬車の他に日本人には珍しいラクダも通行する、一見して異国情緒あふれるアフリカの田舎町が舞台。

彼らはここで見知らぬ人物三名と出会い、図らずも懇意になった。一人は来る途中のバスの中で知り合った親切なフランス人青年ベルナール（ダニエル・ジェラン）。他の二人は偶然同じホテルに逗留《とうりゅう》し、夕食を共にしたドレイトン夫妻。この三名が以後、この映画の重要な鍵を握る人物となる。

●謎の言葉を聞くベン（ジェームズ・スチュアート）

翌日、早速事件が起きた。ベン一家（三人）は親しくなったドレイトン夫妻と一緒に、マラケシュの市場見物に出かけた。息子のハンクは子供に優しいドレイトン夫人（ブレンダ・デ・バンジー）とすっかり仲良くなり、二人は広場で大道芸を見せる男たちの曲芸に一緒に見入った。ベン夫妻は愛児ハンクをドレイトン夫人にまかせて、自分たち二人は自由に市場見物を愉しもうとした。

その時であった。路地の奥から全身白衣の男が、背中に刃物を刺されてよろめきながら逃げて来て、ベンの前方に倒れた。ベンは医者の立場上、その男に駆け寄り容態を診《み》た。白衣やベールに包まれたその男は、なんと変装した昨日のバスのフランス人ベルナールであった。顔まで黒く塗って変装していた彼は、ベンに気づくと、虫の息で必死に謎の言葉を残し、そのまま息絶えた（前頁の写真）。

異常事件と直感したベンは、妻の手帳を借りて素早くその言葉を書き留めた。以下の三語であった。

「政治家が殺される、まもなく」「ロンドンへ知らせろ」「アンブローズ・チャペル」

何のことかさっぱり分からず呆然とする夫妻に、地元の警察官が、目撃者としての証言聴取のための同行を求めて来た。ベンは断る理由もなく妻と一緒に応じた。

その時、ドレイトン夫人がハンクを預かりましょうかと申し出た。ベン夫妻はその好意を疑わずに任せた。警察には夫のドレイトン（バーナード・マイルズ）もベン夫妻に同行した。しかし警察は通訳は要らないと、ドレイトンは部屋の外に待たせた。

息子のハンクが誘拐された！　親切そうなドレイトンが姿を消した！

　この二つの事件が、ベンが警察で証言聴取に応じている最中に起きた。いずれも彼には予想だにできぬ青天の霹靂《へきれき》であった。この映画の核心をなす怪事件の勃発であった。

　まずハンクの誘拐は、警官の一人がベンに電話だと告げた、その電話の主の脅迫の一語で判明した。聞き馴れぬ謎の男の声が言った。

「死んだ男の言ったこと、サツにもらすと子供の命をもらうぞ！」

とそれだけ凄むと電話は切れた。呆然とするベンは、とっさに自分の迂闊を悟った。息子ハンクのこと、ドレイトン夫人に預けてすっかり安心していた。そのハンクがさらわれた！　どういうことだ？

　彼は同行して来たドレイトンに、「夫人はどこにいるか」と詰問した。彼は、「妻はハンク少年と先にホテルに帰っているはずだ、確かめてみましょう」とホテルに電話で問い合わせてくれた。しかしまだ戻っていないと言う。するとドレイトンは、ベンの不安を察したかのように、「自分が一足先にホテルに戻り、捜してみましょうか」と親切気に持ちかけた。警察との事情聴取が途中のベンは、とりあえず彼の好意に任せた。ところがこれがとんだ誤算であった。ドレイトンはこの後ついに、ベン夫妻の前に姿を見せることはなかったのである。

警察を出てホテルに戻ったベン夫妻は、ドレイトンも夫人も、そして肝心の息子のハンクも誰もいない、もぬけの殻《から》のホテルに仰天した。ベンはやっと気がついた。自分たちに親しそうに接近してきたあのドレイトン夫妻が怪しい。ヤツらがハンクを誘拐したのだ、と。

妻を励まし、ロンドンへ飛ぶベン夫妻

ベンは妻ジョーに、初めて先の脅迫電話以来のすべてを明かした。

ハンクがさらわれた⁉　ジョーは、腰をぬかさんばかりに動転し、やがて泣き出した。あまりのショッキングな悲報に、彼女は失神同然にベッドに倒れこみ、起き上がれない。

ここからベンの強く優しい、何事にも挫《くじ》けぬ意志の強いアメリカ人の美質が本領を発揮する。彼は「心配するな、大丈夫だ」と妻を安心させ、淳々と説いた。

「奴らは、オレの聞いたベルナールの遺言を警察に知られたくないため、その口封じのためにハンクを誘拐したのだ。ハンクは殺されることはまずない。彼らの悪事遂行までの口封じの人質だ。オレたちの手でハンクを取り戻そう！」

妻が少し冷静さをとり戻し、「どうやって？」と問う。

「警察に届ければハンクの命は危ない。ここは警察に頼らず、まずオレたちの手でドレイトンら一味を捜し出そう」

「アテはあるの？」と妻。

「あの死んだフランス人の遺言だ。ロンドンへ行こう！　アンブローズ・チャペルを探すのだ！」

かくて映画はアフリカのマラケシュ（モロッコ）を離れ、一転して舞台をロンドンに移す。第二幕の始まりだ。

ロンドン警察から、事態の真相を知らされるベン夫妻

ロンドンの空港を降りるベン夫妻は、二つの現実に驚かされた。

まずはベンの夫人ジョーを歓迎する、彼女の熱心なファンたちの待機だ。彼女は今は休職中だが、かつてはロンドンやパリの公演でも人気を博した有名な女性歌手という、まさにドリス・デイ氏にピッタリの設定であった。しかし、彼女が今息子の失踪に苦悩、心痛している心の内はファンは全く知らない。仕方がない、ジョーは明るい笑顔で手を振って彼らの歓呼に応えた。

もう一つ意外な現実があった。地上に降り立った夫妻に、ロンドン警察の一人が、ひそ

ベンと夫人のジョー（ドリス・デイ）写真協力 NBC ユニバーサルエンターテイメント

かに二人を警察の車で迎えに来てくれていた。そのため夫妻は早速署長室で、ブキャナン警視長と対面した。意外なことに、彼はベン夫妻の苦境を察知しているらしく、早速捜査の協力を申し出た。ベンは当惑した。どうしてオレたちのことを知っている？

　するとブキャナンは、ここで先日ベンが目撃したフランス人ベルナールの死の謎を明かした。「彼は我々がひそかに派遣していた政治家暗殺組織を密偵するスパイであった。が、不覚にも失敗して殺されたのだ」と、彼は平然と語った。

　ベンはロンドン警察の捜査網の広さに舌をまいた。しかし、ブキャナンの協力申し出は断った。警察に知らせたらハンクの命はない、という脅迫電話が怖かったからだ。ブキャナンは「私にも息子がいる」と言ってベンの苦衷に理解を示した。「考えが変わったら連絡してくれ」と電話番号を教えることは忘れなかった。このブキャナンの措置は適切で、後にベン夫妻の苦境を救うことになる。

ホテルを慌ただしく出入りするベン夫妻に、訪問客は呆《あき》れかえる

ベン夫妻は警察を出ると、いつも常宿にするらしいロンドンの旧知のホテルに逗留した。しかし今回は落ち着いてくつろいでいる場合ではない。一刻も早く息子ハンクを捜し出し、救出せねばならない。ベンは電話帳で必死にアンブローズ・チャペルを探す。あった！彼は小躍りして即座に電話して、先方の家を訪問する約束を取りつけた。

部屋を飛び出そうとしたその時だった。なんと一群の訪問客が手に花束や土産品を持ってにぎにぎしくなだれ込んで来た。いずれもかつてジョーと同じ歌手稼業をしていた気のおけない女性たちや、旧知のホテルの従業員（男性）だった。ベンは外出の出端《でばな》をくじかれた。

しかし、こんな場で時間を過ごす余裕はない。彼らへの挨拶もそこそこに「急用がある」と断って部屋を飛び出して行った。何のことか分からず、ポカンとする来客たち。この来客たちの置いてきぼりをくらわされたポカンこそ、この映画のヒッチコック監督お得意のユーモア（可笑しさ）の始まりで、この後、そのエピソードが何度も紹介され、観客の失笑を買う。

さてベンは、苦労してアンプローズ・チャペルの家を探しあてて訪問した。ところが全

くの人違いであった。誘拐などとは全く無関係のその家の住人たちは、ベンの執拗な追及に、最後は何を言ってるのかとツムジを曲げ、あげくのはては喧嘩となり、ベンは追い出されてしまった。

これがこの名匠のいつものお遊び、「空振り」のユーモアであった。ほうほうの体で逃げ出すベンに、観客席から苦笑がもれた。

アンプローズ・チャペルとは礼拝堂?——今度はジョーが飛び出す

ホテルでは四人の来客たちが、おしゃべりも一段落していささか手持ち無沙汰だった。ジョー夫人だけが、夫の結果を心配して一人気をもんでいた。客の一人が、

「ねえ、ご主人は一体どこへ行ったの?」とたまりかねて訊《き》いた。

夫人はうっかり「アンプローズ・チャペル」と洩《も》らしてしまった。

「何それ? 教会へ行ったの?」

この客の言葉がジョーに思わぬヒントとなった。そうか、アンプローズ・チャペルは教会(=礼拝堂)の名だったのか! 夫人は思わず立ち上がって電話帳を調べた。あった! と今度はジョー夫人が客を置き去りにして部屋を飛び出して行った。先のベンといい、今のジョーといい、またしても客たちはポカンである。この家族は一体どうなってるの?

無理もない。ベン夫妻は息子の誘拐事件のことは固く口を閉ざして彼らには秘しているのだから。

そこへ、先の人違いにがっかりしたベンが帰って来た。来客の女たちが言う。

「奥さん、今先刻《さっき》出て行ったわよ」

「えっ！」と驚くベン。そこへ電話が鳴った。ベンが取るとジョーの息せききった、しかしいささか得意気な声が飛び込んで来た。

「アンブローズ・チャペルという礼拝堂を見つけたわよ！」

ベンはすかさず住所を聞き出すと、「分かった、今からすぐタクシーで行く、そこを動くなよ」と念を押した。そしてなんとまた、今戻ったばかりの部屋を彼は飛び出して行った。来客は三度目のポカンである。

ついにここまで無視されると、客たちもポカンだけではすまない。昔の歌手仲間ジョーがロンドンに来たから、仲間みんなで集まって旧交を温めようと来てあげたのに、失礼なんじゃない？　この両者の思惑の食い違いこそ、繰り返すがこの映画の一番のユーモア、可笑しさであった。三度目のポカンで彼らは苦り切った。

犯人たちの巣窟を発見したベン夫妻

ここから映画はホテルを離れ、ジョーが発見したアンブローズ・チャペルへと舞台を移す。第三幕の始まりだ。

その教会（礼拝堂）は閑静な住宅街の中に、目立たぬようにひっそりとあった。ベン夫妻は扉を押してこっそり忍び込んだ。なんと信者がいっぱいの狭いホールで、彼らは折しも讃美歌を合唱中だった。二人は一番うしろの空席にもぐり込み、素早く周囲に目を配った。

すると一人の女性が、信者の喜捨（寄付）を集めながらこちらに向かって来た。彼女は最後列のベン夫妻に気づき、目を瞠《みは》った。なんとマラケシュで姿を消したあのドレイトン夫人（ブレンダ・デ・バンジー）ではないか。その眼の異様な冷たさは、かつてハンクに優しかった慈顔とは別人の観の、冷酷で非情な悪女のそれであった。

黙って静かに祭壇のある正面へ戻った彼女は、牧師らしい男に目で知らせた。合唱が終わりその男が登壇した。よく見ると彼もまたあの時のドレイトン（バーナード・マイルズ）その人ではないか。ヤツは牧師だったのか！　ふざけた男だ。ベンはここが彼ら一味の隠れ家だと確信し、妻のジョーに素早く耳打ちした。ここを今すぐに出て、ブキャナン警視にこのチャペルを包囲するよう電話しろとメモを渡した。

その二人の動きを牧師は見逃さず、今日はここまでと早々に講話を切り上げた。信者たちが去り、一味の女がさりげなく扉を閉め鍵をかけた。

こうして無人の礼拝堂で、ベンは一人で牧師ドレイトンと対決した。この男にもマラケシュで見せた親切で温厚な善人顔はない。悪事に手を染めた狡猾で醜悪な悪党面《づら》だ。

ベンが開口一番鋭く叫んだ。

「ハンクを返せ！　どこへやった！」

相手は余裕を装い、「心配するな」と多くを語らない。

ベンは無視してさらに大声で叫んだ。

「ハンク！　ハンク・マッケンナ！　パパだ！　どこにいる！」

すると階上のどこかで「パパ！　パパ！」と応ずるかすかな声が聞こえた。

ハンクがいる！　狂喜したベンは声のする方角の階段を駆け上がった。一味の男たちが現れ、行く手に立ちはだかる。つかみ合い、殴り合いの喧嘩となった。しかしベンの記憶もここまでだった。鈍器らしきもので頭を殴られた彼は、そのまま気絶して床に倒れた。後に意識を回復した時、一味は礼拝堂を脱出して姿を消していた。ベンの勇敢な単身捜査はここまでが限界、あと一歩のところで敵に逃げられてしまった。

某国首相をコンサート会場で暗殺する！

これが一味の陰謀、悪事の真相であった。映画はベンを気絶させて、次の隠れ家へ移動する束の間の時間を利用して、彼らの最後の打ち合わせのシーンを紹介する。ハンクが監禁されていた二階の一室の隣の部屋で、ドレイトンと彼が見つけて来た殺し屋との密談のシーンだ。観客には有り難い行き届いた演出だ。

「いいか、この音楽のこのシンバルが鳴った時に撃つのだ！　シンバルの音が銃声を消すから周囲には気づかれない」と、ドレイトンがテープに録音されたオーケストラの演奏を何度も聴かせて念を押す。

殺し屋は拳銃を弄《もてあそ》びながら、「分かった」と自信ありげにうなずく。そして、「金の方は大丈夫なのだろうな」と、こちらも念を押す。

ところでこの殺し屋、注意深い観客なら見覚えがあったはず。ベン一家がマラケシュのホテルに泊まった初日の夜、部屋を間違えて入ってきた男が実は彼であった。誰と間違えたのか、今なら判る。自分を傭《やと》ったドレイトンの部屋と勘違いしたのだ。

こうして彼らの一世一代の大仕事が目前に迫って来た。映画の舞台も、某国首相が狙われるコンサートの会場、ロンドンのロイヤル・アルバート・ホールへ移る。第四幕である。

ジョーの悲鳴で演奏は中断、暗殺は失敗した

第四幕は、この映画最初のクライマックスとなる。その見せ場にふさわしく、このロイヤル・アルバート・ホールには、このサスペンスドラマの主要な登場人物がほとんど集結した。

命を狙われる某国首相とその随員一行、暗殺を企む殺し屋とその助手（女性）、要人警護の責任者ブキャナン警視。そして注目はベン夫妻も駆けつけて来たことだ。彼らは先のアンブローズ・チャペルの事件の後、前後してブキャナン警視を頼った。しかしブキャナンは一足先にこの会場の任務（某国首相の警護）に外出し、警察内には不在。そのため夫妻はその彼の後を追って駆けつけて来たのだ。

ところでジョー夫人は、開演前の聴衆でごったがえす会場でブキャナンを発見できず焦っていた。その彼女の不安をさらにあおる不気味な男と出会い、彼女の心は凍りついた。タキシード姿に正装した例の殺し屋が、ジョーのことを覚えていたらしく接近して来て言った。

「もう少しおとなしくしてな！　子供は返してやる！」と小声で告げると、また人混みに消えた。

ジョーは初めてこのコンサートとハンクの誘拐事件は何やら関連があるらしいと知った。それにしてもどういうこと？　何も分からない彼女の焦りと不安はつのる一方で、じっと立っている足元もおぼつかない。

コンサートが始まった。冒頭でも紹介したロンドン交響楽団の荘重で格調高い演奏が、静まり返った満員の聴衆の心を充たしていく。映画はサービス満点にそれらを的確に紹介する。個々の楽団員の演奏、ソプラノ歌手の独唱、それに合わせた白衣の女性コーラスの合唱など、すべて申し分ない。しかし忘れてはならない。演奏の紹介がこの映画の目的ではない。この会場でひそかに計画された暗殺劇こそ火急の関心事で、改めて満員の聴衆に目をやる。

二階の中央にこの日の主賓客の某国首相が、取り巻きの一行と共に悠然と舞台の演奏に聴き入る。少し離れた同じ階の端の方の席に、タキシードの殺し屋と助手らしい女が平然と聴衆を装って着席する。女の前に楽譜が広げられ、彼女が進行中の演奏部分を指で隣の殺し屋に教える。そしてその下の一階の通路には、落ち着かぬジョーが立ち見しながらやきもきしている。彼女に演奏への関心はない。誘拐されたハンクの身のことを思うとじっとしていられない。

演奏はシンバルの鳴り響く一瞬に近づいた。殺し屋と女は静かに席を立ち、男はカーテンの奥に身を隠し狙撃の準備に入った。その銃口が首相の席に向けられた。シンバルを手にした楽団員が立ち上がり、今まさにそれを打ち鳴らそうとしたその時だ。ジョーがついに「キャアー！」と会場をつんざく悲鳴をあげた。

あまりに唐突で大きな叫び声に、一瞬演奏が中断した。予想もせぬ中断に殺し屋の手元が狂い、発射された銃弾は、銃声もろともに首相の心臓を外れ、片腕をかすっただけだった。この銃声で場内は騒然、聴衆は総立ちとなった。

警備の警官がブキャナンを中心にいっせいになだれ込んできた。殺し屋（犯人）は出口の扉から逃走をはかったが、そこへ遅れて駆け込んで来たベンに行手を阻まれ、慌てて逃げ道を客席の方に変えた。逃げ道を失った彼は客席の間を縫うように逃げまわったが、慌てていたため二階の手すりの上で足を踏み外し、一階に転落した。動かなくなった彼は即死したらしい。

ジョー夫人は自分の悲鳴で演奏会を中断させてしまった大失態が恥ずかしく、会場の大混乱の中で茫然自失。何が何だか分からない。すると首相の随員らしい男が礼を言いに来た。「あなたのお蔭で首相は命を失わずにすんだ、ありがとう」と。ジョーはまだその感謝の言葉が分からなかったはずだ。

ところがこの後、階段を下りて帰途につく首相一行がジョーの前で立ち止まった。この女性が総理の命を救った恩人だと先の随員が告げた。すると首相はジョーに歩み寄り、「明日にでも大使館の方にお出向きいただきたい。改めてお礼を申し上げたい」とジョー夫人を招待した。彼女は「そんな恐れ多いこと……」と返事を躊躇した。

以上がこの映画の最初のクライマックス（第四幕）の全容であった。

黒幕の登場、舞台は某国の大使館へ移る

映画はいよいよ最終章（第五幕）となる。舞台は首相が帰途に休息した同国の大使館に移る。ここでこの映画の最後のクライマックスが待ち受ける。

その紹介に移る前に、この事件（某国首相の暗殺）の主謀者、黒幕がついに姿を現した、その異常な正体について触れねばならない。先ほどのコンサートでも首相の傍に付き添っていた、何とその国の大使こそ、実はこの陰謀のすべての主犯、黒幕であった。もちろん首相は今もまだその異常、奇怪に気づいていない。

しかし観客はこの大使館の当主こそが恐るべき犯人、奸物であることを知っている。何故なら、その黒幕の大使がコンサートの暗殺事件の失敗後、ドレイトン夫妻を早速自分の部屋にひそかに呼び出し、苦り切ってさんざんに叱責する、そのシーンを映画が描いて見せたからだ。

「何というザマだ！」と大使は暗殺の失敗をドレイトンに吐きすてるように詰《なじ》った。

ドレイトンは自分がモロッコで見つけて傭った殺し屋のぶざまな失敗に、返す言葉もな

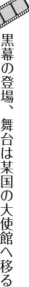

くうなだれて謝った。しかし彼にも生活がある。「約束の金はいただけるのでしょうね」と抜け目なく念を押した。

「バカ者！」と大使は一喝《いっかつ》した。事は失敗し、男も死んだ今、そんな金が払えるかと、大使はニべもなかった。ドレイトン夫妻のモロッコ以来のこれまでのすべての苦労や献身、努力がすべて何ひとつ報われることなく水泡に帰した瞬間だ。

憤懣《ふんまん》やる方ない大使の怒りは、さらにドレイトンの軽率、過失を容赦なく責めた。

「子供などさらって来てこの大使館に匿《かくま》うなんて愚の骨頂だ。外には警察の眼も光っている。これからどうやって連れ出すのだ」

ドレイトンはたまらず抗弁した。

「あのアメリカ人の口を封じるためには息子を誘拐するしか……」

大使はそんな弁解を途中でさえぎって命令した。

「いいか、今すぐ子供を処分しろ！　死体なら隠せる」と。

これを聞いて、それまで黙っていたドレイトン夫人が、キッと表情を変え、「まあ、ひどい！」と初めて不満の表情で大使を見据えた。と、すべてを観念した夫が、「この際感傷は不用だ」と妻を黙らせた。彼女は夫にも不満顔だ。

その時、係の者が首相の到着を告げに来た。今夜、命拾いをした首相の無事を祝うパーティーが催されるのだ。大使は不機嫌な表情を隠すと部屋を出て行った。彼はこれからパーティーで、笑顔で首相の無事を祝う腹黒い佞臣《ねいしん》を演じるのだ。そこには権勢欲にとりつかれて、腐り切った悪党の醜悪な姿があった。

妻に「ケ・セラ・セラ」を歌わせる夫ベンの機転と頭脳のよさ

ところで、ベン夫妻の必死の愛児捜しはどうなったのか。やっと出会えたブキャナン警視が、初めて二人に貴重な情報を提供してくれた。例の礼拝堂から姿を消したドレイトン夫妻が、某国の大使館内に潜伏しているらしいと。しかしブキャナンは、「警察は大使館には踏み込めない」と、治外法権の壁を嘆いた。

それを聞いたベンの頭脳が閃《ひらめ》いた。先に首相がジョーに伝えた「お礼の招待」を今夜やってもらおう。電話して首相の快諾を得ると、二人は堂々と大使館に入った。何しろ彼らは首相の命の恩人なのだ。さらに首相が側近から聞いたらしく、有名な人気歌手ジョーに敬意を表して一曲聞かせてほしいと所望した。ベンはここでも機転をきかせ、思い切り大きな声で唄えとジョーに言った。館内に監禁されているハンクに聞こえればしめたものだ。

こうしてジョーは、つまりドリス・デイ氏はピアノの前に座り、弾き語りで「ケ・セラ・セラ」をひときわ高く大使館内にひびき渡る声で歌った。本物の歌手ドリス・デイ氏の特技が生かされた見事なシーンで、私はこのシーンのためにこそヒッチコック監督はドリス・デイ氏を抜擢されたと推測した。

ジョーの歌声に聞き惚れる大使館内の人々を尻目に、ベンは一人抜け出て館内をくまなく捜しまわった。すると映画は階上の一室に閉じこめられたハンクとドレイトン夫人を映す。この時夫人は監視役だったが、夫の眼を盗んでこの少年を何とか殺さずに逃してやりたいと決心していた。彼女は子供に優しいのだ。

その時、うちひしがれていたハンクが、「ママだ！」と顔をあげた。ドアごしに彼女が歌う「ケ・セラ・セラ」がかすかに聞こえて来たのだ。とっさに夫人が「あの歌、口笛でふける？」と知恵を貸した。少年は早速実行してみせた。

その口笛をベンが聞いた。彼はその部屋を捜しあてるとドアを蹴破って突入した。ハンクが「パパ！」と声をあげて抱きついた。マラケシュ以来の何日振りの父子の対面であったか。しかし危機は去っていない。夫人は今や味方で心配ない。しかし……。案の定、部屋を出ようとする父子の前に、拳銃を構えたドレイトンが立ちはだかった。彼は父子に命令した。

「静かに階段を降りて出口に向かえ！」、そして一階のホールの聴衆に気取られぬよう、

「黙って普通に歩け、変なことをしたら撃ち殺す！」

ドレイトンは上着の内側に拳銃を隠して二人を先に歩かせた。三人の顔にはそれぞれの思惑と緊張がにじむ。階段を折れ曲がる踊り場に来た時、ドレイトンが用心のため一歩先

に降り、一瞬三人が横一線に並んだ。そのスキをベンが逃《のが》さない。素早くハンクを一歩後ろにさがらせると、ドレイトンの背中を思い切り強く突いて転落させた。彼は不意を食らって足場を失い、階段をころげ落ち、一階の床に横転してそのまま動かない。

この一瞬の異変に、聴衆から悲鳴が起こり場内は騒然となった。ジョーも思わず演奏をやめ、ピアノの前に立ち上がった。その母の胸に、「ママ！」と叫んだハンクが飛び込んで来た。ひしと抱き合う二人の姿に、このサスペンスドラマの終わり、ハッピーエンドが暗示されていた。

ところでドレイトンが横死したその現場を、階段の上からひそかに凝視していた女性がいた。他でもない、夫の目を盗んで少年を逃そうとした心優しいドレイトン夫人だ。彼女がどういう経緯《いきさつ》で夫の悪事に加担したのかは不明だ。しかし、終始幼い子を愛し、その命を奪うことに最後まで頑強に抵抗した彼女は悪女には思えない。それだけに、夫を失った彼女の今後の運命を思うと、何故か不憫に思えてならない。ブレンダ・デ・バンジー氏の好演への感傷であったのかもしれない。

ホテルに戻ったベン一家、来客たちは待ちくたびれて……

この映画も、最後はヒッチコック監督お得意のユーモアとオチで終わる。

愛息ハンクを無事取り戻したベン夫妻は、やっとホテルに「お待たせ」と笑顔で戻って来た。しかし何度も置いてきぼりをくらわされた彼らは待ちくたびれ、疲れはて、あげくの果ては呆《あき》れはてて、全員それぞれの場所で眠っていた。これがラストシーンだ。

この痛烈な皮肉とユーモア、そして見事なオチに、観客はクスクス笑いをこらえて席を立つ。

⑤ フレッド・ジンネマン監督（一九〇七～九七年）

『真昼の決闘』（＝『ハイ・ヌーン』）（一九五二年）

良心に従って信念を貫《つらぬ》く人間を描く

アメリカ映画の名匠の最後として（異例の五人目）、このジンネマン監督を紹介したい。氏の特徴はこれまでの名匠四氏と比べて実に明快で分かり易い。右の表題に記したような「反骨の士」を描く。これが氏の本領だ。

反骨とは？　辞典によれば「意志や信念が強く容易に屈しない」。表現を換えれば「自分の良心に従って生きることを信条とし決して権勢に阿《おもね》らない」、つまりは戦うことを恐れない勇気ある人間のことだ。そこにはジンネマン氏自身の生涯の生き方（経歴）の反映があったと私は推測する。

氏はアメリカ合衆国の監督ではあるが、アメリカ生まれではない。オーストリアのウィーンで代々医師のユダヤ系ドイツ人の家系に生まれた。両親の反対を押し切って映画で身を立てる決心をすると、ウィーン大学をやめ、各国で映画修業を積む生涯を選ばれた。パリの映画学校やベルリンでのカメラマンの助手時代を経て、一九二九年に渡米、以後ハリウッドで映画製作の研鑽《けんさん》を積まれた。この氏の国際的な修業が、氏を異色の名匠とした。

注目は、戦後になって氏が、故国の両親がアウシュヴィッツの強制収容所で亡くなった悲報を知られたことだ。氏の両親は、あのホロコースト（ユダヤ人大虐殺）の犠牲者であった。

これらの氏の特異な経歴が、氏を先に紹介した四人のアメリカの名匠とは一味違う作品の創造者にしたことは察せられる。

氏の作品はアメリカ人の美風を主に描くこれまでの名匠四氏とは一線を画する。氏の関心はもっと広く、先のホロコーストが象徴する世界や人類の巨悪に向けられる。そしてそこで戦う反骨の士こそが氏の作品の主人公となる。この『真昼の決闘』以外にも、それら共通する「戦う人間」を主人公に描いた力作は少なくない。

例えば、十六世紀の英国の反骨の政治家トマス・モアを描いた『わが命つきるとも』（六六年）。仏大統領ド・ゴールの暗殺を狙う冷酷なテロリストを描いた『ジャッカルの日』（七三年）。ドイツで反ナチ運動に従事する女性闘士のために命がけで活動資金を運ぶ女性の友情物語『ジュリア』（七七年）。さかのぼれば修道院内の偽善にたえられず、ついに尼僧服を脱ぐ女性を描いた『尼僧物語』（五九年）など、すべて主人公は反骨の士ばかりである。

しかもそれらを描く氏の手法は「アメリカ映画のリアリズム派の名匠」と評されるほど徹底して細密、的確である。まさに小著の掉尾《ちょうび》を飾るにふさわしい偉大な名匠と呼ばせていただく。

アメリカ西部劇の、私の愛する最後の名作

作品紹介に移る。この『真昼の決闘』（後に『ハイ・ヌーン』と改題）は、私が生涯に愛した西部劇四本の最後の作品である。ご記憶にあろうか。『大いなる西部』『シェーン』『荒野の決闘』に継ぐ四本目である。

この作品が今も映画史に輝く不朽の西部劇の傑作であることは、人口に膾炙《かいしゃ》されているため繰り返さない。ここでは、若い時に見たこの名作の印象や感動の重点が、今の私（七十代）のそれと微妙に変わってきたその私事について一言述べさせていただく。ちなみにこの原稿を書くにあたり、私はDVDで念のためこの名作を何十年振りに再見した。そして、先に書いた私自身の感動の重点の変化に改めて気づいたという次第。

従来（若い頃）の私は、この映画がラストのクライマックスで描く孤独な保安官と四人の悪党との、その一対四の息詰まる壮烈な銃撃戦こそ、この西部劇の見どころだと信じて

●孤軍奮闘する保安官ケイン（ゲーリー・クーパー）

いた。そのこと自体は誤っていない。しかしその点に眼を奪われるあまり、そこに至るまでにジンネマン監督が描かれようとした人間不信――保身や臆病の狡《ずる》さ、逃亡や裏切りの卑怯や卑劣などの人間の弱さへの告発と怒り――のドラマであることの重要さに、あまりにも無頓着で気付かずにいた。若気の過ちが恥ずかしい。

つまりジンネマン監督は、西部劇の醍醐味を描きつつ（もちろんそれは成功している）、実は同時に西部劇という形を借りて、氏は人間の持つ真実（就中《なかんずく》負の側面）を追求する人間ドラマを描こうとされていた。その点こそが若い頃の私には全く見えず、この歳になって初めて発見した「重点の変化」であった。

そんなわけで私はこの映画を、すぐれた西部劇の一本としてだけでなく、人間の普段は見せない偽善やエゴイズムなどの負性をあばいて見せた一級の人間ドラマとして、以下紹介したいと思う。物語《ストーリー》の紹介に移る。

退職を決意した保安官に、その日悪い知らせが届いた

これが物語の発端である。しかし冒頭のシーンは違う。一八七〇年のアメリカの西部の町ハドリービルが舞台。その町の郊外の人気《ひとけ》のない山の中で、男たちが待ち合わせをしていた。三人揃ったところで、彼らは馬に乗ったまま山を下り、人々が生活する賑やかな町中へ現れた。通行する人々が怪訝な視線で彼らを眺めるが、それらを無視して男たちは町中の大通りを突き進み、汽車の発着する駅の前で馬を降りた。誰かを待つらしい。

一方、町は日曜日の正午前。今しも保安官ケイン（ゲーリー・クーパー）が、今日で五年間の任期を終え、美しい婚約者エミイ（グレース・ケリー）と念願の結婚式を挙げて、いよいよこの町を立ち去る、めでたい日だ。二人を祝福する町の人々もかけつけ、祝宴さながらの賑やかさである。

その中には町の名士の顔もあった。町長（トーマス・ミッチェル）や判事（オットー・クルーガー）らで、彼らはこれまでケインを手伝い、力を合わせてこの町の平和実現に協力した仲間ばかりだ。

この時、思いもせぬ異変が起きた。駅の通信士が息せき切って駆けつけ、ケインに電報を持って来た。一読した彼の表情から笑顔が消えた。人々が注視した。なんと五年前にケ

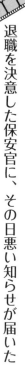

インが町の人々――先の判事や町長ら――の協力を得て逮捕した凶悪犯ミラーが、刑期を終えて出獄、正午に汽車でこの町に着くという。目的は言わずと知れたケインへのお礼参り（復讐）だった。

それを聞いて人々はすくみ上がった。ケインは事務所の時計を見た。10時40分！　あと一時間二十分でミラーがやって来る。先の馬の三人組はどうやらミラーを駅に出迎えに来た彼の弟や仲間らしい。ちなみにこの映画は、ドラマの時間（10時40分から12時まで）と映画の所要時間《リアルタイム》が同じである。たえず時計を映して時間の切迫を示し、保安官ケインの焦燥感を強めていく。同時にそれは観客の緊張（一時間二十分）ともなり、この映画のサスペンスを盛り上げる絶妙の効果を果たす。

さて、ケインとエミイの新婚夫婦は、周囲の人たちの進言もあって、とりあえず町を出た。しかしケインが途中でエミイの反対を押し切ってまた、馬車を町へ向けて引き返した。彼にすれば敵に後ろを見せて逃げ出したくない保安官の意地や、せっかく実現した町の平安をムザムザ連中に荒らされたくない責任感もあった。

しかし新妻エミイは必死に反対した。もうあなたは辞《や》めたのだから責任はない、新しい保安官にまかせて町を去ろうと。しかしケインは新しい保安官はまだ来ていないとこだわり、エミイの意見を聞き入れない。エミイは争いごとを好まぬ平和主義者――後にクエーカー教徒と告白――で、それならあたしは一人で帰ると、正午の汽車で発《た》つ決心をした。

結婚式を挙げた直後の、何とも非情で切ない二人の亀裂であった。

ちなみにこの新妻エミイを演じた女優は、アメリカ映画の新しい星グレース・ケリー氏(当時二十三歳)。氏はその類まれな美貌の中に芯の強さを秘めたエミイを好演されて一躍脚光をあびた(初のヒロイン役)。

保安官ケインに誰も協力せぬ町の人々の背信と無責任

映画はこの後、一変したハドリービルの町の様相を描く。四人の兇悪犯が正午にこの町に復讐にやって来る! この報せに人々はふるえ上がり、手の平を返すようにケインから離れて行き、それぞれの家の中に引き籠もった。町は一瞬にして人影の見えぬゴーストタウンと化し、静まり返った。

さすがのケインもこの町の人々の変わりようにはショックを受けた。なるほど、四人の無法者を相手に保安官一人で対決するのは、どう見ても勝ち目のない戦いで、彼らがケインから離反していった気持ちも分からないではない。それにしても……。

彼はすっかり人影の見えなくなった町の大通りを一人歩きまわった。これまでと同様に、一緒に戦ってくれる同志や味方を捜し求めたのだ。人々の集まっていそうな酒場や教会に足を運び、必死に協力を訴えた。しかし結果はすべて徒労に終わり、誰一人彼に手を貸す仲間は現れなかった。ここから保安官ケインの孤立無援の悲壮な戦いが始まる。

そしてこの映画の主題、危機に際して戦おうとせぬ人間の卑劣、卑怯があばき出される。若い時に私が不覚にもさほど重視せず見落としていたこの映画のもう一つの主題——人間はいざという時信用できない、人間不信！——のエピソードが続々登場する。三点ほどに絞って紹介する。ケインを憤慨させたものばかりだ。

一、ケインのかつての部下であった保安官補ハーヴェイ（ロイド・ブリッジス）の思いもせぬ公然たる背信、裏切りである。彼はこの緊急の非常事態に際し、ケインが自分を後任の保安官に推薦してくれなかったことを根に持って、上司ケインの協力要請をすげなく断り、保安官のバッジを返すと、さっさと事務所を出て、酒場を経営する女ヘレン（カティー・フラドー）の許にしけこんでしまった。ケインを信頼するヘレンは、この男を軽蔑した。

この緊急時にこの男の頭には、自分の出世（昇進）しかない。その程度の男であった。ケインはつくづくこんな男を推薦しなくてよかったと、怒り心頭の中で安堵したはずだ。

二、公然と町を逃げ出す判事の体たらく。町の有力者（名士）の背信、無責任も目立つが、この判事が先頭を切った。彼は、馬の鞍に荷物を積み、ひそかに町を逃げ出そうとする現場をケインに見つかった。ケインは呆れて一瞬言葉を失った。かつて札つきの悪党ミラーを逮捕して刑務所にぶち込んだ、その時の一番の協力者がこの判事であった。

彼はミラーの復讐がケインだけでなく自分の身にも及ぶことをいち早く予感し、その恐怖から町を逃げ出す決心をしたのだ。ケインに見つかるとバツの悪さなど忘れて、「オレは逃げる、おまえも早く逃げろ」と言い残して、そそくさと町を出て行った。何たる恥知らず！　何たる腰抜け！　とケインは口にこそ出さなかったが、顔にはその表情がありありだった。

実はこの判事のように、ケインに「お前も早く逃げろ」と進言する「腰抜け」名士は多かった。町長や、今は引退している元先輩の保安官である。彼らは逃亡こそしなかったが、異口同音に言った。ケインがこの町を出ることがこの町の安全のための一番の良策であり、同時にケインの身のためだと、おためごかしを言った。

ケインには、それらはすべて一時しのぎの詭弁にしか映らなかった。オレが町を出たら、兇暴な四人組は大人しく町を去って行くのか！　彼らがそのまま居すわり、また以前の暴《あば》れ放題の無法が復活し、せっかくの平和が乱されたらどうするのだ！　彼らにはそこまでの思慮や責任感がまるでない。彼は呆れてしまった。

しかしそのケインにも、やはり町を出るしかないかと弱気にさせる悲しい事態が起きた。それが三つ目のエピソードで、私が最も胸を突かれたケインの親友の裏切りであった。

一番の親友は、妻に居留守を命じ、ケインに会うことを拒否した

それは映画がさりげなく描く短いエピソードであった。しかし人間の悲しい性《さが》をこれほど見事に浮き彫りにしたものはない、今も忘れられぬシーンである。

誰も頼りにならぬ四面楚歌の情況の中で、ケインは自分が一番親しく付き合い、一番信頼して来たその親友の家を訪れた。彼なら何とか力を貸してくれるのではないかと、最後に一縷《いちる》の望みを持ったのだ。

ところがその友人は、協力者を得られないケインがいつか自分の家にもやって来ることを予測し、あらかじめ妻に命令していた。「ケインが来たらオレは居ないと言え」と。妻は一瞬、夫に不審を持った。「どうして?」彼女は夫の親友であるケインのことはよく知っていたし、また彼の人柄にも好感を持っていた。そんな彼に嘘を言う(=居留守を使う)のはイヤだった。

案の定、ケインがやって来た。彼女は仕方なく、ドアの外に立つケインにぎこちなく夫に言われた通り居留守を言った。ケインの表情に一瞬、失望と不審が浮かんだ。夫人は正視できず視線を落とした。しかし相手はそれ以上何も言わず、黙って去って行った。一番の親友がケインを裏切り、見殺しにした瞬間だった。この後の夫婦のやり取りが興味深い。

妻は後味の悪さにたえられず、夫の不実、卑怯を詰《なじ》った。すると、一番痛いところを突かれた夫が、動揺を隠すかのように声を荒らげて妻を罵《ののし》った。

「オレが死んで未亡人になりたいのか！」

この男の一言に、この作品の主題（人間の卑劣と狡猾）が象徴されていると思った。

この男はケインと一緒に戦わぬ自らの卑怯や後ろめたさを自覚している。しかしそれは決して口に出さず、妻の悲劇（未亡人になる）に責任転嫁して、もっともらしく正当化する。この男の狡《ずる》さと偽善こそ、ジンネマン監督が最も嫌悪した人間の醜態だった。氏は危機に直面して、どんな理由があるにせよ「戦うこと」に背を向ける人間を認めない、許さないのである。

ケインはスーパーマンではない、ごく普通の誠実な市民

ところで皆様はお気づきであろう。この映画の保安官ケインは、従来の西部劇のヒーローとはいささかタイプが異なる。先の「シェーン」のようなスーパーマンでもなければ、「ワイアット・アープ」のような天性の侠気に恵まれた快男児でもない。ごく普通の正義感と責任感を持つ平凡な市民である。それだけに人間の弱さをも隠さぬ正直な保安官だ。

この設定こそ、従来の西部劇にない斬新さだと注目した。そこには「戦うこと」は英雄《ヒーロー》

の特権ではなく、普通の人間の義務だとするこの監督の信条が暗示されていると私は考える。

四人組の悪党と単身一人で戦っても、彼には勝つ自信はない。だから彼は恥も外聞もなく味方や協力者を求めて町中を奔走したのだ。そういう意味でゲーリー・クーパー氏演ずるケインは、少しも颯爽《さっそう》としておらず、少しも恰好よくない。むしろその孤高が哀れに映る。

さて、ケインは最後の頼みの綱、信じていた旧友にも裏切られ万策尽きた。弱気の虫がついに彼の足を馬小屋に向かわせていた。あの判事のようにオレも馬に乗ってダラシなく逃げるしかないか。

ところが、そんな彼の弱気と迷いを吹きとばす不快事が待っていた。これでケインの怒りが爆発した。「激しい怒りは人間を蘇生させる」。この古人の格言が生きた。

自分を裏切った元部下の要らぬお節介

馬小屋に入ったケインの前に、自分を裏切りバッジを置いて逃げ去ったあのハーヴェイ（元保安官補）が、何故か現れた。「馬に乗って逃げるなら手伝う」と、親切げに馬の背に鞍を乗せようとした。このお節介にケインはカチンと来た。同時に、自分に用などないはずのこの男の卑しい下心を瞬時に見抜いた。「余計なことをするな！」と男の手を激しく払いのけた。こうして二人の男の壮烈な殴り合いの喧嘩が始まった。

若さで劣るケインは苦戦した。が、保安官上司としての経験と貫禄に物を言わせて相手をのすことができた。のびてしまった元部下に桶の水をぶっかけて意識を回復させる配慮は忘れず、ケインは馬小屋を出た。それだけのシーンだ。しかしこのエピソードは含蓄に富む、実に秀逸なそれだと感心した。

まずケイン。それまでの弱気の虫が一度に吹きとび、保安官としての正義感と闘志が見事に甦《よみがえ》った。こんな虫酸の走る卑怯な腰抜け野郎といっしょにされてたまるか！ハーヴェイと出会い、彼のお節介とそこに秘められたこの男の卑しい魂胆に気づいてケインは激怒した。その激怒が、彼の弱気と迷いを一気に吹き消した。

一方、ハーヴェイは墓穴を掘った。彼はケインが決闘を避けて馬で逃げてくれることをひそかに期待していた。何故なら、そうなれば自分がバッジを捨てた裏切り者の汚名や、町の連中が自分を軽蔑、白眼視する冷たい視線からいささか解放されるからだ。ケインも逃げてくれれば彼も同罪、汚名の屈辱は自分一人ではなくなるからだ。そんな下心もあって、馬小屋に現れたケインに近づきお節介を焼こうと試みたのだ。

が、見事に蹴られてしまった。それどころか、相手の弱気を立ち直らせる逆効果になってしまった。この痛烈な皮肉こそ、この映画の脚本（カール・フォアマン氏）の絶妙のうまさだと私は感服した。

十二時、汽車が着き男が降りた、入れ違いに女が二人乗った

　映画はいよいよ大詰めを迎える。愚かなハーヴェイとの喧嘩でケインは眼が覚めた。あんな男と一緒にされてはたまらない。彼の本来の意地と責任感が甦《よみがえ》った。事務所に戻ると彼は遺書を書いた。勝ち目のない戦いにもはや恐れはなかったが、ただ一つ、自分の意地のため不本意に別れた新妻エミイには一言詫《わ》びたかったのだ。書き終えると時計を見た。十二時（正午）だ。いよいよ運命の時が来た。死を覚悟して彼は人通りの全くない大通りに、全神経をとぎすまして出た。

　折から駅では白煙を吐く汽車が到着した。人影の少ないホームにミラーが一人降り、出迎えた三人の男と合流し、早速町へ向かった。この時、ミラーと入れ違いに二人の女が列車に乗り込んだ。一人は先のケインの花嫁エミイ（グレース・ケリー）と、他は酒場を経営するメキシコ人女性ヘレン（カティー・ブラドー）だ。ヘレンは信頼するケインの通報から、この町の治安の悪化（銃撃戦の危険）を予測し、この町での商売に見切りをつけ、心機一転、別の町へ移るところだ。

　ところでこの二人の女性、まんざら知らない仲でもなかった。エミイがこの列車をホテ

ルで待機する間、同じホテルの中に部屋を持つヘレンと一度、彼女の部屋で話し合ったことがあった。

その時エミイは、新婚早々の夫を残して一人町を去る苦衷をヘレンに明かした。黙って聞いていたこの世間を知る苦労女が、にこりともせずポツリと一言だけ言った。

「あたしなら男と一緒に戦うけどね」と。エミイは即座に反論した。そんな恐ろしいことは私にはできないと。そして、かつて自分の父や兄を銃撃戦で失った悲しい過去の身の上を語り、以来、自分は恐ろしい殺し合いを憎み続けるクウェーカー教徒（絶対平和主義のキリスト教の一派）になったと告白した。ヘレンは何も言わずただ黙って聞いていた。

この時のヘレンを演じたブラドー氏の存在感は出色で、先の彼女の一語は若いエミイに衝撃を残したはずだった。エミイは即座に反論したが……。

映画のクライマックス、真昼の決闘（一対四の銃撃戦）が始まる

いよいよこの西部劇の最後、圧巻のクライマックスとなった。ジンネマン監督のリアリズム描写が冴える、迫力とスリル、そして臨場感満点の決闘シーンだ。

まずミラーを中心に、銃を構えた四人の悪漢が横一列に並び、人っ子一人いない大通りを進んで来た。彼らが目指すのはケインの保安官事務所だ。百も承知のケインは、事務所

を離れて、こちらの姿が見えない安全な場所（建物の陰）に身を潜めた。姿を現した敵を一人ずつ仕留める、これが彼の作戦だ。

最初の出会いで一人を射殺した。残る相手は三人。相手は用心深く場所を移し、見えないケインを捜す。町の地理や構造に明るいケインが地の利を生かし、姿を見せずに敵を一人ずつ狙い撃ちにするこの作戦は賢明で、さらに一人を仕留めることに成功した。しかし、残る二人はケインの居場所を突き止めたらしく、間近に迫って来た。

●ミラー（左から二人目）を中心にした四人の悪漢

この時、彼らの知らぬ駅で異変が起きた。町から聞こえる銃声にたまらず、花嫁のエミイが発車寸前の列車からとび降り、町の保安官事務所めざして駆け出したのだ。幸い銃撃戦は事務所から離れた町の一画へ移っていた。彼女は無人の事務所に駆け込み、ケインの遺書を発見、一読した。その時、窓の外にケインを包囲する男の一人の後ろ姿が見えた。銃の保管された戸棚から一本抜き取ると、やにわにその男を背後から狙い撃った。男がもんどりうって倒れた。平和主義者が豹変《ひょうへん》したのだ。

この予想もしない方角からの銃撃に、残った一人の男ミラーが驚愕し、銃を構えて事務所に侵入して来た。エミイは降伏し、ミラーの人質となった。エミイに銃をつきつけ、彼女の体をはがいじめにしたミラーが、勝ち誇ったように叫んだ。

「ケイン！　出て来い！　この女の命はないぞ！」

エミイの姿を見て、ケインはついに降伏した。両手を挙げてギブアップの姿勢で、彼は初めて敵の前に姿を現した。白昼の大通りの真ん中で、二人の宿敵はついに対峙した。

ここでまたエミイがケインを助けた。彼女はミラーの手をふりほどこうと必死にあばれたのだ。ミラーは虚をつかれ、彼女の抵抗を押さえようと一瞬仰向けになり姿勢がくずれた。そのスキを見逃さずケインの銃が火を噴いた。ミラーの体がふっ飛び、またもんどりうって地上に倒れた。実はこの時、ギブアップしたケインの手が銃をはなさず握っていた、そのことがこの一瞬のスキに幸いした。

こうして勝負はついた。勝ち目のない戦いに、ケインは愛妻エミイの援助（二度も）を得て辛勝したのであった。そのエミイがケインに飛びつくように駆け寄り、抱きついた。ケインもその健気なエミイをひしと抱きしめ、二人はしばらく動かない。彼の遺言状はめでたく反故《ほご》となった。

人々の追従《ついしょう》を無視して、二人は馬車で町を去った

ラストシーンである。それまで鳴りをひそめていた町の家々から人々がゾロゾロと出て来た。勝ち目のない戦いにすくみあがり、全く背を向けてケインを平然と見殺しにした人々が、である。

彼はそれらの偽善者の醜いお追従には一切耳を貸さず、保安官のバッジを投げ捨てると、一人の少年が気を利かして準備してくれた馬車にエミイと一緒に乗りこみ、そそくさと町を去って行った。これがこの映画のラストシーンであった。

ちなみに馬車を準備してくれたこの少年（十四歳）こそ、ひそかにケイン保安官を慕い尊敬する、この町でただ一人の味方であった。彼は十六歳だと年齢をいつわり、今回のケインの決闘にただ一人協力を申し出た勇気ある健気な住民であった。ケインは苦笑を抑えて、子供はダメだと諭《さと》し、参加は断じて認めなかった。しかし自分の身を終始心配してくれた彼の好意には感謝し、少年のせいいっぱいの心遣い（馬車の準備）には今度は素直に応じたのである。

それにひきかえ、この町の大人たちのだらしなさはどうか。彼はつくづく愛想が尽きたのであった。

付記。この作品で孤立無援のケイン保安官を演じた往年の大スター、ゲーリー・クーパー氏（一九〇一～六一年）は、この作品でアカデミー賞の主演男優賞を受賞された。長身でいささか猫背気味の氏が、肩を落としながら、それでも毅然として白昼の大通りを、協力者を求めて捜し歩く。その孤高と悲愴の姿は、従来の氏の二枚目スターのカッコ良さとは対照をなす、地味で風采の上がらぬ役どころであった。

それだけに峠をこした大スターの年輪と渋さが光り（この時五十一歳）、私は先の受賞は当然だったと納得した。もちろん、名匠ジンネマン監督の演出の巧さがクーパー氏の渋さと貫禄を引き出した、その功績は言うまでもない。

参考文献

①『淀川長治・映画ベスト１０００』　淀川長治著　岡田喜一郎編・構成　河出書房新社
②『淀川長治・究極の映画ベスト１００』　著者・編・構成者①に同じ　河出文庫
③『世界映画名作全史・戦前編』　猪俣勝人著　現代教養文庫
④『世界映画名作全史・戦後編』　猪俣勝人著　現代教養文庫
⑤『世界映画一〇〇選』　佐藤忠男著　秋田書店
⑥『外国映画ぼくの５００本』　双葉十三郎著　文春新書
⑦『映画監督ベスト１０１』　川本三郎編　新書館
⑧『映画監督・増村保造の世界（上下）』　増村保造著　藤井浩明監修　ワイズ出版
⑨『川本三郎・銀幕風景』　川本三郎著　新書館
⑩『ヨーロッパ映画作品全集――キネマ旬報増刊１９７２・12・10号』　キネマ旬報社
⑪『アメリカ映画作品全集――キネマ旬報増刊１９７２・４・30号』　キネマ旬報社
⑫『映画１００年ＳＴＯＲＹまるかじり――フランス映画快作２２０本』　村山匡《きょう》一郎著　朝日新聞社
⑬『イタリア映画を読む』　柳澤一博著　フィルムアート社

⑭『決定版！　Ｖｉｖａ　イタリア映画１２０選』　吉岡芳子著　清流出版
⑮『映画が芸術であった頃』　野口政宏著　南窓社
⑯『私の愛した日本映画・四人の名匠（上下）』　奥井元生著　文芸社

あとがき

あと一カ月あまりで喜寿《きじゅ》を迎えます。さすがに体力や知力の衰えは隠せず、脱稿まで四年間がかかりました。それでも何とか目の黒いうちに、当初の無謀と思われた悲願が達成できて安堵しています。これも私より健康な妻の支えと激励があったからこそで、感謝の思いは尽きません。

何はともあれ、「現実の真実」よりも「虚構の嘘《フィクション》」を愛する「変人」の、退職後のライフワークは小著をもって終了しました。これで国内・国外の生涯お世話になった映画監督（名匠）諸氏へのささやかなお礼の一端は果たせたかと安堵し、自己満足しています。ところで小人の浅ましさでしょうか、時間や体力に余裕があれば、まだまだ紹介したかった名匠や名作は少なくなかったのです。しかしそれが実行できなかった悔しさと不甲斐なさを恥じ、それら名匠の芳名と作品名（一本に絞る）を以下に列記させていただきます。未練な奴だと嗤《わら》われるかもしれません。ご寛恕《かんじょ》を乞う次第です。

〈アメリカ映画〉

①チャールズ・チャップリン監督『街の灯』（三一年）
②フランク・キャプラ監督『或る夜の出来事』（三四年）
③ジョージ・ロイ・ヒル監督『明日に向って撃て！』（六九年）

〈イギリス映画〉
①キャロル・リード監督『第三の男』（四九年）
②トニー・リチャードソン監督『長距離ランナーの孤独』（六二年）

〈ドイツ映画〉
①ジョセフ・フォン・スタンバーグ監督『嘆きの天使』（三〇年）
②ヴェルナー・ヘルツォーク監督『フィツカラルド』（八二年）

〈オーストリア映画〉
①ビル・フォルスト監督『未完成交響楽』（三三年）

〈ポーランド映画〉
①アンジェイ・ワイダ監督『灰とダイヤモンド』（五七年）

〈スウェーデン映画〉
①イングマール・ベルイマン監督『処女の泉』（六〇年）
〈インド映画〉
①サタジット・レイ監督『大地のうた』（三部作）（五五年）
〈イラン映画〉
①アッバス・キアロスタミ監督『友だちのうちはどこ？』（八七年）

最後に、小著の出版にご尽力いただいた文芸社の皆様方に改めてお礼を申し上げます。今回もまた前回同様、スチール写真の掲載などに多大のご苦労、ご協力をいただきました。ありがとうございました。

思えば貴社とは、退職後から今日まで十七年間のご交誼《こうぎ》を得ました。その間、八冊もの自費出版（既刊七冊）を快諾していただき、お蔭で退職後の余生をこのようなライフワークの執筆に専念できて無聊を免れたこと、とても幸せだったと、心より感謝します。本当にありがとうございました。

二〇一九年十一月

奥井　元生

著者プロフィール

奥井 元生（おくい もとお）

1943（昭和18）年　大阪府生まれ
1966（昭和41）年　大阪大学文学部社会学科卒業
2003（平成15）年　大阪府立高校教員を定年退職
大阪府豊中市在住

著書
『感動ゼロの歴史教科書を活性化する――お世話になった名著100選』（全５巻）（文芸社）
1．〈古代・中世編〉（2006年11月）
2．〈戦国・近世編・上〉（2009年10月）
3．〈戦国・近世編・下〉（2010年７月）
4．〈近代編〉（2012年６月）
5．〈現代編〉（2014年８月）

『私の愛した日本映画　四人の名匠〈上巻〉――増村保造監督・成瀬巳喜男監督』（文芸社、2017年６月）
『私の愛した日本映画　四人の名匠〈下巻〉――小津安二郎監督・溝口健二監督』（文芸社、2018年２月）

外国映画　私の愛した十三人の名匠

2020年８月15日　初版第１刷発行

著　者　奥井 元生
発行者　瓜谷 綱延
発行所　株式会社文芸社
〒160-0022　東京都新宿区新宿1－10－1
電話　03-5369-3060（代表）
03-5369-2299（販売）

印刷所　株式会社フクイン

ISBN978-4-286-21750-5